Le golf sans peur

Le golf sans peur

Maîtriser l'aspect mental du jeu

Dr Gio Valiante

et

Mike Stachura

Traduit de l'anglais par
Sylvain-Guy Lemire

éditions

Toutes les citations, sauf celles mentionnées, sont tirées d'une étude de cinq ans menée
par le Dr Valiante, membre du Rollins College Research Grant.

Éditeur : François Doucet
Traduction : Sylvain-Guy Lemire
Révision linguistique : Serge Trudel
Correction d'épreuves : Suzanne Turcotte, Nancy Coulombe
Design de la couverture : Matthieu Fortin
Graphisme et mise en page : Matthieu Fortin
Image de la couverture : © iStockphoto
ISBN 978-2-89565-412-4
Première impression : 2009
Dépôt légal : 2009
Bibliothèque et Archives nationales du Québec
Bibliothèque Nationale du Canada

Éditions AdA Inc.
1385, boul. Lionel-Boulet
Varennes, Québec, Canada, J3X 1P7
Téléphone : 450-929-0296
Télécopieur : 450-929-0220
www.ada-inc.com
info@ada-inc.com

Diffusion
Canada : Éditions AdA Inc.
France : D.G. Diffusion
Z.I. des Bogues
31750 Escalquens — France
Téléphone : 05-61-00-09-99
Suisse : Transat — 23.42.77.40
Belgique : D.G. Diffusion — 05-61-00-09-99

Imprimé au Canada

Participation de la SODEC. $oɒ₤c
Nous reconnaissons l'aide financière du gouvernement du Canada par l'entremise du
Programme d'aide au développement de l'industrie de l'édition (PADIÉ) pour nos activi-
tés d'édition.
Gouvernement du Québec — Programme de crédit d'impôt pour l'édition de livres —
Gestion SODEC.

**Catalogage avant publication de Bibliothèque et Archives nationales du Québec et
Bibliothèque et Archives Canada**

Valiante, Gio

   Le golf sans peur : maîtriser l'aspect mental du jeu

   Traduction de: Fearless golf.

   ISBN 978-2-89565-412-4

   1. Golf - Aspect psychologique. I. Titre.

GV979.P75V3414 2009   796.35201'9 C2007-940574-6

Ce livre est dédié à mon père, Fred Valiante, qui m'a toujours enseigné que le golf constitue un jeu profondément *humain*.

Et à ma mère, Joanne Valiante, pour son amour et ses encouragements inconditionnels et infinis.

Et au professeur Frank Pajares. Merci pour les champs de blé.

Table des matières

Remerciements

Ce fut un véritable privilège que de travailler avec Jason Kaufman, Bob Carney, Mike Stachura, Jenny Choi et tous les gens de chez *Golf Digest* et Doubleday. Ils représentent des modèles de dévouement et d'excellence professionnelle.

J'aimerais remercier un certain nombre de personnes qui ont rendu possible la parution de ce livre. Aux golfeurs qui ont généreusement donné de leur temps au cours des étapes préliminaires de cette étude : Buddy Alexander, Joan Alexander, Jonathan Byrd, Chad Campbell, Stewart Cink, Chris DiMarco, David Duval, Luke Donald, Ernie Els, Steve Flesch, Matt Kuchar, Justin Leonard, Davis Love III, Josh McCumber, Bryce Molder, Gary Nicklaus, Jack Nicklaus, Mark Omeara, Gary Player, Nick Price, Heath Slocum, Curtis Strange et Scott Verplank. Rien ne vous obligeait à participer, et pourtant, vous l'avez fait. Votre geste en dit long.

Tom Fazio a cru en moi de même qu'en mes idées, me donnant l'espace dont j'avais besoin pour mener à bien cette recherche. Il s'est montré un professionnel, un philanthrope, un être humain ainsi qu'un père exemplaires.

Wendy Brandon, Roger Casey, Linda Deture, Scott Hewit, Madeline Kovarik, Al Moe, Deb Wellman, et sans oublier tous mes collègues du Rollins College, encouragent et incarnent chaque jour l'excellence. Hogan a un jour suggéré que nous devrions tous « dîner avec de bons *putters* ». C'est ce que je fais avec vous !

L'expérience personnelle nous enseigne autant que la recherche. J'ai beaucoup appris sur les façons de gagner sans peur grâce à : Fran Hoxie, John Bartell, Brian Cleary, Mike Bison, Jane Crane, Beth Cranston, le professeur Jack McDowell, Dino Doyle, Brian Froehling, Mike Grieder, Scott Hayward, Jocelyn Hoffman, Chris Aden, Dave et Mary Houle, Brian Kaineg, Steve Losardo, John et Beth Lynn, Bob Mezzo, Jeremy Moore, Adam Sehnert, John Mudry, Cory Nichols, Matt Orrell, Shane et Katie Perkey, Joe Sora, Tyrus Underwood et Walt Rivenback.

Certaines relations transcendent les mots. Les amis qui contribuent à façonner et à nourrir mon esprit, et qui représentent des modèles d'éthique, de force de caractère et d'excellence, sont Christian Hoffman, Eric Mudry et John Black. Merci à vous, messieurs !

Le golf est un jeu humain. Nous jouons tous ensemble.

Le golf sans peur

Introduction

Les plus grands moments du golf

L e golf a connu de grands moments.

Il y a eu Ben Hogan à Merion, en 1950, seize mois seulement après avoir vu la mort de près dans un terrible accident de la route qui lui avait laissé les jambes trop faibles pour reprendre un calendrier complet de tournois. Cette année-là, le jour de la finale de trente-six trous de l'U.S. Open, Hogan se trouvait devant un coup d'une rare difficulté : un fer 1 frappé à partir de l'allée, qui devait franchir la distance d'une longue normale 4 en pente montante pour atteindre le vert du dernier trou. Le grand champion, dont les jambes affaiblies arrivaient à peine à le soutenir durant les dix-huit derniers trous, frappa la balle dans un élan d'une précision majestueuse, comme on n'en avait encore jamais vu dans un moment aussi crucial, et sa normale exemplaire le propulsa dans un match de prolongation qu'il remportera le lendemain. En cet instant de vérité, Hogan s'était montré déterminé, résolu et inébranlable. En un mot, il avait joué sans peur. « La perspective dans laquelle j'ai abordé ce coup est fort différente de celle de la plupart des spectateurs », écrivit plus tard Hogan dans son manuel devenu aujourd'hui une référence, *Cinq leçons de Ben Hogan : les principes de base du golf moderne*[1] :

---

1. Titre original : « Five Lessons : The Modern Fundamentals of Golf ».

«Les gens ont eu tendance à trouver ce coup spectaculaire parce qu'il avait été exécuté sous pression. Ils inclinaient à croire qu'il s'agissait d'un coup unique en lui-même, quelque chose d'inspiré, pourrait-on dire, puisque c'était exactement le coup à jouer dans les circonstances. Pour ma part, je ne vois pas du tout les choses de cette façon. Je n'ai pas frappé ce coup à ce moment-là, en cette fin d'après-midi à Merion; je l'avais répété depuis l'âge de douze ans. Car au fond, pour un golfeur professionnel, l'objectif dans un tournoi consiste à posséder le genre d'élan qui donne les meilleurs résultats quand la pression se trouve à son comble.»

Il y a eu Jack Nicklaus qui, à 46 ans, ses heures de gloire apparemment derrière lui, parcourait les allées de l'Augusta National lors du dernier jour du Masters 1986 avec une vigueur, une concentration et une passion renouvelées. Tandis qu'autour de lui, certains doutaient de ses chances, Nicklaus se voyait porté par une profonde confiance en son potentiel, et l'avenir lui donnerait raison. À cinq coups du meneur, il effectua une remontée qui lui permit de remporter sa sixième veste verte. Sa charge impétueuse lui permit de prendre la tête avec un trente au deuxième neuf, alors que d'autres joueurs, plus jeunes, croulèrent sous la pression de la ronde finale. Au plus fort de l'intensité de ce moment décisif, Nicklaus fut implacable, sûr de lui-même et concentré; lui aussi jouait sans peur. «C'était dimanche au Masters», avait dit Nicklaus le soir de sa victoire. «La pression est grande et les autres joueurs la ressentent aussi. Ils ne sont pas à l'abri des erreurs. Je savais que si j'arrivais à conserver ma maîtrise tout au long de l'épreuve, en continuant de faire des oiselets, tout irait bien. Cette pensée ne me quittait pas. Au dix-septième, j'ai dit à mon fils Jackie, mon cadet, qu'il y avait bien cinq ou six ans que je n'avais pas eu autant de plaisir à jouer.»

Il y a eu Tiger Woods en 2000, le nouveau prodige qui était manifestement à son meilleur, invincible. Pourtant, au Championnat de la PGA tenu à Valhalla au mois d'août de cette année-là, il s'était vu talonné de près par Bob May, un vétéran dont on n'attendait pas une telle performance, et qui n'avait encore jamais remporté une épreuve sur le circuit de la PGA. Sur le point de conclure la meilleure année du golf professionnel, Woods risquait gros. Mais il ne laissa pas pour autant cette pensée le décontenancer à l'étape cruciale du grand moment. Tandis qu'il étudiait un difficile coup roulé au dix-huitième vert, Woods savait que May venait de réussir un oiselet et qu'une erreur de sa part signifiait la défaite, mais il n'en demeurait pas moins solide et imperturbable. Comme Hogan et comme Nicklaus, il jouait sans peur. «On doit se concentrer profondément et continuer de faire des oiselets», avait-il dit. «On s'est suivis du début à la fin. Oiselet pour oiselet, coup pour coup, sans se laisser de répit. C'était vraiment plaisant. On ne peut demander mieux.»

Lorsque j'observe ces grands moments d'un œil critique, je remarque qu'il y a une chose que tous ces grands champions sont arrivés à surmonter; un ennemi plus terrible que n'importe quel adversaire en apparence invincible, plus redoutable que n'importe quel parcours écrasant ou que la pression énorme d'un moment décisif comme il ne s'en présente qu'une fois dans une vie. Il s'agit de la peur, cet obstacle critique qui empêche le golfeur de jouer à son plein potentiel. Peu importe que vous soyez un mordu du golf de fin de semaine à la dernière étape de sa partie du samedi ou un champion du circuit de la PGA devant le té du dix-huitième trou avec une avance d'un coup. S'il existe une vérité universelle qui s'applique aux golfeurs de tous les niveaux, c'est bien la peur — la peur de l'échec, la peur de l'embarras, la peur de l'imprévu, la peur d'un mauvais jugement. C'est la peur de tous les parcours : longs, courts, étroits, vallonnés et plats. C'est également la peur des plans d'eau, des fosses de sable, des coups roulés longs et courts. On a parfois même peur de choses qui ne sont pas là en réalité, comme un drapeau qui semble ne se trouver qu'à quelques centimètres derrière une fosse de sable, alors qu'il se situe en fait à une bonne douzaine de mètres plus loin.

C'est la peur de jouer avec ou contre certaines personnes, ou devant certaines personnes. C'est même la peur de sentir que l'on a peur, ce qui vient miner la conscience, saper les habiletés, saboter le potentiel et infecter la confiance du joueur.

Alors, je serai clair et concis en ce qui concerne les fondements de ce livre : le plus grand ennemi d'un golfeur, c'est la peur. Or, pour jouer son meilleur golf, on doit d'abord être à même d'exécuter sans peur des élans vers des cibles précises, indépendamment des circonstances. Bref, *les plus grands golfeurs jouent sans peur.*

Bien que les leçons que j'ai tirées de mes observations des plus grands joueurs des années passées et des étoiles émergentes actuelles soient à la fois variées et complexes, je peux les résumer en quelques mots. Le golfeur, quel que soit son calibre, doit comprendre que la maximisation de son potentiel au golf débute et se termine à partir d'une condition : il lui faut apprendre à gérer efficacement sa peur, saisir toute la difficulté qu'elle pose à son jeu et la surmonter afin de pouvoir réfléchir avec clarté et efficacité, et ainsi jouer au meilleur de ses capacités. Le golfeur qui ne peut se plier à cette nécessité risque de se diriger vers le dépérissement insidieux qu'appellent le doute et l'inconstance. C'est ce que

Bobby Jones appela un jour « cette confiance unique que tout le monde doit posséder en abondance. » Ses mots, écrits il y a de cela soixante-quinze ans, demeurent aussi vrais qu'ils sont écrits avec élégance, et ils représentent le flambeau de la suite du présent livre :

> Beaucoup d'hommes jouent exceptionnellement bien au golf lorsque la mise est modeste, mais s'effondrent dès que l'enjeu devient plus considérable. Cet effet est déclenché par la peur — le manque de confiance en leur élan, qui vient les faire douter qu'ils réussiront leur coup quand cela comptera vraiment. Devant un tel obstacle, la tension prend le pas sur la relaxation, et la pression affecte le rythme. La meilleure machine au monde ne pourra tourner rondement si le gravier de l'incertitude vient obstruer son mécanisme.
>
> Quand un homme se prépare à frapper un coup déterminant, il doit savoir qu'il est capable de le réussir. Il ne doit pas avoir peur de s'élancer, pivoter et frapper. Pour bien faire décoller la balle, il a besoin d'un bon élan effectué avec toute la confiance nécessaire.

La peur et vous

Vous souvenez-vous de la première fois que vous avez conduit une automobile ? Assurément, vous étiez excité. L'acte de conduire une voiture ne vous était probablement pas étranger. Vous aviez simulé ces gestes pendant des années : vous aviez souvent joué à faire semblant de piloter une voiture de course et vous vous étiez amusé dans les autos tamponneuses au parc d'attractions local. Vous aviez joué à des jeux vidéo qui présentaient un volant et un bras de vitesse, offrant une perspective de la situation de conduite selon le point de vue du chauffeur. Et, bien sûr, vous vous êtes sans doute assis sur les cuisses d'un parent pour faire tourner le volant de la voiture familiale quand vous étiez enfant. Mais voilà que ce parent se trouvait maintenant assis à votre droite, sur le siège du passager, et c'est vous qui preniez le plein contrôle du véhicule. Deux tonnes de métal sur la route reposaient entre vos mains inexpérimentées. En un instant, toute sensation d'excitation que vous pouviez ressentir se vit tempérée par l'incertitude, l'hésitation et la confusion. La voiture avançant par à-coups, vous écrasiez les freins ou réajustiez exagérément la trajectoire dans les tournants. Au moment de croiser d'autres véhicules, vous ralentissiez et alliez coller de près la ligne blanche exté-rieure, faisant voler le gravier au passage, sous le regard consterné de maman ou de papa assis à vos côtés. Alors qu'en d'autres occasions — en face d'un écran vidéo ou derrière le volant d'une voiture stationnée —, vous vous étiez senti calme, à votre aise et maître de la situation, vous aviez à présent l'impression de tenir entre les mains un animal enragé prêt à plonger dans une spirale mortelle.

Cette fois-ci, pensez à la dernière fois où vous avez conduit une voiture. Si vous êtes comme la plupart des gens, vous avez probablement logé un appel ou deux avec votre téléphone cellulaire, et vous avez peut-être ajusté le système de chauffage ou le climatiseur et changé plusieurs fois de chaîne de radio ou de disque compact. Vous avez tourné le volant sans effort, d'une seule main, ou avec quelques doigts seulement, à moins que vous n'ayez aussi utilisé un genou. Vous avez à peine remarqué les voitures qui circulaient en sens inverse, ou si vous l'avez fait, c'était peut-être seulement pour jeter un coup d'œil au dernier modèle de Lexus, de BMW ou de Mercedes. Vous aviez le sentiment d'être en parfaite maîtrise de cette masse d'acier de mille kilogrammes, même à des vitesses excédant les 110 kilomètres à l'heure. Alors, qu'est-ce qui se trouve à l'origine de la différence entre cette première expérience de conduite et la dernière? Quel était l'élément déclencheur présent la première fois, mais absent la dernière? La réponse est simple. C'est ce que je considère être la force la plus destructrice de toute entreprise humaine : la peur. La peur nous embrouille, nous limite et nous amène à accomplir moins que ce que nous aurions le potentiel de faire. Elle nous freine, et à chacune de nos erreurs, elle gagne en force, tel un mal virulent.

Maintenant, comment peut-on expliquer cette amélioration entre la première et la dernière fois où vous vous êtes assis derrière le volant? Par l'expérience — celle qui engendre le calme, l'aisance et la confiance. Si la peur représente l'ennemi, la confiance constitue son adversaire invincible. La confiance n'essaie pas d'éviter la peur ; elle la surmonte. La confiance débute par la connaissance, la compréhension et l'accomplissement. Le potentiel de confiance grandit de pair avec le développement des habiletés. Chaque fois que nous transcendons la peur, nous augmentons nos chances de succès. La confiance renforce notre détermination, même lorsque la réussite ne s'avère pas immédiate. La confiance génère la confiance ; chaque nouvelle expérience puise dans la précédente et prépare la suivante.

La psychologie sportive du golf, l'approche mentale du succès dans le jeu, se voit constituée de ce rapport entre la peur et la confiance. Lorsqu'on demanda à Ben Hogan de décrire le golf en un seul mot, sa réponse fut : « latéral ». Si je devais décrire la meilleure disposition mentale possible du golfeur, ma réponse serait tout aussi simple et directe : il doit jouer « sans peur ».

Je crois que s'il y a une expérience commune aux joueurs de tous les calibres, c'est bien la peur. Peu importe que vous tentiez de remporter un tournoi majeur, que vous participiez au premier tour d'un tournoi de club, que vous frappiez votre première balle dans un événement corporatif, qu'au dix-huitième trou, vous soyez à un coup de votre meilleure carte à vie, ou que vous jouiez simplement un rapide neuf trous avant le coucher du soleil en compagnie d'un étranger sur un parcours local, la peur plane en toute occasion. Et je suis persuadé que la peur qui menace l'éventuel grand champion n'est pas en elle-même différente ni moins destructrice que celle qu'est susceptible de ressentir le golfeur de fin de semaine à sa joute matinale d'un samedi paisible.

La peur prend diverses formes. Nous redoutons l'échec et la maladresse. Nous craignons l'embarras et l'imprévu. Nous avons même peur de la peur elle-même, comme le disait Franklin Roosevelt. Nous avons peur de notre adversaire, peur d'être observés par nos amis, peur aussi d'être observés par des gens que nous ne connaissons pas et que nous ne connaîtrons jamais. Insidieuse, la peur est souvent déguisée, en grande partie parce que nous craignons de la reconnaître. Seuls les lâches ont peur, pense-t-on, et, évidemment, nous refusons d'être étiquetés comme tels. Nous sommes si habitués à nos peurs que nous sommes devenus des experts dans l'art de vivre avec elles et de les cacher à notre entourage. Il est facile de rire et de se trouver des excuses, et cela s'avère effectivement bien plus facile que de confronter ses peurs. Il est pénible de s'occuper de ces choses-là, alors, pourquoi s'en faire ?

Bien sûr, nous ne sommes pas aussi experts dans l'art de dissimuler nos peurs envers nous-mêmes. La peur est là qui attend, et au bout du compte, elle nous consume. C'est pourquoi j'affirme que le plus grand ennemi du golfeur n'est pas un parcours de golf difficile ni un tournoi de grande rivalité, ni une situation critique. Non : le plus grand ennemi du golfeur, c'est la peur. Le défi suprême de tout golfeur consiste à découvrir une façon de surmonter cette émotion primaire qui, même à petite dose, se révèle capable de saper les habiletés mécaniques les plus solides.

Les golfeurs qui connaissent du succès jouent un golf sans peur. Il ne faut pas en conclure qu'ils ne rencontrent pas la peur, car comme nous l'avons dit, la peur est naturelle, inhérente à la condition humaine. Savoir reconnaître cette condition naturelle et la surmonter par une approche pragmatique de la réussite, voilà ce qui caractérise le golf sans peur. Comme le soulignait Tiger Woods, la peur est peut-être bien réelle, mais elle ne peut venir à bout du golfeur confiant et décidé. « Je refuse de céder à la peur, qu'elle soit réelle ou imaginaire. Je refuse d'avoir peur — consciemment ou inconsciemment — de quiconque et de quoi que ce soit. » Il n'est pas suffisant de savoir que la peur plane sur nous. Il nous faut également savoir comment la combattre et la vaincre. Il existe des principes clés permettant au golfeur de maîtriser sa peur, de sorte qu'il puisse penser clairement et efficacement, et ainsi arriver à obtenir le meilleur de lui-même.

Tout comme vous conduisez votre automobile sans peur, vous pouvez apprendre à frapper de bons coups de départ, d'approche et des roulés sans aucune crainte. Et la méthode pour y parvenir se veut tout aussi simple. Cela concerne votre préparation, tant mentale que physique et émotionnelle. Il s'agit de comprendre la bonne façon d'envisager le jeu sans peur et de l'appliquer ensuite uniformément à votre golf. En fin de compte, il s'agit d'une question de concentration — il faut être attentif aux choses qui s'avèrent cruciales à la réussite et ne pas s'arrêter à ce qui ne sert aucune fin constructive. Par exemple, il n'est pas inhabituel d'être nerveux au moment d'effectuer un coup de départ. Mais le fait de penser que l'on est nerveux risque d'entraver ses chances de succès, et cela ne vous aidera pas à atteindre votre objectif de réussir votre élan de départ. C'est jouer au golf avec la peur, alors que pour triompher, il vous faut jouer sans appréhension.

Conduire une automobile constitue sans doute une activité plus simple qu'un élan de golf. Bien sûr, une erreur de conduite pourrait vous coûter la vie dans un accident de la route, tandis qu'une erreur au golf ne risque pas d'entraîner une telle conséquence. Nous avons appris à conduire graduellement, chaque fois que nous avons pris le volant, et avec le temps s'est installée la confiance. Cette même confiance peut aussi se développer dans notre pratique du golf. Dans les pages qui suivent, j'espère que vous pourrez apprendre un peu de ce que j'ai découvert durant des années à discuter avec quelques-uns des plus grands golfeurs au monde tout en leur prêtant conseil. Ils m'ont beaucoup enseigné sur la peur et sur les manières de l'affronter. J'ai compris que la peur au golf représente une force que l'on peut contrôler. Vous devez vous-même y parvenir, car sinon, c'est elle qui viendra vous contrôler dans les moments les plus critiques de votre jeu.

La peur peut apparaître sous une forme ou une autre dans toutes les situations au golf. Le défi consiste à ne pas la laisser prendre le dessus sur nos gestes et nos pensées. La peur est l'ennemi ; la confiance, le héros conquérant.

Chapitre 1

La peur est l'ennemi

Jack Nicklaus a déjà écrit que « la peur sous toutes ses formes est le principal ennemi de tous les golfeurs, indépendamment de leur force de frappe et de la précision de leurs coups. La peur m'a tiraillé jusqu'à ce que mes premiers succès me permettent de la contrôler. »

Nicklaus savait que la peur peut s'emparer même des golfeurs les plus expérimentés, les laissant non seulement incapables de fonctionner au meilleur de leurs habiletés, mais également abasourdis face aux mécanismes mentaux de base du jeu. Nicklaus connaissait le pouvoir de la peur en raison d'une expérience personnelle. C'est l'U.S. Open de 1960 qui enseigne au jeune Nicklaus le pouvoir de la peur et celui de la concentration. Cette année-là, il termine deuxième à l'U.S. Open, un tournoi qu'il aurait pu remporter, selon plusieurs observateurs. Nicklaus lui-même admit que ses chances étaient bonnes jusqu'à ce que la peur vienne lui barrer la route. Meneur du tournoi par un coup vers la fin de la ronde finale, Nicklaus se laissa distraire par l'importance du moment. Au seizième trou, alors qu'il se trouvait à un coup d'un oiselet, il songea à quel point il serait difficile pour ses adversaires de le rejoindre avec son avance de deux coups, puis il joua son roulé court sans y mettre toute la prudence requise. Et le jeune champion ne se trouvait pas au bout de ses peines. Tandis qu'il analysait un coup roulé court pour la normale en compagnie de son adversaire Ben Hogan, Nicklaus remarqua un point d'impact mal réparé en plein dans sa ligne de roulé. Il hésita à réparer, n'ayant pas la certitude qu'il avait le droit de le faire. Le règlement le lui permettait pourtant. Dans son livre *My Most Memorable Shots in the Majors*, Nicklaus écrit :

> Énervé, anxieux et sous l'effet d'une pression comme je n'en avais jamais connu, je n'arrive pas à me souvenir clairement du règlement portant sur la réparation d'un point d'impact. En plus, je suis trop gêné ou trop embarrassé de l'admettre devant Hogan ou même de demander un temps d'arrêt pour consulter un officiel. Je décide alors de continuer et j'effectue le roulé. Le point d'impact fait dévier la balle juste assez pour lui faire manquer le trou. J'inscris donc un boguey, avant de compléter le prochain vert en trois coups roulés.

Évidemment, Arnold Palmer remporta le championnat avec deux coups d'avance sur Nicklaus, dont la peur du moment avait entravé sa capacité de réfléchir clairement et d'agir résolument. La peur constitue une force puissante. Elle sait être destructrice, mais nous pouvons aussi apprendre d'elle. Comme Nicklaus le faisait remarquer plus tard : « Il y a trois leçons à tirer ici, des leçons que je n'oublierai jamais. Premièrement, chacun doit réparer les points d'impact de ses balles ; deuxièmement, il faut bien connaître les règlements ; et troisièmement, dans le doute, il faut demander. »

Maintenant, peu d'entre nous ont la chance de connaître la réussite précoce d'un Jack Nicklaus afin de nous aider à combattre le démon de la peur sur les parcours de golf. On peut cependant se consoler en pensant que le champion le plus accompli de l'histoire du jeu a lui-même dû lutter contre la peur à quelques reprises. Cela illustre bien à quel point la peur peut s'avérer omniprésente et destructrice.

Dans le contexte du golf, la peur constitue une activité contre-productive de l'esprit, et elle n'a pas sa place. Toutefois, aussi inutile puisse-t-elle être, elle possède le potentiel d'entraver vos chances de réussite si vous lui laissez libre cours. La peur se compare à un termite, un scolyte ou un parasite. Elle vit dans un hôte, le dévorant de l'intérieur, se nourrissant de ce qu'il a à offrir. Tout cela s'avère horrible et insidieux peut-être, mais il s'agit d'une façon très efficace de saboter un système et de le rendre inapte à fonctionner. C'est ce qui se produit chez le golfeur affecté par la peur, et il risque de voir le processus de préparation et d'exécution de ses coups complètement chambardé.

Essayez de faire l'exercice mental suivant : imaginez-vous dans l'aire de départ d'un trou considéré comme difficile. Choisissez un trou que vous connaissez bien et dont l'allée se voit bordée d'un plan d'eau à gauche et à droite. Représentez-vous en train d'analyser votre coup, balayant l'allée du regard. Visualisez la perspective, respirez l'air ambiant et ressentez le moment. Répétez votre routine de préparation et de positionnement. Puis, au moment où vous vous trouvez en position initiale et que vous vous apprêtez à vous élancer, posez-vous la question suivante : « Et si je fais un crochet extérieur (*slice*) ? »

Que s'est-il passé ? Comment vous êtes-vous senti l'instant après vous être posé cette question ? Si vous étiez profondément plongé dans cette petite expérience, et si vous êtes comme la plupart des golfeurs, il y a de fortes chances pour que vous ayez senti un coup d'anxiété ou de peur le long de la colonne vertébrale, ou peut-être au niveau du ventre et des mains. Il est probable que vous avez imaginé la balle en train de s'envoler hors de sa ligne et que des pensées angoissantes ont aussitôt envahi votre esprit. En un rien de temps, en vous demandant : « Et si je fais un crochet extérieur ? », vous avez vous-même déclenché votre anxiété et généré votre peur. L'excellence au golf exige que vous exécutiez des élans parfaits en direction de cibles précises. Vous demander : « Et si je fais un crochet extérieur ? » n'aide en rien vos chances de succès. En vous posant la mauvaise question, vous succombez à la peur et vous vous placez en situation de désavantage avant même d'avoir redéposé le bois.

Les entrevues que j'ai réalisées avec nombre de golfeurs au fil des années m'ont permis d'apprendre que c'est en profonde conversation avec lui-même que le golfeur joue une ronde de golf. Parfois, cet incessant dialogue touche la mécanique de l'élan (qui n'a pas déjà vu les grands tels que Nick Faldo ou Tiger Woods marcher dans l'allée en exécutant un élan d'exercice, s'efforçant d'isoler un mouvement particulier de la descente du bâton ?). Parfois, le dialogue intérieur concerne un détail du parcours de golf, ou encore, la causette porte sur le résultat du prochain coup ou sur la manière dont s'est terminé le coup précédent. Ces sujets, qui ont tous en commun le fait d'être à la source d'un dangereux questionnement perpétuel pour le golfeur, risquent d'avoir une influence destructrice sur son pointage. Le joueur en proie à la peur se pose les mauvaises questions. Celles-ci sont inappropriées, parce qu'elles entraînent des réponses émotionnelles négatives. Elles ralentissent le processus conduisant à la réussite et, au pire de leur influence, elles vont jusqu'à empêcher toute amélioration chez le golfeur.

La petite histoire qui suit vous permettra de mieux comprendre à qui ou à quoi le golfeur se mesure. Cela se passe par une journée idéale de printemps, dans une partie du monde réputée justement pour ses journées idéales de printemps. L'événement est celui du dimanche de la Classique de golf Heritage 2002 au Harbour Town Golf Links, sur l'île magnifique de Hilton Head, en Caroline du Sud. La température, avoisinant les vingt-sept degrés Celsius, se veut agréable, une brise légère souffle en provenance de Calibogue Sound, les cerisiers odorants sont en fleurs et les amateurs de golf sont venus par milliers dans leur tenue estivale habituelle pour assister au spectacle et encourager les meilleurs golfeurs mondiaux.

Cependant, la poésie et l'apparat du moment importent peu aux golfeurs eux-mêmes, surtout ceux qui se disputent la victoire. Ceux-là doivent composer avec la réalité d'un parcours capricieux. La brise de Calibogue, qui fait pourtant le bonheur des spectateurs admiratifs, menace de souffler en bourrasque à chaque instant et de pousser les balles de golf dans les herbes hautes, dans les fosses de sable ou dans les marais salants envahis d'*uniola paniculata*. Entre chaque homme et la victoire se tient un groupe de compétiteurs hautement talentueux, dont chaque membre recherche pareillement la gloire. En cette belle journée printanière, des victoires attendaient d'être remportées, des carrières d'être faites et, pour ceux qui avaient laissé une partie de leur âme à Augusta la semaine précédente, des fantômes d'être calmés.

Au tableau des meneurs s'alignent les plus grands noms du golf, dont Phil Mickelson, Davis Love III, Billy Andrade et Heath Slocum. Le jeune Justin Leonard se trouve en tête avec une avance de trois coups sur son plus proche rival. Sur le terrain de pratique, quelques minutes avant le coup de départ, Davis Love se montre bien décidé à rattraper Justin Leonard : «Je vais te courir après!», lance-t-il en blaguant à son ami Justin. N'ayant jamais joué devant une foule aussi grande, Heath Slocum, la recrue du tournoi, est impressionné par le nombre de spectateurs présents — autant que par la perspective de jouer avec le numéro deux au classement mondial, Phil Mickelson. Justin Leonard accepte le défi de tenter de conserver l'avance de trois coups qu'il a acquise grâce à un éblouissant 64 au deuxième jour du tournoi.

Sur le terrain de pratique, quelques minutes avant qu'il n'effectue son coup de départ, je pose la question suivante à Heath : «Si l'ensemble des participants pense à Justin, et que Justin pense à son avance, et que vous pensez à Phil, qui pense au parcours, selon vous?» Heath, dont le succès en compétition est autant attribuable à sa rapidité d'esprit qu'à son talent inné, comprend tout de suite ce que je veux dire : on ne peut jouer son meilleur golf si l'on se préoccupe des autres joueurs. Pour jouer votre meilleur golf, vous devez vous concentrer exclusivement sur la nécessité d'exécuter des coups précis sur des cibles précises. Ainsi, en ce jour glorieux de l'automne 2002, tandis qu'une poignée de golfeurs s'affrontaient sur le circuit de la PGA, Heath Slocum, lui, affrontait le parcours. Et bien qu'il n'ait finalement pas remporté ce tournoi, de tous les golfeurs en compétition ce dimanche-là, ce fut lui qui signa la meilleure carte de la ronde finale.

Au fil des années, à travers mon étude des golfeurs, une tendance est apparue concernant les questions de maîtrise versus celles d'ego que se posent les joueurs ; différentes questions qui génèrent un cycle mental conduisant à la peur ou à l'absence de peur. Bien comprendre la signification de tout ceci exige quelques explications à propos du fonctionnement de l'esprit, en commençant par une démonstration sur la pensée. Pour réaliser cette expérience, vous devez vous arrêter un instant et prendre le temps de vous poser quatre questions. Posez-vous-les telles qu'elles sont formulées ici, en prenant le soin d'effectuer un temps d'arrêt après chacune de vos réponses :

1. Quelle est la couleur de ma voiture ?
2. Quel animal donne du lait ?
3. Qui est le meilleur golfeur au monde ?
4. Quelles sont les couleurs du drapeau des États-Unis d'Amérique ?

Après avoir lu chaque question, vous vous êtes sans doute tour à tour représenté mentalement votre voiture, une vache, Tiger Woods ou Jack Nicklaus, ainsi que le drapeau des États-Unis. En d'autres termes, ces questions que vous vous êtes adressées ont immédiatement et puissamment déclenché la production d'images dans votre esprit. Quoique simple, cet exercice illustre bien trois mécanismes fondamentaux de la pensée humaine. Le premier veut que notre esprit réponde automatiquement aux questions que nous nous posons. Le deuxième stipule que les questions que nous nous posons orientent notre attention : pendant que vous vous posiez ces quatre questions, vous ne pensiez pas à la politique ni à un lapin de Pâques, et vous ne vous demandiez pas non plus si la collecte des ordures se ferait bien cette semaine au moment prévu. Le troisième mécanisme, enfin, veut que les réponses aux questions que nous nous posons se présentent souvent sous une forme visuelle. Maintenant, j'aimerais que vous gardiez en mémoire ces points clés jusqu'à la fin du présent chapitre.

Évidemment, tout le monde sait combien la peur peut nous affecter. Nous savons tous que la crainte de prendre la parole devant un auditoire est très répandue. Les mauvaises questions sont souvent responsables de l'angoisse ressentie par les fiancés le jour de leur mariage. Une cliente me parla récemment du dialogue interne qui l'occupait le matin de ses noces. Contrairement à tout ce qu'elle avait pu faire ou penser auparavant, elle se posait continuellement des interrogations inappropriées telles que : « Et s'il cessait de m'aimer ? » Elle visualisait des situations misérables, si bien qu'au lieu de songer à la beauté et à la joie de ce grand jour, elle s'était enlisée dans des sentiments de panique et de peur qui l'écrasaient et l'empêchaient de vivre pleinement ce jour unique. La plupart d'entre nous ont déjà ressenti, à des degrés variables, la peur de prendre l'avion. Bien que les statistiques nous démontrent que les risques d'accidents en avion se révèlent moins grands qu'en automobile, il nous arrive quand même parfois de nous demander : « Et si l'avion s'écrasait ? » Ici aussi, nous sommes en face d'une réflexion improductive. C'est un peu comme si le sportif qui pratique l'escalade se demandait : « Et si je tombais ? » Il serait alors immédiatement concentré sur l'idée de ne pas chuter, au lieu de grimper tout en appréciant le défi et le paysage. L'anxiété et la peur que l'on provoque soi-même inhibent l'action positive.

La peur tire son origine d'une fixation faite sur les incertitudes d'un moment particulier à venir, en dépit de l'absurdité de leur nature. Lorsque vous vous tenez devant le té d'un trou à l'allée étroite et que vous vous mettez immédiatement à penser au risque d'un crochet extérieur ou intérieur qui pourrait causer votre perte, en quoi cela est-il différent ou plus logique que la crainte que votre avion ne s'écrase, que votre fiancé ne cesse un jour de vous aimer, ou que vous soyez incapable de produire un seul son au moment de votre présentation devant les chefs de départe-

ment cet après-midi ? Cela n'a rien de rationnel, particulièrement si vous vous laissez piéger dans le cercle vicieux des
remises en question improductives.

La peur naît et se nourrit de l'incertitude engendrée par
les remises en question personnelles. La majorité des questions qui mènent à la peur se résument à ceci : « Et si je
devais affronter quelque chose de terrible à quoi je ne suis
pas préparé ? » Mais en creusant un peu plus profondément,
vous comprendrez tout aussi facilement que cette peur peut
se dissiper dès que l'on accepte d'entendre une réponse à
l'une de ces questions relativement absurdes. Dans presque
tous les cas, on répondra à une interrogation née de l'inquiétude par une autre question, mais franche et positive, celle-
là : « Que puis-je y faire ? » Quand nous nous demandons :
« Et si l'avion s'écrasait ? » et que nous nous donnons pour
réponse : « Que puis-je y faire ? », nous nous obligeons à
considérer objectivement une inquiétude et à travailler à
y trouver une solution. Dans le cas de la peur de prendre
l'avion, par exemple, la solution consisterait peut-être à se
remémorer la fiche de sécurité du transport aérien, ou plus
simplement, à découvrir un moyen de passer ce mauvais
moment (disons le décollage) en s'occupant l'esprit avec
quelque chose comme la lecture, l'écoute de la musique, la
méditation ou toute autre activité permettant d'éloigner les
peurs insensées. Vous constaterez à quel point ce type de
technique peut également contribuer à l'amélioration de
votre prochaine ronde de golf.

Les paroles d'un champion :
Tom Kite, U.S. Open 1992

Tout au long de sa carrière dans le circuit de la PGA, Tom Kite démontra qu'il représentait l'un des compétiteurs les plus constants qu'ait connu le golf. Il réalisa l'exploit de terminer à vingt et une reprises parmi les dix premiers au cours d'une même saison, et en dépit d'habiletés physiques moyennes, il se hissa au premier rang de la liste des boursiers du circuit de la PGA au début des années 1990. Kite fit tout cela avec dévouement, de même qu'avec une infatigable volonté de s'améliorer. Malgré toute l'ampleur de ses accomplissements, un élément crucial manquait à sa feuille de route : un championnat majeur. Kite se débarrassa de ce fardeau grâce à une solide performance lors de l'une des journées les plus ardues de l'histoire de l'U.S. Open. Des vents forts soufflaient sur le parcours de Pebble Beach aux verts minuscules et presque aussi fermes qu'une chaussée asphaltée. Kite travailla sans relâche tout au long de ces dix-huit trous difficiles, sous des vents atteignant jusqu'à soixante-dix kilomètres à l'heure, et il parvint ainsi à confondre les sceptiques en remportant son premier titre majeur. Après avoir levé le trophée, il déclara : « Du tertre au vert, ce tournoi est loin d'avoir été l'un des meilleurs que j'aie disputés. Mais si je considère ce qu'il m'a fallu pour tenir bon et poser les gestes qu'exige un parcours très difficile, c'était peut-être mon meilleur tournoi. »

Plus tard, au cours d'une longue entrevue qu'il accorda à *Golf Digest*, Kite expliqua qu'il y a une différence entre le fait de s'apercevoir que la peur est présente, et celui d'être envahi par cette peur elle-même. La nervosité s'avère inévitable, dit-il, mais c'est ce qui rend ce moment si suprême.

Lorsque les gens observent un golfeur en train de disputer la victoire dans un tournoi, le plus souvent, ils ont l'impression de voir un joueur calme, composé et en plein contrôle de la situation.

Ils ne comprennent pas comment un type qui tente de gagner un tel tournoi peut avoir l'air aussi calme. Eh bien, il ne l'est pas. Il en a peut-être l'air, tout comme il a probablement appris à gérer ses émotions, mais je puis vous assurer qu'il n'est pas calme.

Peu importe le nombre de victoires remportées, la nervosité se trouve toujours au rendez-vous, ce qui ne constitue pas une mauvaise chose en soi. Il faut se retrouver dans cette position et ressentir la nervosité, pour réellement avoir peur. Cela aussi, c'est le golf.

Les gens saisissent mal à quel point ce sentiment est exaltant. Avoir d'abord peur de ne pas pouvoir être à la hauteur, et arriver ensuite à livrer la marchandise. On trouve le moyen d'exécuter les bons coups, parfois même à son grand étonnement. Cette peur a quelque chose de plaisant, dans le fond. Elle est nécessaire. Si vous ne sentez pas la peur, si vous ne subissez pas cette montée d'adrénaline, vous obtiendrez des résultats moyens, sans plus. J'adore ça! Et c'est ce que les gens ne comprennent pas. Si vous n'avez pas peur, c'est que vous n'êtes pas dans le coup.

Je rappelle constamment aux golfeurs de ne pas ignorer les obstacles rencontrés durant une partie, pas plus que ceux qu'ils tentent eux-mêmes de se créer. Il ne faut pas fuir les obstacles, parce qu'ils finissent toujours par nous rattraper? particulièrement ceux qui prennent leur source en nous.

Alors, il nous faut affronter ces peurs et ces obstacles en les identifiant, en apprenant à les connaître et en comprenant en quoi ils sont capables de s'interposer entre nous-même et nos chances de succès.

La première étape d'un golf sans peur consiste à prendre la décision de ne pas céder à la peur, ou encore, celle de ne pas craindre d'avoir peur. On ne peut pas se mentir en se faisant croire qu'il n'existe aucun risque de faire un crochet intérieur ou extérieur dans les arbres, mais on peut mettre au point une méthode permettant de minimiser le danger que se réalise un tel scénario. Il s'agit de bien se préparer, de sorte que rien ne vienne alimenter la peur.

Les questions focalisent notre esprit de la même manière qu'une lentille focalise un faisceau laser. Si Dante disait vrai et que l'esprit est capable de faire de l'enfer un paradis et un enfer du paradis, alors, le chemin qui mène à cet enfer se voit fréquemment pavé de questions terriblement absurdes. Inversement, le chemin vers le paradis (et vers un golf gagnant, sans peur) se trouve pavé de questions raisonnables et efficaces.

Un client avec qui j'ai travaillé, Don Snider, représente un exemple parfait d'un individu ayant appris à jouer dans — et avec — l'adversité. Don est un avocat qui vit à Boca Raton, en Floride, et c'est un fanatique du golf. Il vint me consulter au sujet d'un problème auquel font face beaucoup de golfeurs. Dans des situations importantes, il devenait nerveux au point d'avoir presque peur de frapper une balle de golf. Bien qu'il ait tout essayé, il n'avait rien pu y changer. Cela vous dit-il quelque chose ? Persuadé que la nervosité constituait un mauvais signe, il tendait à rater ses élans, ce qui gâchait ses pointages. «Si seulement j'arrivais à réussir des roulés sous pression», m'avait-il confié tristement. «Sauriez-vous m'apprendre à ne pas être nerveux ? »

Lorsque j'expliquai à Don que tous les golfeurs professionnels du circuit de la PGA vivaient la même chose que
lui, il en crut à peine ses oreilles. Quand je lui dis qu'un
ventre noué et des mains raides signifiaient simplement que
l'on était excité et que l'on devait interpréter ces sensations
comme un bon signe, il passa à deux doigts d'exiger d'être
remboursé. Venu me voir dans l'espoir que je l'aiderais à se
débarrasser de ces pensées, il était certes loin de s'attendre
à ce que je lui suggère d'apprendre à jouer avec elles. À
la fin de notre rencontre, il ne se montrait toujours pas
convaincu. Or, Don me fit récemment parvenir un courriel.
Le voici dans son intégralité :

Bonjour, Docteur Valiante,

*Je sais que je ne suis pas parmi vos plus grands
clients, mais je suis heureux de vous annoncer que les
choses se sont améliorées pour moi. J'ai eu le temps
d'assimiler une bonne partie des choses dont nous avons
discuté ensemble, et cela m'a été profitable. Mon jeu continue d'être solide, même sous pression − peut-être même
davantage sous pression. Mon attitude est demeurée positive depuis plusieurs mois maintenant, et j'ai retrouvé
le plaisir de jouer. J'ai disputé de nombreuses rondes
légèrement au-dessus de la barre des 70, dont quelques
matchs-plays auxquels j'ai participé dernièrement. Je crois
que je suis en voie de devenir l'un de vos cas de réussite.
Voici quelques points particuliers sur lesquels je travaille
depuis notre rencontre :*

1. *Même lorsque la journée s'avère difficile, je dois m'en
   sortir du mieux que je le peux.*
2. *Si je ressens de la nervosité, je m'efforce de composer
   avec elle, au lieu d'essayer de la chasser. De la même*

*manière, j'affronte mes démons sans tenter de les faire
disparaître.*

3. *Je maintiens une pression constante sur ma prise
durant mon élan.*

4. *J'essaie de jouer comme les grands golfeurs en tâchant
toujours de frapper mon meilleur coup, sans penser à
ce que je ne souhaite pas qu'il se produise.*

Don

Don était venu me consulter dans le but d'apprendre à
ne plus être nerveux. Mon objectif pour lui fut de faire en
sorte qu'il apprenne à frapper ses coups malgré la nervosité (une stratégie qui, une fois maîtrisée, atténue cette dernière). Comme vous pouvez le constater, Don a appris à
composer avec ses nerfs. Son auto-efficacité augmenta de
manière remarquable, sa peur s'amoindrit peu à peu, et son
golf ainsi que son moral s'améliorèrent sensiblement. Oh, et
je n'ai pas eu à le rembourser pour la consultation !

Quand il s'agit de traiter de l'information, notre esprit ne
fonctionne pas si différemment d'un moteur de recherche
Internet tel que Google. Lorsqu'un golfeur se présente au
tertre de départ d'un trou difficile et qu'au dernier moment
(à n'importe quel moment, en réalité), il se demande : « Et si
je faisais un crochet extérieur ? », il déclenche une réaction
en chaîne qui produit quasi instantanément dans son esprit
des images d'échec, de trajectoires indésirables de la
balle et de coups se terminant à l'extérieur de la zone de
jeu ou par une pénalité. Loin d'engendrer la confiance en
soi, ces images provoquent appréhension, déception et
doute. Ce processus conduit à la création de la force la

plus destructrice dans le corps du golfeur : la peur. Car celle-ci n'est pas débilitante qu'au plan mental : elle se manifeste aussi physiologiquement.

En plus des difficultés de concentration, des tensions physiques peuvent également survenir, une perte de sensation aux mains, une augmentation du rythme cardiaque, des vertiges, un manque de souffle, de la transpiration et, dans les cas extrêmes, des nausées, de la constipation, de la diarrhée, des douleurs musculaires, des réactions épidermiques, et même de l'impuissance. Il n'est donc pas surprenant que de frapper un bon coup soit le dernier souci du corps lorsque ce dernier se sent envahi par la peur, même quand cette peur s'avère une entière création de l'esprit. En se posant la mauvaise question, un golfeur peut en un instant créer sa propre anxiété et détruire ainsi toute la confiance requise dans ce jeu d'adresse.

Les paroles d'un champion : Nick Faldo

Les plus grands champions trouvent le moyen de s'adapter et parviennent à rassembler un nouveau type de courage dans les moments les plus intenses. Nick Faldo s'est forgé une réputation d'infatigable perfectionniste, reconstruisant complètement son élan au milieu des années 1980 et devenant l'un des plus grands champions à la fin des années 1980 et au début des années 1990. Ce n'est toutefois qu'au moment où tout semblait perdu qu'il connut l'une de ses victoires les plus éclatantes. Meneur par quatre coups lors de la ronde finale du British Open à Muirfield, Faldo prit du recul et accusait, à quatre trous de la fin, un retard de deux coups. Il rassembla alors tout son courage et joua son meilleur golf de la journée, à l'instant précis où il en avait le plus besoin, dans l'une des fins de parcours les plus difficiles du golf. Il réalisa des oiselets au 15e et au 16e grâce à de magnifiques coups au fer et poursuivit avec des normales remarquables aux deux derniers trous, terminant son ultime coup roulé les larmes aux yeux. Il avait appris beaucoup sur lui-même dans son effort de bâtir un élan de champion et de développer une nouvelle attitude qui lui permette d'atteindre son plein potentiel de jeu. Il confia aux journalistes :

> Je n'essaie pas de réaliser une ronde de golf absolument parfaite, mais je ne cesse pas non plus de chercher à perfectionner mon jeu. Je suis juste moins dur envers moi-même lorsque je n'y arrive pas.
>
> Il faut simplement accepter les erreurs et aller de l'avant. Apprendre à jouer avec plus de légèreté m'a beaucoup aidé.
>
> Et quand les choses s'assombrirent, après la perte de l'avance qui lui assurait presque la victoire, à quoi pensait-il ? Eh bien, la réponse de Faldo offre une leçon à ceux qui souhaitent remporter des championnats ou briser pour la première fois la barre des 80 : « Je me suis simplement dit : ' C'est fini, oublie tout ça, et pour le plaisir, recommence. Oublie toute la semaine, ce qui est passé est terminé. ' C'est le plus important. Cela m'a rendu ma légèreté. »

Vous voyez, la peur n'est pas que le produit de la pensée irrationnelle, et elle n'est pas non plus qu'une pensée ou une émotion. En réalité, cette réaction physiologique du corps à la peur représente ce que l'on appelle communément la réaction «de lutte ou de fuite», inhérente au système nerveux de toute espèce le moindrement évoluée. Il s'agit de l'instinct de conservation qui fait partie de la constitution humaine depuis que l'Homme s'est dressé sur ses membres arrière et a commencé à marcher. En deux mots, cela se trouve inscrit dans notre code génétique. Tout comme nos yeux ont évolué pour voir et nos dents pour mastiquer, notre cerveau est le résultat d'une adaptation biologique destinée à faciliter la survie dans les environnements au sein desquels nos ancêtres ont été appelés à se développer. Afin de survivre dans un monde cruel, notre cerveau dut évoluer de manière à réagir efficacement aux menaces provenant de son environnement, et cette réaction efficace, c'est la peur. En effet, les scientifiques comprennent à présent si bien l'anatomie de la peur qu'ils ont nommé «réaction de peur» les fonctions et processus biologiques s'y rattachant. La compréhension de ces processus présente d'importantes implications pour le golfeur.

Bien que je me sois efforcé d'écrire ce livre dans un langage non technique, je crois que l'explication qui suit sera bénéfique aux golfeurs, car pour bien comprendre la réaction de peur, il faut d'abord connaître les différents stades du développement des parties du cerveau à travers l'évolution humaine. Le *cortex*, responsable de la pensée rationnelle et consciente, constitue un développement évolutif relativement récent. Antérieurement, l'être humain avait développé l'*amygdale*, aussi appelée «centre de contrôle des émotions». Le système de peur, sous le contrôle de l'amygdale, agit tel un autocommutateur, un avertisseur d'incendie ou un mécanisme par défaut capable d'outrepasser l'esprit conscient, et cela en grande partie parce que le cortex (l'esprit conscient) dispose de peu de ressources pour influer sur le système de peur, tandis que ce dernier possède au contraire de nombreuses ressources lui permettant de l'emporter sur le cortex.

Le poète américain Robert Frost écrivit un jour que la poésie «débute par une émotion pour en arriver à une pensée.» L'observation s'avère admirablement perspicace, puisque la partie du cerveau (amygdale) qui produit les émotions telles que la peur fonctionne beaucoup plus rapidement que les parties du cerveau qui traitent la pensée consciente (cortex). Il nous arrive fréquemment de ressentir la peur avant même de pouvoir réfléchir rationnellement à la cause de celle-ci.

Les paroles d'un champion :
Ernie Els, British Open 2002

Avant d'arriver à maîtriser son jeu, il est essentiel qu'un golfeur soit d'abord convaincu qu'il peut y arriver. Les golfeurs professionnels qui éprouvent du mal à imaginer l'idée de voir leur nom inscrit au tableau des meneurs ou de remporter un championnat majeur possèdent peu de chances de performer aux niveaux compétitifs les plus élevés. L'objectif de Ernie Els pour la saison 2002 consistait à remporter au moins deux des championnats majeurs du golf. Après avoir concédé les deux premiers à Tiger Woods, Ernie demeura déterminé à remporter le troisième tournoi. Alors que la plupart des golfeurs se sentent mal à l'aise à l'idée de remporter un championnat majeur, Ernie se trouvait inconfortable à l'idée de *ne pas* remporter un majeur. Lorsqu'il se présenta à Muirfield pour le British Open, il voulait gagner et s'attendait à gagner.

Au moment d'entamer la ronde finale du British Open 2002, il avait remporté deux U.S. Open en carrière, et il se montrait bien décidé à se rendre encore plus loin dans son golf. Pourtant, lors de ce samedi fatidique, la peur de ne jamais en avoir l'occasion le tenaillait également.

Els avait entamé la ronde finale avec une avance, après avoir surmonté des conditions météorologiques pénibles durant la troisième ronde. Il abordait le seizième avec un coup d'avance, lorsqu'un mauvais coup d'approche roulé lui procura un double boguey 5. Il se situait désormais à un coup de retard. Els confia plus tard: «Après cela, j'étais pratiquement défait.»

Cependant, Els se reprit en main et réalisa une brillante normale 5 au dix-septième trou, suivie d'un oiselet facile, ce qui le propulsa dans une prolongation à quatre hommes, sur quatre trous. Ébranlé par la tournure mouvementée des événements, Els savait qu'il se devait de conserver son calme. Il lui fallait découvrir un moyen de lutter contre la peur de perdre. Ce combat intérieur contribua à la plus belle victoire de sa carrière.

«En quittant le seizième, des tas de choses me traversaient l'esprit», déclara-t-il par la suite dans la tente des médias. «Je me disais, par exemple: ' Est-ce comme ça que l'on perd un autre majeur? Est-ce la façon dont tu veux qu'on se souvienne de toi, en perdant un Open? ' Je suis normalement plutôt dur envers moi-même, et ce ne fut pas l'un de mes meilleurs jours.»

Avant la prolongation, Els eut le temps de retrouver sa concentration. Ce qu'il se dit à lui-même pendant l'intermission lui permit de faire diminuer la peur et, comme il l'expliqua plus tard, de «faire taire la petite voix qui lui murmurait des idées négatives».

«J'avais quatre trous à jouer, les quatre trous les plus importants de ma carrière, et j'étais déterminé à donner mon

effort maximum à chaque coup. Je me suis débrouillé pour
trouver l'aplomb nécessaire et j'ai effectué de bons coups.
Je suppose que le batailleur en moi se manifeste lorsque
cela compte.»

Ainsi, quand une personne perçoit une menace telle
qu'un chien agressif sur le point d'attaquer, il suffit d'une
fraction de seconde pour que l'amygdale réagisse. Au cours
de ce bref instant, un mélange d'éléments chimiques et
d'hormones de stress agit sur les muscles, augmentant leur
tension. La pression sanguine s'élève, les pupilles se dilatent, la digestion s'arrête et les capillaires se contractent,
déclenchant la réaction « de lutte ou de fuite » propre à la
survie. Environ une seconde plus tard, le cortex reçoit le
message, et la personne peut alors traiter l'information et
réfléchir en termes rationnels à la situation. Même à faible
intensité, l'anxiété entraîne de la tension dans les muscles.
Le golfeur risque ainsi de voir des raideurs musculaires
venir miner son élan, ou encore, des spasmes musculaires et
des clignements de yeux peuvent survenir.

Exercise de confiance : le test des yeux

Les yeux laissent deviner la peur de maintes façons. Les
pupilles se dilatent et il se peut que les yeux tiquent sous la
pression. Sur un coup roulé, il est possible d'observer ce
phénomène lorsqu'un joueur porte les yeux sur sa ligne
avant même que son bâton ait frappé la balle. S'il s'avère difficile de se débarrasser du sentiment de peur, vous pouvez
vous exercer à garder les yeux sur la balle jusqu'après l'im-

pact. Quand je travaille avec un golfeur sur le vert, il arrive souvent que je me positionne de manière à l'empêcher de voir sa ligne de tir. Vous pouvez en faire autant avec un partenaire de jeu. Une autre possibilité consiste à se concentrer sur un point précis à côté de la balle ou à placer une pièce de monnaie juste à côté de la balle en gardant les yeux rivés sur la pièce lorsque la balle débute sa course, au point d'être en mesure de lire les inscriptions sur la pièce. Encore une fois, il ne s'agit pas uniquement d'éviter de regarder la cible avant le contact, mais de vous concentrer sur une chose qui ne risque pas de nuire à votre coup. Garder la tête penchée et les yeux sur la balle représentent simplement une meilleure façon d'exécuter votre coup roulé. Il ne faut pas trop penser à réaliser un bon coup ; cela devrait aller de soi. Songez plutôt à poser les gestes qui viendront naturellement augmenter vos chances d'effectuer le meilleur coup possible. Le coup positif constitue une répercussion de ce type de concentration.

Il y a également des conséquences psychologiques. Alors que l'information captée par les yeux et les oreilles se trouve dirigée vers d'autres parties du cerveau pour y être traitée, les facteurs de stress entrent en jeu. Les golfeurs qui craquent parlent souvent de difficultés de concentration. La perception se modifie, si bien que ces golfeurs considéreront bientôt dangereuses des situations normalement inoffensives. Là où ils ne voyaient que des allées et des verts, ils verront à présent des obstacles.

Les paroles d'un champion :
Ben Curtis, British Open 2003

Le nom de Ben Curtis ne se trouvait pas sur toutes les lèvres à l'entame du British Open au Royal Saint-George, en 2003. Curtis avait fini une seule fois parmi les dix premiers durant sa carrière du circuit de la PGA. Heureusement pour lui, il s'était mérité cette position dans un tournoi Western Open, ce qui lui assura une place dans le circuit des tournois Open majeurs. Curtis joua avec une constance étonnante pour quelqu'un qui n'avait encore jamais participé à un championnat majeur. Et tandis que les favoris tombaient un à un, Curtis tint le coup, réussissant une normale au dernier trou, un audacieux coup roulé sur trois mètres soixante, pour obtenir ce qui deviendrait par la suite le score gagnant.

Ses pensées, après qu'on lui eut remis le trophée du tournoi, donnent l'impression d'un golfeur qui s'est concentré très fort afin de limiter son attention aux choses qu'il pouvait contrôler ? une résolution qui l'aura conduit à une grande victoire.

« J'étais vraiment concentré sur ce que je faisais, tellement que ce n'est qu'après coup que j'ai pensé à la victoire. J'avais déjà gagné auparavant, mais pas à ce niveau. J'étais mort de peur, c'est évident, mais en même temps, j'étais très focalisé sur ce que j'avais à faire sur le terrain. Je laissais parler mon travail. Et tant mieux si le résultat était bon. Sinon, je saurais vivre avec.

Je jouais de mon mieux en m'efforçant de garder le parcours devant moi. »

La peur joue aussi des tours à la mémoire. Le cerveau a évolué de manière à se souvenir des situations qui génèrent la peur, afin d'être en mesure de les éviter dans l'avenir. Plusieurs agents chimiques, comme l'adrénaline, agissent tel un surligneur jaune pour s'assurer que le cerveau mémorise ces situations de crainte. Une fois qu'une situation causant de la peur s'est produite dans notre vie, son souvenir peut demeurer net et fort. Par exemple, si vous avez vécu un accident d'automobile à une certaine intersection, il y a de fortes chances pour que vous ressentiez un malaise durant de nombreuses semaines chaque fois que vous retraverserez cette intersection. Votre cerveau sonnera alors l'alarme afin d'essayer de prévenir un autre accident, même si votre esprit conscient pourra constater qu'il n'y a aucune autre voiture en vue. Le traitement des peurs irrésolues représente une véritable manne pour les psychiatres et les psychologues cliniques. Je reçois d'ailleurs régulièrement des courriels de golfeurs aux prises avec des souvenirs vifs et dérangeants de moments embarrassants ou terribles vécus des mois ou des années auparavant sur le terrain de golf.

Cette tendance à se rappeler de situations de peur peut se révéler adaptative dans certains cas (par exemple, se souvenir de détails en marchant seul le long d'une rue dangereuse le soir), mais au golf, ces souvenirs persistants finissent par devenir embêtants. Comme Hogan, qui reconnut conserver des «souvenirs plus vifs du négatif que du positif», de nombreux golfeurs compétitifs qui connaissent un passage à vide prétendent qu'après une ronde de golf, ils n'arrivent tout simplement pas à se souvenir d'un seul bon coup. Comme la crème, le négatif refait surface.

Les golfeurs qui craquent, ne serait-ce qu'une fois, déclarent revoir encore et encore l'épisode mentalement.

Ils éprouvent du mal à s'en débarrasser. Ces souvenirs, qui provoquent le même effet que celui d'un accident de voiture, nous occasionnent de la peur lorsque nous rencontrons des situations similaires. La partie la plus épineuse du problème, bien sûr, concerne l'*anticipation*. Comme le veut le vieux dicton, chat échaudé craint l'eau froide. Les expériences passées qui ont généré de la peur nous font anticiper des expériences similaires dans des situations similaires. En anticipant de frapper une balle de plus à l'extérieur de l'allée, un golfeur risque de rater son élan. Bien que les psychologues soulignent également que la peur présente certaines caractéristiques saines et adaptatives, peu de souvenirs sont aussi faciles à déclencher et difficiles à chasser que ceux qui proviennent de la peur.

Comment se peut-il qu'un sport aussi inoffensif que le golf puisse provoquer des processus conçus initialement pour nous protéger contre des prédateurs mortels dans la nature? En fait, l'esprit ne réagit pas uniquement aux menaces concrètes telles que les lions, les tigres et les serpents ; il réagit pareillement à ce qu'il perçoit être des menaces potentielles : l'embarras, la déception, la frustration. Lorsqu'il apprend à craindre une situation au golf, le golfeur conditionne au fond son esprit à percevoir une situation comme étant plus menaçante qu'elle ne l'est en réalité. Souvent, il se flagellera à la moindre erreur, se créant ainsi un traumatisme similaire à celui d'un accident de voiture. Il deviendra par la suite plus hésitant et craintif. Ainsi, en étant dur envers lui-même et en s'accrochant à ses erreurs, le golfeur s'enlise dans une sorte de « conditionnement à la peur » qui l'amène à percevoir la plus mince irrégularité (un mauvais bond, un mauvais trou, ou même une série de bons trous) comme un avertissement. La réaction de peur fait son œuvre. Et qu'on ne s'y trompe pas, l'habitude s'installe facilement.

Les paroles d'un champion: Davis Love III, Championnat PGA 1997

On aurait pu croire que Davis Love avait effectué son entrée dans le circuit de la PGA avec de grandes attentes de succès, mais après plus d'une décennie sans obtenir de titre majeur, certains doutèrent de sa capacité d'y parvenir, y compris lui-même par moments. Toutefois, au championnat de la PGA de Winged Foot, en 1997, Love entra dans la ronde finale prêt à remporter ce premier majeur. Il avait auparavant frôlé la victoire à plusieurs reprises, mais ce dimanche-là, il débuta fort et termina encore plus fort, réalisant au dernier trou un oiselet couronné d'un arc-en-ciel, pour remporter le championnat avec cinq coups d'avance. Gagner enfin après être plusieurs fois passé à deux doigts de la première place — les leçons que tira Love de cette expérience s'appliquent aussi bien au joueur qui s'approche du cap des 80. Ce même jour, il raconta aux médias réunis autour de lui que ses rendez-vous manqués avec la victoire avaient peut-être en partie préparé le terrain à cette réussite, et que remporter un grand tournoi

c'est aussi remporter sa lutte intérieure. Mon golf est suffisamment bon pour gagner un majeur, il n'y a pas de doute. Mais il me fallait également mener une lutte intérieure cette semaine. Tout d'abord, préparer l'aspect technique de mon jeu, puis faire en sorte de demeurer concentré tout au long des 72 trous, en veillant bien à contrôler mes émotions. Il me fallait traverser les bons et les mauvais moments et gérer ces montagnes russes émotionnelles. Et je suis persuadé que l'on doit se retrouver quelques fois dans cette situation afin de comprendre comment la maîtriser. Écoutez, j'étais aussi nerveux aujourd'hui que je l'étais l'année dernière à l'U.S. Open. Mes mains tremblaient, mon ventre remuait tout autant. Mais je me rappelais ce que j'avais à faire : frapper la balle, réussir les roulés, rester concentré — et je suis passé à travers. Si ce n'avait été de toutes les foisois où je n'ai pas gagné, je ne crois pas que j'aurais réussi. Compte tenu de l'état dans lequel je me trouvais, j'aurais pu commettre des bogueys aux trois derniers trous. Mais je les ai bien joués parce que j'étais déjà passé par là, et je savais à quoi m'attendre.

La peur peut modifier entièrement votre perspective, et pire encore, elle amorce une spirale descendante se nourrissant à même sa propre force. Les golfeurs qui possèdent un niveau de confiance en soi (ce que nous appellerons «auto-efficacité» dans les prochains chapitres) relativement faible et qui associent certains signes physiologiques à la peur produiront davantage de norépinéphrine, une hormone de stress dont le travail consiste à tendre les muscles. Ce passage mérite d'être répété : la norépinéphrine tend les muscles. Tous les entraîneurs de golf du monde vous diront qu'un élan de golf digne de ce nom ne peut être exécuté avec des tensions musculaires. Les muscles tendus sont incompatibles avec un élan de golf détendu, fluide, homogène et complet. En d'autres mots, la différence entre être concentré et être décontenancé tient plus souvent qu'autrement à la signification que l'on prête à ces termes. Comme l'a écrit le psychologue Albert Bandura, «la différence entre être concentré et être décontenancé est une question d'interprétation». Ainsi, lorsqu'un événement est perçu comme étant exaltant, le corps se détend, alors que lorsqu'il est perçu comme effrayant, le corps se tend.

Le cycle connu sous l'expression de « spirale descendante », qui se produit quand un golfeur craque sous la pression, commence presque toujours par une baisse de l'auto-efficacité. La spirale se passe à peu près comme suit : le golfeur perçoit un changement physiologique qu'il interprète comme une peur plutôt qu'une excitation, ce qui provoque une baisse de son auto-efficacité. La peur se nourrit d'elle-même et incite le système nerveux sympathique à faire deux choses particulièrement nuisibles au golf. En premier lieu, il y a production de norépinéphrine, ce qui cause une tension dans les muscles. En second lieu, les capillaires des mains se resserrent, ce qui provoque une certaine perte de sensibilité aux mains, entraînant une prise plus serrée de la part du golfeur sur son bâton. Des muscles tendus et une prise trop serrée restreignent l'élan de golf et sont souvent responsables de mauvais coups (des roulés secs et des élans complets bloqués). Ces mauvais coups diminuent l'auto-efficacité et augmentent la peur. Puis, le cycle se perpétue, se nourrissant insidieusement de lui-même. C'est ainsi que l'on obtient la cassure psychologique qui déclenche la redoutable spirale descendante.

La peur et la physiologie

Mes recherches m'ont permis d'établir que la peur influence l'élan de golf de quatre façons importantes et destructrices.

Des muscles tendus sont excellents dans des sports tels que le football américain, où l'objectif consiste simplement à frapper quelqu'un très fort. Or, des muscles tendus n'ont pas les mêmes conséquences pour le golfeur, dont les

mouvements, quoique puissants, doivent en plus être déli-
cats et précis, et tout cela, souvent en même temps. Les réper-
cussions physiologiques de la peur influent sur l'élan de golf
de quatre façons distinctes. C'est seulement en connaissant
ces façons qu'un golfeur peut apprendre à combattre cette
tension qui résulte de l'appréhension et réaliser sans peur
des élans efficaces.

Plus loin, nous verrons comment s'attaquer à ces quatre
problèmes, autant sur le plan physique que psychologique.

Premier problème : les mains du golfeur

L'altération des mains du golfeur constitue la première et
de loin la plus importante façon dont les changements cor-
porels occasionnés par la peur affectent l'élan de golf. Peut-
être avez-vous déjà observé que lorsque les gens deviennent
nerveux, leurs mains s'agitent. L'anxiété se constate habituellement au niveau des mains en premier lieu. Quand le
sang quitte les extrémités des membres, il s'ensuit une perte
de sensibilité, notamment aux mains. Afin de retrouver sa
sensation de prise sur le bâton, le golfeur réagit naturellement en serrant davantage son club. Les études ont démontré que le golfeur modifie la pression de sa prise sur le bâton
proportionnellement à la tension qu'il subit. Donc, plus il
sera nerveux, plus il serrera son bâton. Évidemment, plus
les mains serrent le bâton, plus il leur devient difficile de
suivre adéquatement la trajectoire durant la descente du
club. Par conséquent, même lorsque le golfeur effectue
correctement tous les mouvements de son élan sur le plan
mécanique, les tensions dans ses mains et ses avant-bras
viennent souvent saper sa coordination. Elles l'empêchent

de relâcher sa prise comme il le devrait, influençant par le fait même la distance et la direction de son coup.

Exercice de confiance : sentir la pression

Comme nous l'avons vu, les effets physiologiques de la peur ont des influences spécifiques sur l'élan de golf, dont l'une des plus considérables touche l'altération de la pression de la prise. Comme la réaction naturelle du corps à la peur se traduit par une constriction des vaisseaux sanguins, le sang se retire des mains, ce qui incite le golfeur à resserrer sa prise sur le club dans le but de retrouver la sensation habituelle.

Cependant, une prise plus serrée rend difficile l'exécution fluide d'un élan avec une montée, une descente et une finition complètes. Il vous faut apprendre à évaluer la pression de votre prise et à la relâcher au besoin.

Essayez d'établir une échelle où la valeur 1 correspondrait à la prise la plus légère possible, comme si vous teniez un bijou fragile ou une bulle de savon sur un bâtonnet, et où la valeur 10 constituerait la prise la plus serrée que vous puissiez imaginer, l'équivalent de la pression que vous sentiriez sur votre prise si vous étiez suspendu dans le vide à des anneaux immobiles, comme un gymnaste. Faites ensuite l'expérience d'un élan avec une prise de niveau 1 sur le bâton de golf. Soyez prêt à sentir le bâton vous glisser des mains, mais croyez-moi, ce ne sera pas le cas, la pression de votre prise s'intensifiant naturellement au moment de l'impact. Vous devriez être agréablement étonné du rythme et de la fluidité de votre élan aux niveaux 1 et 2. La plupart des golfeurs ne connaissent pas l'impression que donne un élan exécuté avec une prise trop détendue. Vous découvrirez probablement aussi que votre prise la plus détendue ne l'est pas autant que vous ne l'auriez cru.

Faites la même chose au niveau de pression 10 et voyez si vous percevez une différence dans votre élan. Essayez de réussir un crochet intérieur de grande envergure en étranglant la poignée du bâton. Il y a fort à parier que ce ne sera pas chose facile.

À présent, en débutant au niveau 1 de votre échelle, augmentez graduellement la pression de votre prise. Idéalement, celle-ci devrait se situer entre 3 et 5, mais en situation de stress, elle peut facilement glisser jusqu'à 7, 8 ou même 9. Votre connaissance de la sensation d'une prise de niveau 1 ou 2 vous aidera à établir la pression faible/moyenne idéale à appliquer sur votre prise pour réussir vos élans les plus efficaces. Vous comprendrez peut-être un jour ce que Tiger Woods voulut dire par ces mots : « Il n'y a pas de doute, léger, c'est OK. »

Deuxième problème : « vite » au sommet

Physiologiquement, la peur peut nous amener « vite » au sommet. Comme dans le cas de la pression excessive sur la prise, la plupart des golfeurs connaissent cette sensation. Ici, la descente commence avant que le bâton n'ait pleinement atteint le sommet de son mouvement, le corps s'engageant dans le coup tandis que les bras continuent de s'élever. Qu'est-ce qui cause ce phénomène ? Eh bien, des muscles tendus et un esprit qui s'emballe sont parfaits si vous tentez d'exécuter une tâche relativement unidimensionnelle telle qu'échapper à un tigre à dents de sabre qui aimerait dîner « avec » vous. Mais des muscles tendus et un esprit qui s'emballe ne forment pas une équipe gagnante lorsque vous tentez d'exécuter un geste aussi peu naturel que celui de frapper une petite balle à l'aide d'une petite pièce de métal dans le but de l'envoyer très loin dans un petit trou. La peur peut nous inciter à vouloir faire les choses plus vite. Toutefois, un élan de golf correctement exécuté représente un geste contrôlé, et cela implique parfois une certaine lenteur.

Les paroles d'un champion: Payne Stewart, U.S. Open 1999

La dernière victoire de feu Payne Stewart fut incontestablement sa plus émotionnelle et, à plus d'un titre, sa plus complète en tant que champion suprême. Stewart entama avec un coup d'avance le dernier jour de l'U.S. Open de 1999, disputé sur le vénérable parcours numéro 2 de Pinehurst. Malgré un temps humide et frisquet, il refusa de flancher sous la pression. Il compléta ses trous avec une volonté de fer, terminant la ronde avec seulement 24 coups roulés. Il exécuta un roulé d'une longueur de 7,62 mètres au seizième trou, un autre, culotté, sur un peu moins d'un mètre, qui lui valut un oiselet au dix-septième, en plus de le replacer en tête, et finalement, il inscrivit une normale au dernier trou grâce à un épique roulé sur 4,57 mètres, obtenant du même coup sa deuxième victoire à l'U.S. Open. L'analyse de Stewart quelques instants après avoir reçu son trophée reflète l'état d'esprit d'un homme déterminé à jouer un golf sans peur: «Je ne pensais pas à Phil, à Tiger, à David, ni à personne d'autre. Je pensais à accomplir mon travail, à faire ce que j'avais à faire pour servir ma cause le mieux possible.»

Stewart expliqua qu'il s'était doté d'un plan de match spécifique à ce parcours. Il avait prévu d'utiliser certains clubs sur des trous particuliers, quelle que soit la situation. Et au moment de jouer le difficile trou final, Stewart n'avait pas laissé la panique le gagner, même lorsque, à son coup de départ, sa balle avait terminé sa course dans l'herbe longue. En quête d'une normale, il avait choisi de coller à son plan de match et résisté à la tentation de recourir à un fer long pour déloger avec force une balle fort mal placée dans les herbes denses et humides. Puis, il s'était retrouvé devant la tâche d'effectuer un coup roulé de 4,57 mètres, un roulé qu'il connaissait bien, puisqu'il l'avait pratiqué plus tôt cette semaine-là. Avec toute sa préparation, mais aussi avec toute la pression et toute l'anxiété que l'on peut imaginer, Payne Stewart joua sans peur. « Je ne me suis pas demandé comment j'allais jouer ce trou », déclara-t-il par la suite devant les médias.

> J'avais une bonne idée du genre de balle que j'avais. En arrivant sur le vert, je me suis dit : « Écoute, tu t'es offert une chance, tu t'es rendu jusqu'ici. Tu n'as qu'à continuer de faire ce que tu as fait jusqu'à maintenant. Aie confiance en ton évaluation et frappe ton coup. » Alors, je me suis mis à lire le vert. Après avoir conclu qu'il s'agissait d'un roulé intérieur gauche, je me suis dit : « Voilà ce que c'est ! ». J'y suis allé selon ma routine, en gardant la tête bien droite. Et quand j'ai levé les yeux vers ma balle, elle se trouvait à moins d'un mètre de la coupe et s'y dirigeait de plein fouet. Je n'arrivais pas à y croire. Je venais de réaliser un autre de mes rêves.

Troisième problème : la décélération

La peur et la tension influencent l'élan de golf d'une troisième façon : elles amènent le golfeur à changer son taux d'accélération à la descente du bâton. Le grand athlète Jim Courier m'expliqua un jour que lorsque les joueurs de tennis deviennent nerveux, ils sont portés à frapper des coups trop courts, parce qu'ils décélèrent. C'est aussi le cas des golfeurs qui sentent une résistance psychologique et qui décélèrent en approchant de la balle. Dans le cas d'un élan complet, on appelle cela « retenir le club » ou tenter de « guider » la balle. Lors d'un coup d'approche roulé, cette décélération se solde souvent soit par un coup calotté décentré, soit par un coup gras, qui arrachera au passage une motte de gazon si le joueur a frappé d'un coup sec. Quand les golfeurs ressentent de la peur devant un coup roulé, la décélération se manifeste sous la forme d'un roulé sec accompagné d'un léger clignement des yeux et d'un léger mouvement de la tête (qui influencent la direction et la ligne). Pourquoi cela ? Eh bien, pensez au syndrome de lutte ou de fuite. Lorsque quelqu'un court pour tenter d'échapper à un tigre et qu'il veut savoir à quelle distance de lui se trouve l'animal, il tourne la tête et regarde derrière, même si ce geste risque fort de ralentir sa course. Au golf, quand un joueur est nerveux, son esprit se montre trop centré sur les résultats (et non sur le processus), même lorsqu'il se trouve en train d'effectuer son coup. S'il craint un coup à gauche, il retient la finale de son élan. S'il craint de frapper la balle au-dessus de son centre, il lève les yeux et frappe un coup gras. Ici encore, l'accent se voit mis sur le résultat (à cause du pouvoir de la peur), alors qu'il devrait plutôt porter sur le processus.

Quatrième problème : la phase finale de l'élan

La nervosité influence l'élan de golf d'une dernière façon en poussant le golfeur à sortir trop tôt de son élan. Il hésite ou conclut brusquement son geste, sans compléter sa finale et suivre sa balle. Si vous pratiquez régulièrement le golf, vous savez sans doute que l'erreur la plus répandue chez les golfeurs qui perdent leur assurance et se mettent à jouer avec la peur au ventre consiste à frapper leur balle vers la droite. Pensez-y un peu : si le golfeur tient trop fermement le manche du club, arrive trop vite au sommet de son mouvement et sort trop tôt de son élan, alors, bien évidemment, la face du club aura tendance à faire contact avec la balle en position ouverte.

Maintenant, comment s'y prend-on pour résoudre les difficultés physiologiques induites par la peur ? Eh bien, il y a des éléments physiques à considérer lorsque vous jouez, et qui sont susceptibles de vous aider à améliorer votre golf. Premièrement, afin d'éviter une prise trop serrée, il faut vous exercer à sentir la pression de votre prise. Soyons clairs : le grand coupable de ces hautes balles hors cible que frappent les golfeurs lorsqu'ils deviennent nerveux, c'est la pression de leur prise. La plupart des professionnels du circuit de la PGA vous diraient que, sur une échelle de 1 (très détendue) à 10 (très serrée), la pression idéale de votre prise devrait se situer entre 3 et 6. Le golfeur en proie à la peur, et qui applique habituellement une pression de niveau 3, passera en général à une pression de niveau 7, s'efforçant d'obtenir la même sensation de prise sur son bâton que lorsqu'il est confiant. Cependant, il aura fréquemment le sentiment d'une pression 3, car c'est l'information qu'obtient son cerveau. Le fait est que notre sensibilité aux mains diminue lorsque nous nous trouvons sous l'emprise de la peur. Ainsi, dans l'esprit du golfeur, la seule façon de sentir son bâton consiste à le serrer davantage. En plus d'occasionner une montée trop rapide, comme je l'ai expliqué, cela vient également interférer dans la phase de déclenchement du bâton. Le golfeur dont les mains sont trop tendues enverra le plus souvent sa balle nettement à droite de la cible, faute d'avoir complété à temps le déclenchement de la tête du bâton. Et normalement, lorsqu'il déclenche le bâton, il le fait tardivement et brusquement, ce qui lui vaut une balle basse, à gauche de la cible. Voilà pourquoi la peur fait de nous tous des lâches au golf : on ne peut pratiquer ce sport très longtemps si l'on craint constamment que la prochaine balle ne se solde par un crochet extérieur en hauteur ou un léger crochet intérieur.

Honnêtement, la solution peut s'avérer aussi simple que d'inclure la vérification de la pression de votre prise à votre routine de préparation lors de l'exécution d'un coup. Ben Hogan disait que lorsqu'il s'entraînait, il cultivait en même temps l'habitude de la concentration. Jack Nicklaus mentionna qu'à l'entraînement, il pratiquait toujours le golf tel qu'il désirait le jouer en tournoi. Cela dit, il se révèle important pour le golfeur de déterminer quelle est la pression idéale de sa prise. Le conseil que je donne aux golfeurs, et que j'ai appris du grand instructeur de golf Fran Hoxie, consiste à penser : «mains légères», ce que la plupart des golfeurs comprennent intuitivement. Dans les moments où vous subissez une pression et où vous éprouvez du mal à maîtriser vos pensées, travaillez à contrôler la pression de votre prise afin de vous assurer du déclenchement adéquat du club. Si vous êtes trop rapide, encore une fois, il y a fort à parier que le problème concerne la pression de votre prise. Si vous allez au champ de pratique pour y étudier différentes pressions de prise sur le club, vous découvrirez qu'il est plus difficile d'arriver vite au sommet de votre élan quand vos mains sont détendues. Une prise légère, équivalant normalement à un niveau de pression de 3 à 6, vous assure d'un meilleur positionnement du club au sommet de votre mouvement.

Si la peur se manifeste sous la forme d'un élan faible, ralentissant ou retenu, la solution consiste simplement à vous exercer à effectuer des élans complets en maintenant votre position finale au dégagé. L'élan de golf doit être un geste émergent et fluide. Il est rare qu'un seul ajustement suffise à le rendre parfait. Toutefois, quand notre esprit commence à nous jouer des tours, cela entraîne des conséquences bien réelles, observables et prévisibles sur notre élan. Nos pensées devraient toujours être guidées par la question : « Quelle est ma cible ? » Cependant, lorsque notre corps se raidit et que les idées défilent à toute allure dans notre tête, comme cela se produit souvent dans ce jeu, il faut un peu plus qu'une bonne pensée pour nous permettre de frapper la balle. Si le golfeur arrive à détendre sa prise, à accélérer durant la descente et, comme le disait Butch Harmon, à « serrer la main à la cible », il fait par conséquent confiance à son élan et s'offre une meilleure chance de jouer un golf sans peur.

Toutefois, aussi cruciaux ces efforts physiques puissent-ils être dans notre lutte contre nos peurs, la partie la plus vitale et encore plus fondamentale de notre jeu à laquelle nous devons nous attaquer porte sur toute l'approche mentale. Corriger les défauts physiques requiert du temps sur le terrain et le développement d'un élan fiable. Corriger l'approche mentale requiert autre chose. Cela nous amène au cœur d'une question ici essentielle : « Pourquoi jouez-vous au golf ? »

Chapitre 2

La maîtrise et l'ego au golf

Certains joueurs semblent destinés à la mégacélébrité, mais lorsqu'elle se voit annoncée par une journée nuageuse dans le nord-ouest du Pacifique à la fin d'août, tandis que, le souffle coupé, tout l'univers du golf observe, les faits font vite place au phénomène. La performance de Tiger Woods lors du dernier jour du championnat amateur de 1996 était prévisible, l'histoire nous en ayant donné un avant-goût. Il avait déjà remporté un championnat junior U.S. après s'être trouvé à deux coups de retard avec seulement deux trous à jouer. Il avait remporté son premier titre NCAA malgré une carte de 80. Et avec treize trous à jouer, il avait rattrapé un retard de cinq coups pour gagner son premier titre amateur. Bref, même dans les circonstances les plus extrêmes, sa confiance avait jusque-là semblé inébranlable.

Or, rien ne pouvait nous préparer à Woods au moment de sa dernière journée chez les amateurs, lors du Championnat amateur U.S. 1996, au milieu de la verdure luxuriante du Pumpkin Ridge Golf Club. Faisant face à Steve Scott, un adversaire inspiré mais encore peu connu, Woods parvint à revenir d'un déficit de cinq coups accumulé durant les dix-huit premiers trous disputés en matinée. Scott put repousser à maintes reprises la charge de Woods qui, en deux occasions, réussit à ramener son retard à moins 1, pour se voir chaque fois repoussé vers l'arrière par Scott. Le spectacle était formidable pour les quelques 19 000 spectateurs présents qui suivirent toute la journée les deux compétiteurs sur le terrain. Les grognements des joueurs et les réactions bruyantes de la foule donnaient au match l'allure d'un combat entre deux guerriers s'affrontant dans une arène. Le dernier jour du tournoi, Woods atteignit 28 des 29 derniers verts réglementaires, inscrivit un pointage de 65 aux dix-huit derniers trous et réussit au deuxième neuf des coups roulés époustouflants de 13,7 mètres, obtenant un aigle, et de 10,7 mètres, pour un oiselet.

Après avoir gagné au trente-huitième trou et hissé son trophée, l'échange qu'il eut avec les journalistes sembla presque incroyablement terre à terre, mais l'épisode vint clairement illustrer toute la grâce dont sont capables les grands lorsqu'ils sont soumis au feu de l'action.

Q : Vous arrivez sur le terrain, vous êtes à moins cinq au premier tertre de départ de l'après-midi. À quoi pensez-vous alors ?

TIGER WOODS : J'étais très confiant.

Q : Vraiment ?

TIGER WOODS : Absolument. J'ai travaillé quelques trucs avec Butch au champ de pratique. J'ai revu mes roulés et je suis revenu dans l'esprit de la partie, pleinement confiant. D'abord, ce qui est arrivé, c'est de l'histoire, c'est fini. Je sais ce que c'est. Au lieu d'être à cinq coups de retard et 13 trous à jouer, j'étais à moins cinq et 18 à jouer. Cela m'a donné un sentiment de tranquillité.

Q : Dans les matchs plus serrés, vous semblez vous mettre dans un état d'esprit qui vous permet de vous concentrer et de ralentir tout autour de vous.

TIGER WOODS : Tout ce que je fais, c'est de suivre ma routine. Même si certains roulés s'avèrent plus difficiles que d'autres, je ne perds pas mon rythme, je conserve le même tempo, je fais tout comme à l'habitude. Alors aujourd'hui, ce que j'ai fait au dernier trou est exactement la même chose que ce que j'ai fait au premier trou. Rien n'a changé. Je crois que c'est l'une des plus grandes clés. Nicklaus le faisait très bien. On pouvait le chronométrer. Il respectait toujours scrupuleusement sa routine.

On put le constater ce jour-là en Oregon, et maintes fois dans les années qui suivirent, Tiger Woods est le plus grand champion qu'ait jamais connu le golf. Un tel maître l'emporte non seulement parce qu'il est le meilleur, mais parce qu'il sait ce qu'il doit faire pour être le meilleur — et il ne quitte jamais ce sentier, quelles que soient les circonstances.

Tiger personnifie le golfeur sans peur. Évidemment, son style de jeu est souvent héroïque et captivant, mais c'est la détermination d'acier dont il fait preuve dans les situations les plus tendues qui en fait un objet d'étude aussi fascinant. Ce n'est pas un secret, Woods a beaucoup appris des comportements et des réalisations de Jack Nicklaus. Depuis son plus jeune âge, Nicklaus était reconnu pour l'attention qu'il portait aux détails de *deux choses* en particulier : la mécanique de son élan de golf et les particularités de chaque parcours de golf. Jack mesurait soigneusement les distances sur les terrains où il jouait. Il les étudiait de près, très méticuleusement. Il ne perdit jamais de l'esprit la vérité inaltérable qui veut que le golf soit un match disputé entre deux joueurs seulement : le golfeur et le parcours de golf sur lequel il joue. Lorsqu'on demanda à Nicklaus quel était son plus vieux souvenir de Pebble Beach, qu'il visita pour la première fois en 1961 lors du Championnat amateur U.S. — dont il sortit vainqueur —, il répondit :

> Je regardais le parcours de Pebble Beach et j'en pensais exactement la même chose que pour celui de l'Augusta National. J'aimais marcher le long de l'allée Magnolia, mais ce que je voulais surtout, c'était de me retrouver sur le terrain et de le jouer. J'avais entendu parler de la tradition et tout ça, mais pour ma part, je voulais seulement fouler le terrain, le sentir et le tester.

Jack ne s'intéressait ni au moulin à rumeurs, ni aux prédictions portant sur l'issue du tournoi, ni à la vie personnelle des autres golfeurs. Il n'était pas vraiment absorbé par les gens, le prestige et l'histoire de tournois tels que le Masters, le U.S. Open ou le U.S. Amateur. Son esprit se trouvait purement focalisé sur les allées vertes, sur les verts et sur la condition des parcours appelés Augusta National et Pebble Beach. C'est tout à fait caractéristique du golf de maîtrise, qui, comme vous le découvrirez ci-après, constitue le passage vers le sentier du golf sans peur.

Jonathan Byrd : la constance d'un travail

Joueur sur le circuit de la PGA, où il fut nommé recrue de l'année en 2002, Byrd, avec son approche de maîtrise, est à l'image des jeunes joueurs émergeants. Ralenti en 2003 par une blessure qui nécessita une chirurgie suivie d'une longue convalescence qui se poursuivit jusqu'au début de 2004, il ne revint à la compétition qu'au milieu de l'année 2004. Sa concentration indéfectible lui permit d'effectuer de bons coups tout au long du B.C. Open, qu'il remporta par un coup. L'extrait suivant, tiré de l'une de nos conversations, montre bien en quoi Jonathan — à l'instar de son héros, Ben Hogan — possède le profil classique d'un golfeur de maîtrise en devenir.

Byrd : À l'école secondaire, j'aimais plusieurs sports différents, mais le golf m'a particulièrement accroché. Je me plaisais à pratiquer mon golf tout seul. Après l'école, je pouvais m'exercer jusqu'au coucher du soleil. C'était simplement quelque chose que j'aimais faire. Je sais que ça fait un peu cliché, mais je dirais que ma motivation me vient de mon amour pour ce jeu. J'aime m'entraîner. J'aime m'améliorer. Et depuis l'école secondaire, le processus d'apprentissage de nouveaux coups et de nouvelles techniques constitue ce qui me plaît le plus du golf. J'ai du plaisir à travailler l'amélioration de tous les aspects de mon golf.

Dr Valiante : Hogan disait que les tournois ne constituaient pas le meilleur endroit pour s'améliorer.

Byrd : Je suis du même avis. Je préfère l'entraînement. Je crois que les séances de pratique sont plus satisfaisantes. Remporter un tournoi, c'est très bien, c'est un peu comme le glaçage sur le gâteau, mais je n'ai pas besoin de cela pour savoir que je m'améliore ; je peux le voir et le sentir dans mes entraînements.

Valiante : Qu'est-ce qui vous plaît tant dans ce processus ?

> Byrd : C'est le fait de perfectionner quelque chose. On ne devient jamais vraiment parfait, mais on peut s'en rapprocher. On apprend. On s'améliore. On apprend de nouveaux coups. On s'aperçoit que son élan devient de plus en plus efficace, et il s'agit d'une chose très satisfaisante, indépendamment des victoires et des classements.

Devenir meilleur dans un domaine, qu'il s'agisse du golf, des affaires, de l'enseignement ou de l'aérospatiale, exige toujours que l'on se pose d'abord les bonnes questions. Permettez-moi alors de vous poser une question simple : pourquoi jouez-vous au golf ? Prenez quelques minutes pour mettre par écrit les raisons premières qui vous poussent à jouer au golf. Assurez-vous de les inscrire par ordre d'importance. Croyez-le ou non, la compréhension des implications qui se dissimulent derrière la réponse à cette simple question vous sera plus utile dans l'amélioration de votre golf que n'importe quelle leçon ou que l'achat de nouveaux bâtons.

Il est probable que les raisons qui composent votre liste sont similaires à celles de la plupart des autres golfeurs. Si vous êtes un professionnel ou que vous avez l'intention de le devenir, vous aimez le golf et la compétition, et vous appréciez le sentiment d'exceller à quelque chose, et peut-être même la sensation d'y être meilleur que la majorité des gens. Vous aimez gagner. Si vous êtes un golfeur professionnel, il y a de fortes chances que vos motivations profondes, quand vous jouez contre des membres de votre famille, ne sont pas les mêmes que lorsque vous vous mesurez à vos amis ou que vous prenez part à un tournoi important.

La recherche du *kaizen*

En affaires, il existe de nos jours une fascination pour le terme «kaizen». On l'utilise dans la terminologie des affaires pour désigner l'idée d'un effort intense d'amélioration appliqué à un procédé ou à un système par l'élimination des éléments non essentiels qui en font partie et qui sont considérés comme nuisibles à la performance de ce procédé ou de ce système. Toutefois, le concept japonais de *kaizen* est un peu plus simple et s'applique admirablement bien au développement d'un golf sans peur. Ainsi, pour les Japonais, *kaizen* exprime l'idée de l'amélioration continue et mesurée, sans égard à la performance. Et ce dernier segment de phrase s'avère capital. C'est ce qui définit le golfeur de maîtrise. Celui-ci ne se décourage pas suite à un insuccès initial. Au contraire, il se retrouve excité devant ce nouveau défi. Le golfeur de maîtrise qui applique le concept de *kaizen* est absorbé par les détails, les casse-têtes et les mystères du jeu, et il se donne pour tâche de maîtriser ces détails et de comprendre ces mystères. Avec le *kaizen*, vous abordez le processus à vos propres conditions et vous êtes en contrôle total de votre propre amélioration. En *kaizen*, votre processus d'amélioration personnelle passe avant la partie. Si l'amélioration constitue un objectif constant, elle ne se réalise cependant pas simplement parce qu'elle représente l'objectif, mais bien parce que l'emphase mise sur le processus la rend possible.

Si vous pratiquez le golf en tant qu'activité récréative, vous le faites sans doute aussi parce que vous aimez ce sport, comme peut-être également la compétition entre amis. Il est probable que le golf représente pour vous une façon agréable de vous détendre et de recharger vos batteries. Si vous êtes un golfeur récréatif, il se peut fort bien que vous participiez à l'activité annuelle de golf de votre compagnie ou au championnat de votre club pour des raisons qui n'ont rien à voir avec ce qui vous motive à jouer tranquillement une ronde entre amis.

En psychologie professionnelle, on appelle «orientation des buts d'accomplissement» les raisons qui poussent un individu à s'engager dans une certaine tâche ou activité. Ce terme un peu complexe signifie essentiellement que l'on choisit de faire une chose en particulier dans un but particulier. Bref, nous sommes motivés à pratiquer une activité parce que, d'une manière ou d'une autre, elle renforce notre sentiment d'amour-propre ou notre bien-être. Ces objectifs orientent dès le départ notre approche de cette activité. Ils constituent des facteurs critiques qui influencent le degré de motivation et d'accomplissement des individus, ainsi que le degré d'anxiété et de peur ressenti tandis qu'ils s'engagent dans ces activités.

Le véritable secret de Ben Hogan

Ben Hogan récolta soixante-quatre victoires au cours de sa carrière, dont neuf championnats majeurs. Cinquante de ces victoires, dont les neuf majeurs, furent remportées après son trente-troisième anniversaire de naissance. Alors que de nombreux observateurs du golf sont d'avis que les améliorations mécaniques de Hogan constituaient la source de sa réussite, le principal intéressé croyait quant à lui que ses résultats ne s'expliquaient peut-être pas uniquement par l'application des cinq principes de base que lui-même et l'auteur Herbert

Warren Wind avaient élaborés et présentés dans leur célèbre manuel. Certes, Hogan se montrait infatigable dans sa recherche d'amélioration de son élan de golf. C'est le *kaizen* dont nous avons discuté un peu plus haut. L'attention qu'il portait à l'amélioration continue de son jeu en conduisit plusieurs à penser qu'il avait découvert une sorte de secret relativement à la technique de l'élan de golf. Comme Hogan n'offrit jamais vraiment d'explication quant à la nature de son secret, différents auteurs de livres et d'articles de magazines s'intéressèrent depuis au sujet afin de tenter de découvrir quel était ce détail mécanique. Peut-être Hogan effectuait-il un mouvement avec son poignet gauche ou son index droit, un geste clé dans son élan et susceptible de pouvoir être répété à volonté. Cependant, la clé de son succès n'était peut-être pas entièrement attribuable à sa technique physique. En effet, Hogan suggéra que cela allait au-delà de la simple exécution de l'élan de golf. Il se focalisait continuellement sur la tâche à accomplir, son esprit étant constamment occupé à analyser les variables pouvant influencer le prochain coup. En d'autres termes, ses batailles demeuraient toujours personnelles, constamment entre lui-même et le parcours de golf. Le véritable secret de Ben Hogan ? La concentration. Je ne gagnais pas dans les années 1930 parce que je n'avais pas encore appris à me concentrer », écrivit-il un jour, « à ignorer les spectateurs et les autres golfeurs, et à fermer mon esprit à tout ce qui est extérieur à mon jeu. » Avez-vous appris à canaliser votre attention et à bloquer votre esprit ? Il n'est pas nécessaire de s'appeler Ben Hogan pour apprendre à maîtriser ces habiletés.

La première motivation chez certains golfeurs, qu'ils soient des joueurs de calibre moyen ou des joueurs de circuit, consiste à être reconnu par autrui. Pour eux, ce que les autres disent à leur sujet se révèle d'une grande importance, parfois plus encore que l'amélioration et le développement de leur golf lui-même. Quand l'un de ces golfeurs se prépare à frapper un coup déterminant, son esprit se retrouve souvent divisé : d'une part, il s'efforce de se concentrer sur l'exécution d'un bon coup, et d'autre part, il est occupé à s'en faire avec ce que les autres croiront s'il rate son coup. On comprend facilement que de telles sources externes d'inquiétude puissent interférer avec la mécanique du golf. Au lieu de réfléchir au coup qu'il désire effectuer et aux façons d'y parvenir, le golfeur soucieux d'élever sa cote personnelle aux yeux des autres devient souvent indécis et incertain au moment d'exécuter son mouvement. Ces motivations et ces émotions ne se trouvent pas nécessairement à la surface de sa conscience, mais elles sont tout de même là, tapies dans l'ombre, et leur présence peut s'avérer d'une influence aussi subtile que puissante. Bien sûr, comme le savent tous les golfeurs, la manière la plus rapide de miner un élan de golf consiste à introduire n'importe quel type d'incertitude ou d'indécision dans l'esprit d'un joueur. Cela vaut autant pour le golfeur professionnel préoccupé par l'idée de voir son pointage publié dans les quotidiens le jour suivant, que pour le débutant soucieux de ce que les autres penseront de lui s'il ne réussit pas un bon coup. Dans les deux cas, on ne fixe pas son attention là où il le faudrait.

Le golfeur qui pense ainsi démontre ce que les psychologues appellent une «orientation vers l'ego».

À l'inverse de ceux qui jouent pour s'attirer l'attention ou l'admiration des autres, certains golfeurs ont pour motivation première un désir d'apprendre, de s'améliorer et de se surpasser. Or, l'emphase sur l'apprentissage et le développement personnel s'avère incompatible avec les inquiétudes sur la façon dont les résultats d'un joueur seront interprétés par les autres. Le golfeur professionnel qui joue pour se surpasser se montre davantage apte à mettre de côté les contingences extérieures telles que le classement, le pointage, l'opinion des autres personnes, et même les prix en argent. Le golfeur récréatif qui joue pour apprendre et se développer, peut-être même pour se détendre, s'en fait très peu quant à l'opinion qu'auront de son élan les autres membres de son quatuor. Dans ces deux cas, l'attention du joueur se trouve portée sur les choses qui lui permettront de mieux frapper son coup : la mécanique de l'élan, la stratégie, l'état du parcours, la densité des herbes hautes, le tempo et l'emplacement des obstacles. Parce que leur attention est entière au moment où ils se préparent à frapper leur balle — ils ne se voient donc pas distraits par l'idée des réactions potentielles à leur coup —, ces golfeurs sont mieux disposés pour rester concentrés et conserver leurs moyens durant toute la ronde. Et soyez assurés qu'ils éprouvent plus de plaisir et moins d'inquiétude que leurs homologues embarrassés et centrés sur leur propre image.

Exercice de maîtrise n° 1 : concentration sur le parcours de golf

Rappelons que parmi les caractéristiques de maîtrise propres à Jack Nicklaus, il y avait l'incessante attention qu'il portait au parcours de golf, son principal adversaire. Nicklaus se trouvait si absorbé par son étude du parcours qu'il devenait imperméable à tout ce qui se passait autour de lui.

On n'enseigne pas une telle concentration, mais même le golfeur moyen peut se fixer cette sorte d'attention comme idéal de développement à atteindre. C'est ce que j'appellerais une distraction dotée d'une fonction. Pour votre prochaine ronde de golf, au lieu d'arriver au club, de saisir votre carte de pointage, puis de prendre le chemin du tertre de départ, faites un effort concerté pour étudier le parcours trou par trou. Si vous en avez le temps, essayez de planifier la ronde coup par coup. Faites-le par exemple en remarquant quelles normales 4 requièrent un bois, ou s'il y a une normale 5 à attaquer. N'achetez pas le livret de parcours comme souvenir, mais consultez-le comme vous consulteriez un bon cadet, et ce à chaque tertre de départ.

La clé d'une telle distraction réside dans le fait qu'elle vous force à vous concentrer sur le parcours de golf. Souvent, lorsque je discute avec un joueur avant un tournoi, je ne manque pas de lui demander s'il a pris le temps d'étudier le parcours, son architecture et les détails de son design. Normalement, je m'assure de posséder quelques informations utiles à lui transmettre sur l'endroit. De cette manière, le joueur repensera aux détails du parcours durant sa ronde, au lieu de songer à son pointage, à son rang dans la liste des boursiers ou au statut des autres joueurs. Quel que soit votre calibre et quelles que soient les circonstances, votre attention devrait être aussi soutenue que celle des joueurs de circuit. Et la première chose à faire en vue du développement de cette concentration consiste à vous immerger d'informations à propos du parcours et de ses différents trous, puis de planifier une stratégie de jeu en conséquence.

Si vous vous reconnaissez dans ces quelques raisons de jouer au golf, ne vous en surprenez pas. Des orientations comme celles-là sont monnaie courante dans maintes entreprises professionnelles. Parler en public occasionne souvent chez les gens les mêmes genres de peur que le golf. Même dans cette activité tant redoutée, les personnes dont les motifs de parler consistent à présenter de l'information en passant un bon moment font généralement mieux que celles qui désirent simplement faire belle figure devant un auditoire ou que celles qui ne font qu'espérer ne pas se couvrir de ridicule. Les musiciens qui triment dur pour perfectionner une pièce musicale jouent avec plus de passion et de fluidité que ne le font les musiciens qui ne recherchent que l'admiration de la foule et qui craignent d'être hués.

Bref, la distinction clé à faire ici se résume à la différence entre le travail acharné en vue du perfectionnement d'une tâche versus la volonté de bien paraître devant les autres ou la crainte anticipée de leur désapprobation. Il s'agit d'une distinction que reconnaissent bon nombre de golfeurs.

Les paroles d'un champion : Davis Love III, Pebble Beach Pro-Am AT&T 2003

Davis était le meneur lorsqu'il débuta la journée du dimanche, mais Tom Lehman vint le dépasser avec un 30 au premier neuf. Dans le dernier groupe à partir au tertre du dix-huitième trou, Davis avait besoin d'une normale pour créer l'égalité, et d'un oiselet pour l'emporter. Un solide coup de départ de 288 verges propulsa sa balle au centre de l'allée, évitant le plan d'eau situé à gauche de celle-ci, puis il atteignit le vert à l'aide d'un fer 4, où deux coups roulés lui permirent de récolter un oiselet. Comment put-il donc réussir ces coups formidables dans une situation aussi exigeante ? La réponse réside dans le fait qu'il ne jouait pas la situation ; il jouait son coup, concentré sur son objectif.

> Je voyais ce que Tom (Lehman) faisait, évidemment. Et j'étais nerveux. Mais quand je suis arrivé au dix-huitième tertre, je me suis concentré sur un point précis de la lucarne de la tente, du côté droit de l'allée. C'était ma cible. Je faisais de mon mieux pour centrer toute mon attention sur ma cible, et non pas sur la situation. Une fois ma cible déterminée, je me suis efforcé d'effectuer mon élan sans peur.

Alors qu'il se tenait au tertre de départ, étant donné l'importance de la situation, Davis aurait facilement pu sombrer dans les pensées négatives du type : pourquoi suis-je nerveux ? Et si ma balle atterrissait dans l'eau ? Vais-je perdre ce tournoi ? Toutefois, grâce à sa discipline, à son entraînement et à son expérience, il parvint à balayer ces pensées pour ne se concentrer que sur sa cible. Il choisit de centrer son attention au loin, sur le sommet de la tente d'un commanditaire. Puis, en se demandant : « Quelle est ma cible ? », Davis s'élança sans peur et propulsa sa balle vers sa cible. Après un coup de départ parfait, suivi d'un deuxième coup parfait le positionnant sur le vert, il conclut le trou par deux coups roulés, ce qui lui valut un oiselet ainsi qu'une première victoire professionnelle en trois ans.

Tout le monde a déjà entendu parler du « for intérieur ». Les golfeurs y font fréquemment référence. Ils disent, par exemple : « J'essayais de me concentrer sur mon roulé, mais dans mon for intérieur, je pensais : ' Ne t'énerve pas ! ' ». Les orientations d'accomplissement dont j'ai discuté dans ce chapitre concernent ces pensées parasites qui se glissent dans l'esprit du golfeur et qui pénètrent dans son for intérieur. Si vous êtes de ces golfeurs aux prises avec des pensées qui minent la concentration et déclenchent des hésitations ou des appréhensions, lisez attentivement ce qui suit. En déterminant vos orientations d'accomplissement, vous pourrez résoudre une part considérable du mystère psychologique affectant de nombreux golfeurs qui se retrouvent défaits sur le parcours.

Voyons de plus près ce processus psychologique considéré par les psychologues comme un élément critique de la motivation humaine. L'orientation des buts d'accomplissement — les raisons sous-jacentes pour lesquelles les golfeurs jouent au golf — se divise en deux catégories : l'orientation de maîtrise et l'orientation de l'ego. Une seule de ces approches fonctionnera en dépit des circonstances et des habiletés personnelles, et une seule conduira à la pratique d'un golf sans peur.

Le golf de maîtrise

Le golf, c'est pour moi une façon de gagner ma vie en faisant une chose que j'aime. Je ne suis pas intéressé par le prestige. Je préfère jouer.

— Ben Hogan

Les gens qui font preuve d'une orientation de maîtrise envers une activité s'engagent dans cette dernière parce qu'ils veulent sans cesse apprendre, se raffiner et élever leur niveau de maîtrise de cette activité, et ce en dépit de leur niveau d'expertise du moment. Animés par un souci constant d'amélioration de leurs habiletés, les personnes qui possèdent une orientation de maîtrise cherchent à atteindre des niveaux d'habileté toujours plus élevés. Dans le monde du golf, ces golfeurs perçoivent le jeu comme un défi procurant l'occasion de poursuivre le raffinement de leurs habiletés.

Les paroles d'un champion :
Tiger Woods, U.S. Open 2000

La carrière de Tiger Woods, faite de réalisations incroyables, a peut-être connu son apogée lors de l'U.S. Open 2000, à Pebble Beach, alors qu'il remporta la victoire par 15 coups. Woods termina avec le pointage encore jamais vu de 12 sous la normale, dans un tournoi où la normale représente habituellement l'objectif du comité du tournoi. Meneur avec dix coups d'avance, Woods amorça la dernière journée, le trophée déjà bien en poche. Il aurait pu jouer la dernière ronde avec une concentration et une intensité réduites, mais ce n'est pas ainsi que Tiger Woods joue son golf. Il effectua la dernière ronde sans produire un seul boguey et réussit un difficile coup roulé de cinq mètres au seizième trou. Voilà la concentration d'un homme qui joue un golf sans peur. Ses commentaires aux médias laissent entrevoir la concentration d'un champion :

En marchant vers le 18, je disais à Stevie [Williams, le cadet de Tiger] qu'il y a des moments où l'on se sent paisible, calme, des moments où l'on se sent en paix avec soi-même. Je ne sais pas trop pourquoi, mais ça coulait à merveille. Quand on se trouve dans cet état, peu importe ce qui survient, que ce soit bon ou mauvais, ça ne vous atteint pas. Même les jours où l'on se lève du mauvais pied, on dirait que tout n'est pas si mal ; ça va, simplement.

Cette impression naît de la confiance, bien sûr, et constitue un réel sentiment d'auto-efficacité, inébranlable et constant, que vous soyez au champ de pratique ou sur le tertre du dix-huitième trou.

« J'ai toujours eu une très grande confiance en mes habiletés », raconta Woods à Pebble Beach. « Je l'ai prouvé en tournoi, mais mieux encore, je l'ai prouvé à l'entraînement, alors que personne ne pouvait le voir. Enfant, je jouais à faire semblant de me mesurer aux meilleurs joueurs, et j'essayais d'imiter leurs élans. Je pense qu'on doit d'abord se prouver à soi-même qu'on peut le faire, et ensuite, on y va et on reproduit la même chose en compétition. C'est comme ça qu'on y arrive. »

Par exemple, Nick Price, qui a son nom au Panthéon, gagna quarante tournois en carrière sur cinq continents, remporta trois titres majeurs et fut premier au classement mondial. Aujourd'hui à la fin de la quarantaine, il cherche encore et toujours à améliorer son élan de golf.

Si j'ai pu prendre part à la compétition pendant si longtemps, c'est en partie parce que je suis parvenu à raffiner mon élan à chaque année. Je fais les mêmes mouvements qu'à vingt ans, mais chaque année, je les ai peaufinés. J'ai travaillé avec application pour toujours améliorer mon élan et le hisser d'un cran supplémentaire, parce que je sais qu'il est perfectible. Pour moi, le golf est comme un bloc de bois carré, et mon but consiste à faire de ce bloc une sphère aux formes parfaites. Je peux arriver assez rapidement à une forme relativement sphérique, mais à partir de là, je dois raffiner constamment, perpétuellement. Je dois passer du marteau et du ciseau à bois au papier de verre de grain 50, au papier de verre de grain 100, au papier de verre de grain 1000, à la laine d'acier, au polissage. Et chaque année je raffine, peu importe comment s'est déroulée la précédente, et j'essaie de faire mieux encore. Voilà ce que j'ai voulu faire. De mieux en mieux chaque année, où que je me trouve. L'excellence, c'est une sorte de processus, vous savez? Peu importe où l'on est rendu, on doit sans cesse essayer de se raffiner.

Le golfeur de maîtrise qui démontre du *kaizen* s'intéresse aux détails, aux casse-têtes et aux mystères du jeu, et il se donne pour mission de maîtriser ces détails et de comprendre ces mystères. Parce qu'il considère la maîtrise du golf comme un défi de tous les instants, il lui est facile d'être entièrement présent à ce qu'il fait, autant lorsqu'il pratique son coup d'approche que lorsqu'il prend part à un tournoi. Sa motivation première pour le golf n'a rien à voir avec les bourses en argent, les trophées, les récompenses, les accolades ou les approbations des autres. Pour les golfeurs de maîtrise, le coup compte beaucoup plus que ses conséquences. Et les récompenses, les trophées et la reconnaissance du public sont le plus souvent considérés comme des conséquences naturelles de l'excellence, et non pas comme le motif premier de l'atteinte de cette excellence.

David Duval : une orientation de maîtrise

David Duval représente l'un des athlètes les plus remarquables qu'il m'ait été donné de rencontrer, tant à cause de son formidable talent que de sa force de caractère. Il parla avec éloquence des orientations compétitives que soulève le fait d'être une personne privée sur la scène publique. Voici une partie de l'une de nos discussions :

Dr Valiante : Quand vous jouez du golf de compétition, contre qui jouez-vous ? Contre le parcours, les autres joueurs, un pointage, vous-même ?

David Duval : D'habitude, on se bat contre soi-même. On peut dire que l'on joue l'ensemble des participants ou le parcours de golf, ou la situation. Mais en réalité, on se mesure à soi-même, et c'est vraiment ça. On joue contre soi-même.

Dr Valiante : Quelle partie de soi-même ?

David Duval : Je pense que c'est la partie de soi-même qui désire voir comment on fera comparé aux autres, celle qui désire voir comment on fera par rapport à la normale, celle qui veut observer si l'on atteint les allées et les verts, et si l'on inscrit des oiselets. Ça concerne aussi parfois le tableau des meneurs. Quand tout va bien, quand on a l'esprit clair, il est facile de se rappeler que le golf se

définit comme une suite de dix-huit résultats que l'on additionne à la fin de la partie. C'est un cumulatif des coups.
Il n'y a vraiment aucune excuse pour ne pas le faire de
cette façon, mais ce n'est pas toujours si facile à accomplir. Alors, au fond, c'est contre soi-même que l'on joue.
On devrait réaliser son travail en fonction du parcours
de golf et de son propre jeu.

Le golfeur de maîtrise se satisfait de toutes les situations
que lui amène le golf. Plus le défi sera grand, plus il aura
de plaisir à le relever. Pour lui, l'élan de golf constitue un
processus automatique. Comme il se trouve centré sur son
amélioration en fonction de l'état de ses propres habiletés,
il est le seul à établir ses standards et ses objectifs. Le golfeur
de maîtrise ne s'en fait pas avec ses compétiteurs, parce qu'il
ne voit pas la partie comme un affrontement entre joueurs.
Pour lui, jouer au golf, c'est jouer le parcours du mieux qu'il
le peut avec les habiletés qu'il possède. Il sait que le golf
peut parfois s'avérer imprévisible, et chaque fois, il réagit
de la même façon : en mettant davantage d'efforts, de détermination et de passion dans son jeu. Le golfeur de maîtrise
n'est ni influencé par les éloges, ni ennuyé par la critique.
Il sait que les compliments sont passagers et que les personnes sont changeantes. Celles qui applaudissent un joueur
samedi auront peut-être dimanche des attentes impossibles
à combler. Ainsi, la fréquence des compliments et des repro-
ches n'influence pas le golfeur de maîtrise, car à vrai dire,
il ne joue pas pour les autres. Il joue pour atteindre les objectifs qu'il s'est fixés, et ce n'est que d'après ces derniers qu'il
mesurera son amélioration. Le golfeur de maîtrise se soucie
de son jeu, et non de ce que les autres penseront de sa

performance. Il est son propre cercle d'admirateurs et son meilleur critique, et il joue son golf l'esprit tranquille, ne se concentrant que sur les choses qui relèvent de son contrôle. Pour le golfeur de maîtrise, jouer au golf — que ce soit dans un tournoi, un événement corporatif, en famille ou entre amis — ne représente pas un moyen d'arriver à une fin; jouer au golf constitue une fin en soi.

Exercice de maîtrise : la réponse par défaut

Comme nous l'avons vu, le golfeur de maîtrise se veut un penseur complexe investi d'une mission simple. Pour réduire sa concentration à l'essentiel, la solution pour un joueur consiste à refuser catégoriquement de se laisser entraîner dans les détails circonstanciels. En fin de compte, surveiller le tableau de pointage n'apporte aucun avantage, parce que cela ne sert le plus souvent qu'à distraire le joueur du processus axé sur la cible uniquement, et qui engendre le succès.

Donc, le golfeur de maîtrise devrait être apte à résoudre n'importe quel dilemme ou situation difficile en répondant à une brève question qu'il ne devra oublier sous aucun prétexte, quitte à se la faire tatouer sur l'avant-bras : *quelle est ma cible ?*

Voici l'exercice : quand vous jouez une ronde de pratique, faites en sorte qu'un ami vous demande périodiquement ce à quoi vous êtes en train de penser. Cette question devrait automatiquement déclencher une autre question dans votre esprit : quelle est ma cible ?

Les quelques scénarios qui suivent décrivent des situations variées pour lesquelles il n'existe qu'une seule et même réponse.

> Si vous récoltez des oiselets aux trois premiers trous, quelle question devez-vous vous poser au quatrième tertre ?
>
> Réponse : quelle est ma cible ?
>
> Si vous inscrivez 42 au premier neuf et que votre intention est de jouer pour la première fois sous la barre des 90, quelle question devez-vous vous poser au dixième tertre ?
>
> Réponse : quelle est ma cible ?
>
> Si vous avez enregistré des bogueys aux trois premiers trous du dernier neuf et que vous commettez des doubles bogueys aux trois trous suivants, qu'avez-vous à l'esprit au départ du seizième trou ?
>
> Réponse : quelle est ma cible ?

On comprend facilement comment s'applique l'orientation de maîtrise au golf de tournoi, mais qu'en est-il de ceux d'entre nous qui ne participent pas à des tournois ? Le golf de maîtrise s'avère-t-il pertinent dans ce cas ? Absolument. En fait, le golf de maîtrise favorise l'amélioration fondamentale indépendamment du niveau d'habileté d'un joueur. L'approche de maîtrise ne requiert pas nécessairement que l'on se fixe dès le début de la journée l'atteinte d'un pointage idéal. Elle nécessite plutôt une attention soutenue portée à l'exécution de chaque coup, suivant une routine prédéterminée et en fonction d'une cible précise.

Herman Edwards et le pouvoir de l'honnêteté

Nous l'avons déjà dit, le caractère irrationnel de la peur constitue peut-être sa qualité la plus sinistre. Elle s'empare de nous
parce que nous perdons la capacité de nous concentrer
logiquement sur l'objectif de la partie. Nous nous inquiétons
de mille et une choses, mais nous passons à coté du défi
principal de l'activité. Nous oublions trop souvent que le but
d'une partie de golf n'est pas de faire de beaux élans, ni même
d'atteindre les allées et les verts. L'objectif de la partie consiste
à loger la balle dans la coupe. Ce type de franchise se perd
dans l'hystérie mineure qui peut figer un système opérant
dans la peur, ce que Johnny Miller nommait le « stade trois
de l'angoisse ».

Lorsque je réfléchis à ce genre de situation, je me
souviens de ce que l'entraîneur de football Herman Edwards
avait un jour répondu à un membre new-yorkais des médias
qui l'interrogeait à propos de la fiche de deux défaites et
cinq victoires de son équipe, les Jets. Alors que l'équipe
risquait de ne pas se tailler une place dans les séries élimi-
natoires, le journaliste lui demanda s'il se pouvait que les Jets
aient déjà baissé les bras. Fatigué et tendu, Edwards avait
pourtant les idées bien en place. Il fit également l'expérience
fortifiante du pouvoir d'une vérité simple et indéniable.
La réponse d'Edwards à l'incisive question de savoir si son
équipe était sur le point d'abandonner fut une source de
motivation pour ses joueurs, qui terminèrent la saison régulière en force et remportèrent le championnat AFC de l'Est.

Oh non, ils n'ont pas fait ça. Ce serait inexcusable. Quand
on est professionnel, on ne fait pas ça. Ça fait partie du
contrat. Il y a les joueurs, les entraîneurs, la direction,

un tas de gens, alors, si quelqu'un voulait faire ça, il devrait se trouver un autre boulot.

Voyez-vous, le problème est que c'est ce qui se passe quand une équipe perd. Les gens se mettent à supposer que les gars ont abandonné. Eh bien, ce n'est pas le cas de cette équipe. Ce n'est pas une possibilité. Prendre sa retraite, c'est possible, mais abandonner, non. Ça ne se fait pas dans le sport. C'est ridicule. C'est stupide.

C'est ce qui fait toute la grandeur du sport : on joue pour gagner. ALLÔ ?! Vous comprenez ? On joue pour gagner.

La prochaine fois que vous vous sentirez découragé par de mauvais résultats, rappelez-vous le message simple d'une réponse directe à une question directe : pourquoi jouez-vous au golf ? Pour gagner. Dans ce cas, allez-y et faites de votre mieux pour gagner, peu importe que cela signifie pour vous de remporter votre premier U.S. Open ou de jouer la normale aux deux derniers trous pour briser la barre des 90.

Hogan, Nicklaus, Woods : modèles d'un golf de maîtrise

Ce qui unit Ben Hogan, Jack Nicklaus et Tiger Woods dans le temps est plus que le simple fait que chacun d'eux domina sa génération au jeu du golf. Ces golfeurs possèdent tous une approche remarquablement similaire. À un tel point, en fait, qu'il est difficile de voir où se termine le regard d'aigle de Hogan et où débute celui, intense, de Nicklaus; où finit la consommation sans réserve de Jack et où commence le dévouement indéfectible de Tiger envers son sport.

Jack Grout, l'entraîneur de Nicklaus, était assistant pro au club où Ben Hogan travaillait comme cadet. Hogan et Grout jouèrent le circuit ensemble, et lorsqu'il hérita du jeune Nicklaus comme étudiant, Grout faisait souvent référence à «Bennie» Hogan comme modèle à atteindre pour Nicklaus. D'une façon similaire, Woods était impressionné par Nicklaus (il avait grandi avec une affiche de Nicklaus accrochée à son mur) et modela sa propre carrière d'après celle de Jack. Étudier ces trois hommes équivaut un peu à regarder les vagues dans l'océan: impossible de déterminer où les unes se terminent et où les autres commencent. Outre leurs similitudes et les différences dans leurs habitudes d'entraînement ainsi que dans la mécanique de leur élan, leur approche mentale du golf se trouve manifestement orientée vers la maîtrise. Ils ne sont pas seulement des maîtres golfeurs, mais également des golfeurs de maîtrise. En fait, ils sont des maîtres golfeurs *parce qu*'ils sont des golfeurs de maîtrise.

Voici qui permettra d'illustrer ce point. En raison de problèmes au dos, Jack Nicklaus passa à deux doigts de ne pas participer au tournoi Memorial en 2002. Un de ses amis suggéra que les amateurs de golf seraient ravis de l'y voir jouer. La réponse de Jack vint jeter un pont entre la légende qu'il imitait (Hogan) et la légende qui l'imitait (Woods):

> Je ne vais pas me présenter là, jouer 85 et saluer la foule, un faux sourire au visage. Ce n'est pas moi. Ce qui me plaît dans le golf, c'est le jeu, pas les salutations. Les gens

sont super, mais je ne peux pas jouer pour eux. Je dois le faire pour moi-même. C'est la seule façon dont je peux jouer. Si je joue pour moi-même et que j'obtiens de bons résultats pour moi-même, alors, j'obtiens aussi de bons résultats pour les spectateurs. Et je crois bien que c'est ce que j'ai fait. Peut-être que c'est égoïste de ma part, je ne sais pas. Mais c'est ma façon de voir les choses. Si l'on est golfeur, on joue au golf. On doit le faire. C'est de cette manière que j'ai joué toute ma vie. Je crois que Tiger joue ainsi. Il doit jouer à la façon de Tiger et faire les choses comme il l'entend. Hogan faisait la même chose.

Comparez maintenant ces paroles à ce que raconta Jonathan Byrd à propos de ses propres raisons de jouer.

Pour dire vrai, il m'est plus agréable de m'entraîner en fin de journée, quand il n'y a plus que moi, mon entraîneur et le jeu. C'est juste plus satisfaisant comme ça. Ces moments sont beaucoup plus plaisants que ceux passés devant une foule de spectateurs qui m'observent et m'encouragent. Évidemment, c'est bien d'être encouragé, mais ces heures passées quand il n'y a plus personne sont vraiment satisfaisantes. J'espère que je resterai comme ça… On ne sait jamais, car l'argent et tous ces trucs finissent souvent par changer les gens. Mais je ne crois pas que je cesserai un jour d'apprécier ces instants. Je ne sais pas, c'est difficile à dire… J'adore la compétition, j'adore gagner, mais j'ai aussi énormément de plaisir à perfectionner mon élan, à l'épurer, à raffiner mes coups. Le son, la vitesse du club qui rase le gazon, tout ça me captive. Frapper la balle pour la déplacer d'un point à un autre, oui, mais surtout, raffiner et perfectionner mon jeu.

Parce que le golfeur de maîtrise considère davantage le jeu comme un défi personnel qu'une manière d'obtenir la reconnaissance des autres, sa concentration se voit nécessairement portée sur le parcours de golf, et non sur les autres joueurs, les spectateurs, le tableau de pointage ou ses propres résultats. En voyant vaciller les compétiteurs de Tiger, tandis que ce dernier se dirigeait vers sa victoire du Masters 2002, Jack Nicklaus fit cette judicieuse observation :

> Ils [les autres joueurs] jouaient Tiger, alors qu'ils auraient dû jouer le.parcours de golf. Je crois qu'il était évident qu'ils essayaient de faire des choses qu'ils n'auraient pas dû tenter. Ils se sont donc retrouvés à essayer de faire des choses, au lieu de jouer le parcours et de jouer leur golf. Ils s'attardaient au tableau des meneurs et jouaient un homme. Tiger, lui, jouait son jeu. Et c'est comme ça qu'on doit jouer au golf. Jouer le parcours, c'est ça, jouer au golf.

Le nom de Ben Hogan est devenu synonyme d'excellence, de dévouement et de concentration. L'homme que l'on appelait l' «aigle» se concentrait avec acharnement sur la tâche de mettre tous ses efforts à produire un élan aussi parfait que possible. On lui attribua au fil des années quelques phrases célèbres, comme celles-ci : «Il n'y a pas suffisamment d'heures dans une journée pour pratiquer tous les coups qu'il faudrait pour devenir un champion» et «Tous les jours où l'on ne s'entraîne pas...» Son esprit s'intéressait constamment aux variables capables d'influencer l'exécution d'un coup. En d'autres termes, ces batailles étaient toujours personnelles, toujours entre lui-même et le parcours ou son élan.

Pourquoi l'approche de maîtrise serait-elle si cruciale au développement d'un golf sans peur ? Eh bien, c'est en grande partie le sujet du présent livre. Mais pour illustrer ce propos en quelques mots, imaginez la tâche de jouer votre meilleur golf comme s'il s'agissait d'un long voyage de trois cents kilomètres en voiture. Si vous centrez votre esprit sur la monotonie de la route, sur les dix heures de bouchon de circulation ou sur le simple fait d'avoir à parcourir trois cents kilomètres, peut-être l'idée de ces désagréments suffira-t-elle à vous enlever l'envie de le faire. Par contre, si vous vous concentrez sur l'acte de conduire en parcourant trois cents fois un kilomètre, peut-être l'entreprise vous semblera-t-elle moins écrasante, ou du moins, plus facilement réalisable. La clé consiste à permettre à votre esprit d'entrer dans le processus. À l'inverse d'un vieux proverbe, pour jouer un golf sans peur, il faut se concentrer sur les arbres et cesser de voir la forêt. Le golfeur de maîtrise se laisse absorber par la tâche d'effectuer ses coups, sans songer à la possibilité d'enregistrer un 65 ou de jouer sous les 90. Le pointage n'est qu'une conséquence de l'attention portée au détail de jouer le parcours de golf.

Mickelson : la maîtrise vs l'ego

Phil Mickelson est largement reconnu comme l'un des joueurs les plus talentueux du golf. Pourtant, avant sa victoire au Masters 2004, on le percevait généralement comme un golfeur inapte à se contenir dans les moments cruciaux. Le commentaire qu'il fit à propos de sa performance au U.S. Open 2002 laisse deviner qu'il partage parfois l'optique des golfeurs qui jouent dans l'intention de battre leurs adversaires, qui recherchent un pointage et qui s'intéressent à leur position sur le terrain. Parce que Mickelson est si talentueux, cet état d'esprit le sert suffisamment bien pour lui avoir permis de remporter une vingtaine de tournois, en plus d'une exemption à vie sur le circuit de la PGA. Mais est-ce bien là l'idéal?

Avant le Masters 2001, Phil disait qu'il aimerait gagner le Masters afin de «faire partie de l'histoire du golf». Il s'agit là d'un état d'esprit axé sur l'ego et sur les résultats, et non pas centré sur le processus et sur la maîtrise. Toutefois, dès que l'on abandonne cette perspective et que l'on se concentre sur soi-même et sur le parcours, les choses peuvent changer. Au U.S. Open 2002, il inscrivit des pointages de 70, 73, 67 et 70. Sa meilleure ronde, avec 67, survint seulement alors qu'il était persuadé qu'il était éclipsé du tournoi. Voici ce qu'il raconta à ce stade du tournoi (l'emphase est de moi, mais l'intention de ses mots est claire):

La dernière chose à laquelle je pensais était de remonter la pente et de jouer pour la victoire, parce que même si j'arrivais à reprendre mon retard, Tiger pouvait toujours jouer trois ou quatre sous la normale, ce qui m'aurait ramené au même point. Mais j'ai réussi à ne pas m'inquiéter de ce que faisaient les meneurs, en essayant de récupérer ma ronde et d'égaler la normale. J'ai simplement joué le parcours de golf.

Le golf d'ego

Par contraste avec le golfeur de maîtrise, le golfeur d'ego se trouve principalement guidé par son désir de paraître compétent aux yeux des autres ou par celui d'éviter d'avoir l'air incompétent. Parmi les caractéristiques du golfeur orienté vers l'ego, on retrouve le souci de paraître capable, le désir de démontrer des habiletés supérieures à celles des autres et la motivation de bien jouer dans le but de s'attirer l'admiration des autres. Or, il existe un autre aspect, plus insidieux celui-là, relié à l'orientation de l'ego. La force directrice de plusieurs golfeurs d'ego ne consiste pas simplement à démontrer leurs habiletés pour récolter ensuite les éloges, mais également à éviter à tout prix l'embarras que pourrait entraîner une mauvaise performance. De tels golfeurs vivent dans la peur réelle de la gêne qu'ils risquent de subir à tout moment. Le golfeur d'ego met passablement d'importance sur des questions qui ne sont que vaguement et superficiellement reliées au golf lui-même. Pour lui, une ronde de golf se trouve intimement liée à l'état d'esprit adopté en fonction de la «gestion de l'image». Le golf ne constitue qu'un outil de plus servant à gonfler son ego, son statut et sa réputation. Bien sûr, comme vous le comprendrez, il s'agit là d'un système de soutien plutôt suspect, qui représente pour ce joueur une occasion de briller. Cela ne concerne pas le golf (la tâche), mais bien lui-même (et son ego).

Lorsque le golfeur d'ego joue avec assurance, il dispose de ses objectifs égocentriques bien en vue et il les perçoit comme réalisables. Il joue bien, s'élance avec autorité et obtient la reconnaissance qui le nourrit. Tous les yeux sont tournés vers lui et tous les cœurs sont à ses pieds. Dans ces moments privilégiés, le golfeur d'ego sait que sa manière de jouer lui apportera tout ce qu'il attend du golf : le prestige, l'envergure, l'attention d'amis ou d'admirateurs, l'argent, les récompenses, l'approbation du patron. Les oreilles bien ouvertes, l'ego nourri, il compte sur chaque coup. La vérité, cependant, c'est qu'il a quelque chose à prouver.

Quand les choses vont bien pour le golfeur orienté vers l'ego, il n'est pas difficile de comprendre combien il se sent euphorique. Il est plaisant de se mettre en valeur, et la reconnaissance constitue un merveilleux aphrodisiaque. Qui ne souhaiterait pas se sentir de la sorte ? Toutefois, l'approbation des autres repose sur des bases très fragiles, et jouer en fonction des autres comporte toute une série de conséquences. Le golfeur qui joue pour gonfler son ego verra effectivement ce dernier remonter — mais à condition qu'il ait du succès. Comme le dit l'adage, la réussite est une épouse infidèle, et particulièrement dans un sport incertain et fluctuant comme le golf.

L'histoire de Mike : une étoile montante

Mike était un golfeur de vingt-deux ans quand il vint me consulter en 1999. Il avait été un excellent joueur junior, où il avait très bien fait à plusieurs tournois de l'AJGA (American Junior Golf Association). Il avait remporté le championnat de son club par un pointage record, et après une année formidable à son école secondaire, Mike se voyait classé dans plusieurs publications nationales parmi les meilleurs golfeurs de son niveau scolaire au pays. Dans le monde restreint de l'élite du golf, il commençait à faire tourner les têtes. Ses parents s'enthousiasmaient devant ses réalisations, et dans sa petite ville de Géorgie, il représentait une sorte de célébrité.

Lorsqu'il s'entraînait au club, les gens s'arrêtaient et l'observaient avec admiration. Au casse-croûte du club, il pouvait parfois entendre les gens murmurer son nom. Est-ce bien le jeune gars qui a joué 4 sous la normale au championnat du club ? Il se montrait précis avec ses fers, ses élans étaient complets, et il possédait une touche incroyable sur les verts. Avec Mike, la question n'était pas de savoir s'il jouerait un jour dans le circuit de la PGA, mais *quand* il y jouerait. Nous avons tous nos petites « fables personnelles étoile montante.

Le message du monde finit par pénétrer dans la tête de Mike et les éloges ainsi que l'attention eurent bientôt un effet grisant sur lui. Il commença à prendre goût à l'importance et au statut que lui conférait sa réputation de bon golfeur. Il aimait lire son nom dans la presse, l'entendre murmurer par les autres, être respecté pour son jeu et redouté en compétition.

Au cours de l'été précédant son entrée à l'université, quelque chose se produisit qui aurait un effet dramatique dans la vie de Mike. Un matin, alors qu'il faisait du jogging le long de la route, Mike trébucha sur une pierre pour aller ensuite s'écraser contre la chaussée, où il se cassa le poignet. La fracture s'avéra sérieuse et nécessita plusieurs chirurgies délicates. Le pronostic fut que l'on devait lui mettre le bras dans un plâtre pour une durée de quatre mois, et qu'il faudrait en tout une année et demie avant que son poignet ne soit prêt à un retour à l'entraînement. Dans l'espace de temps nécessaire pour se casser un poignet, la vie de Mike venait de basculer.

On dit que le temps finit par tout arranger. Dans ce cas-ci, le cliché se révéla à demi vrai. Le temps finit par guérir la fracture de Mike, en effet. Mais pendant que le temps guérissait le corps, il avait en même temps une drôle de façon de jouer avec l'esprit. Le monde du golf ne s'arrêta pas pour attendre que Mike se rétablisse. Les choses continuèrent sans lui, et d'autres golfeurs prirent la vedette. Mike se sentit laissé pour compte. Ne pas jouer, ne pas prendre part à la compétition et sentir qu'il n'était plus dans le coup le troubla grandement. Mais il revint finalement au jeu avec un engagement passionné et intense, plongeant littéralement dans la réhabilitation et l'entraînement.

Six mois après s'être fait retirer son plâtre, et deux années complètes après l'accident, Mike se retrouva enfin de nouveau en position de meneur dans un tournoi. Mais bien qu'il se fût préparé en fonction des difficultés *physiques* de la compétition, il rencontra un type de problème pour lequel il *n'était pas* prêt. Pour la première fois de sa vie, Mike se sentit *nerveux* sur un terrain de golf. Au dixième tertre, il ressentit au ventre comme un grand vide, et son esprit s'inonda de pensées négatives. Le corps tendu, les mains tremblantes, il compléta sa ronde avec une carte de 79, un jour où les pointages se voulaient généralement bas. Il avait perdu par cinq coups devant les spectateurs de sa ville natale et contre des joueurs qu'il avait l'habitude de battre. Il se sentit ridicule et humilié. À partir de ce jour-là, Mike n'arriva plus à bien jouer. La compétition le conduisait à la panique, si bien qu'au lieu d'attendre avec impatience la date du prochain tournoi, il l'appréhendait. Son approche du golf traduisait la stratégie d'évitement de son ego. Et c'est à ce moment qu'un de ses amis lui suggéra de venir me rendre visite.

En passant plus de temps avec Mike, j'en vins à mieux connaître son histoire, et il devint clair qu'étant plus jeune, Mike avait adopté une approche de maîtrise du golf (comme le font la plupart des enfants). Il se pratiquait, jouait dès qu'il le pouvait et possédait un enthousiasme de tous les instants pour l'apprentissage et l'amélioration. Après l'école, il se rendait en vélo jusqu'au champ de pratique, où il frappait des balles jusqu'au crépuscule. Durant l'été, il arrivait tôt le matin et s'entraînait au golf toute la journée, jusqu'à ce que le soleil couchant vienne projeter son ombre sur les verts. Il adorait pratiquer et il adorait jouer. Il essayait de nouveaux coups, s'inventait des situations de jeu et expérimentait pendant des heures. Tandis qu'il grandissait, sa récompense pour jouer au golf consistait à jouer au golf. Sa motivation pour l'apprentissage et l'amélioration se révélait sans borne ? il ne se montrait jamais satisfait. Il transpirait le *kaizen*. Lorsqu'il croyait avoir amélioré un aspect de son golf, il se félicitait d'avancer dans la bonne direction. Si un détail de sa technique lui donnait du mal, loin de s'en inquiéter, il devenait curieux. Il allait rencontrer les pros et posait des tas de questions. Et quand il commença à entrer dans la compétition, il le fit pour l'amour du golf. Les événements juniors le captivaient, car c'était pour lui l'occasion de jouer des parcours inédits, de rencontrer de nouveaux joueurs et de mettre à l'essai ses plus récentes trouvailles techniques. Sa satisfaction se mesurait d'après les objectifs qu'il s'était lui-même fixés. S'il arrivait aujourd'hui à réussir mieux qu'hier un coup particulier, il sentait alors qu'il se trouvait sur la bonne voie, et il en était heureux.

Vous vous en doutez, avec un enthousiasme aussi débordant pour l'apprentissage et l'amélioration, ainsi qu'une bonne quantité de talent naturel, Mike constituait un golfeur plutôt fort. Il participa au championnat junior de son club et le remporta. La foule l'applaudit. Ses parents le prirent en photo. Puis, il prit part au championnat régulier de son club et le remporta également. Il récolta encore plus d'applaudissements. Les médias le photographièrent. Il participa ensuite au championnat d'État Junior Open et rafla les honneurs. Les applaudissements fusèrent de toutes parts. On publia sa photo dans les magazines. Le quotidien local l'afficha en première page de la section des sports avec le titre : « Un héros d'ici ». En ville comme au club, les gens s'informaient de Mike et de son golf auprès de ses parents. Sans trop s'en apercevoir, Mike commençait à prendre plaisir à toute cette attention que lui apportait le golf, si bien qu'il se mit bientôt à jeter un coup d'œil autour de lui après avoir réussi un bon coup afin de voir les réactions. Si personne ne l'avait vu faire, il se montrait déçu. Après une bonne ronde, il se rendait tout de suite au club pour y prendre une boisson, attendant que quelqu'un vienne lui parler de sa partie. Il discutait sans cesse après une ronde réussie, mais demeurait silencieux après une piètre performance.

Le golf de compétition à l'extérieur du club prit peu à peu un sens nouveau. Son temps de préparation en prévision d'un tournoi était directement proportionnel au prestige de ce dernier. Son niveau d'excitation correspondait à l'attention qu'attirait l'événement. Un tournoi prestigieux signifiait plus de temps d'entraînement, avec un souci particulier apporté aux détails. La tenue d'un tournoi représentait maintenant tout aussi bien l'occasion d'accorder une entrevue que celle d'évoluer sur un nouveau parcours. Il déployait davantage d'efforts lors des tournois importants, avec une déception d'autant plus grande lorsque sa performance laissait à désirer. Bref, Mike se laissa emporter dans un cycle néfaste de pensées centrées sur l'ego, un cycle provoqué par son rapport face à son environnement. Tandis que son orientation axée sur les résultats gagnait en force, l'admiration de la communauté du golf (une communauté qui s'intéresse aux victoires et aux défaites, aux classements et aux pointages) prit le pas sur le reste. Comme il était si talentueux, et sur un mode intégral d'approche par l'ego, Mike arrivait à atteindre de hauts niveaux de réussite. Il se sentait invincible.

Son accident vint tout bousculer. À son retour au golf, Mike ne représentait plus le centre d'attention. On ne venait plus le voir s'exercer et on ne le considérait plus comme une menace dans les tournois. On l'interviewait rarement.

Comme je l'ai dit, Mike éprouvait un puissant désir de réussir son retour au golf. Mais avec le recul, il comprit qu'il souhaitait en fait reprendre l'avant-scène, dans le but de prouver aux autres qu'il était un grand golfeur. Mike avait rêvé de surprendre le monde du golf par son retour, imaginant à cet égard des interviews et des cérémonies de remise de trophées.

Tout le travail qu'il avait fait — la réhabilitation, la course à pied, la musculation — se trouvait relié dans son esprit à une mentalité fortement dominée par l'ego. Jour après jour, kilomètre après kilomètre, exercice après exercice, Mike avait été persuadé d'avancer vers le succès, alors qu'en réalité, il ne faisait que renforcer les mauvaises habitudes mentales du golfeur axées sur l'ego et qui l'influenceraient par la suite. Mike s'efforçait d'améliorer son golf, mais pour d'autres personnes que lui-même. Et à son retour à la compétition, il se retrouva devant un public qui ne s'intéressait plus vraiment à lui.

Mike avait mis tant d'efforts à repasser les faux plis des mauvaises habitudes mentales, que le processus de réorientation de sa perspective vers une approche de maîtrise nécessita du temps et de la patience, comme c'est souvent le cas lorsqu'il est question de modifier des comportements néfastes. Le développement d'une approche de maîtrise devint pour lui un processus quotidien d'attention portée à ces signaux auxquels il avait auparavant réagi avec tant d'intérêt. Mike devait maintenant surveiller sa façon de se comporter face aux compliments et à la reconnaissance. Mais il lui était difficile de contenir sa fierté lorsqu'il réalisait un bon coup devant un public. Après tout, c'était pour cette reconnaissance qu'il avait travaillé si fort durant son retour ; par conséquent, l'habitude se retrouvait profondément ancrée en lui.

Au fil du temps, Mike compris l'importance de faire du golf une entreprise personnelle et de jouer selon ses propres objectifs pour combler ses attentes personnelles. Il réalisa peu à peu qu'en donnant aux gens le pouvoir d'élever son sentiment de confiance avec leurs compliments, il leur donnait aussi celui de l'écraser par leurs critiques. Il réalisa également que la personne la mieux placée pour analyser son jeu était nulle autre que lui-même. Ainsi, il était le meilleur juge de la qualité de ses coups. Il recevait les compliments avec politesse, mais de manière générale, il se fiait beaucoup plus à lui-même et à son entraîneur d'élan qu'aux observateurs.

Mike devait aussi adopter une nouvelle perspective quant au classement, à la sélection et à la compétition. Jouer au golf dans l'optique de battre son adversaire impliquait l'obligation de se concentrer sur une cible mouvante, puisqu'il lui était impossible de prévoir le résultat de l'autre joueur au prochain trou. En choisissant de jouer contre les autres joueurs, le golfeur fait entrer une part d'incertitude dans son jeu. C'est pourquoi Mike devait réapprendre à jouer son propre jeu, ce qui signifiait qu'il lui fallait déterminer d'avance une stratégie pour chacun des trous à jouer, coup par coup. Cela lui permettrait de demeurer centré sur le parcours, et non sur la compétition.

J'aidai Mike à comprendre comment les golfeurs d'orientation de maîtrise envisagent l'entraînement, et comment il pouvait intégrer ces techniques à ses séances de pratique : comment compartimenter (séparer mentalement le tournoi du parcours de golf où il se tient) ; quelles stratégies utiliser afin de demeurer pleinement impliqué dans chaque coup, en faisant abstraction de ce qu'indique le tableau des meneurs, de l'envergure du terrain et des conséquences d'un coup. Je le fis visionner des interviews de golfeurs de maîtrise que j'avais conservés afin qu'il puisse observer les schèmes de pensée des Hogan, Nicklaus et Woods.

L'une des choses que Mike devait apprendre — que tout golfeur devrait apprendre — était que le golf constitue un jeu *ironique*. Si l'on veut obtenir des pointages bas, il ne suffit pas simplement de se concentrer sur l'obtention de pointages bas. Si l'on veut battre les autres joueurs, il ne suffit pas simplement de se concentrer sur son désir de battre les autres joueurs. Si l'on veut remporter des tournois, il ne suffit pas simplement de se concentrer sur cette idée. Et pour gagner l'admiration et le respect des autres golfeurs, il ne suffit pas simplement de jouer au golf dans l'optique d'obtenir ces choses. On doit jouer au golf de la bonne façon et pour les bonnes raisons. Les récompenses, la reconnaissance et les prix, le cas échéant, doivent constituer une conséquence naturelle à la performance. L'habileté de frapper d'excellents coups doit provenir de la passion pour l'apprentissage et la pratique du sport.

L'histoire de Mike se poursuit. Il a commencé à comprendre l'ironie du golf et il aborde de plus en plus son sport dans une perspective de maîtrise. Il lui arrive de temps à autre d'être distrait par des pensées orientées vers l'ego, mais elles ne possèdent plus sur lui l'emprise de jadis. Il est clair qu'aujourd'hui, Mike prend davantage de plaisir à jouer au golf que par le passé, un plaisir perceptible dans ses séances d'entraînement, dans ses rondes amicales et dans ses matchs de compétition. La première chose qu'il fait en arrivant sur le site d'un tournoi est de se familiariser avec le parcours. Il sait maintenant ce que Hogan, Nicklaus et Woods ont toujours su : le golf est une affaire personnelle entre deux joueurs : le golfeur et le parcours de golf.

Quand vous recherchez l'approbation des autres, vous leur donnez la clé de vos émotions — et vous cédez du même coup une part importante de contrôle sur votre confiance. Pour le golfeur d'ego, une mauvaise ronde de golf a un effet humiliant, déstabilisant et embarrassant. Ainsi, il joue perpétuellement avec le sentiment que l'humiliation l'attend peut-être au prochain tournant. Il s'avère intéressant de noter que dans un contexte clinique, un tel schème de pensée se rapproche de la définition de la névrose. Dans le présent contexte cependant, il sera question de «jouer avec la peur».

Pour le golfeur d'ego, une ronde de golf peut prendre l'allure d'une ballade en montagnes russes, avec des sommets euphoriques et des plongées effroyables, selon que le joueur se sent apprécié positivement ou négativement par les observateurs. (Remarque : cette impression d'appréciation ne se limite pas à celle des autres, car l'évaluation que le golfeur fera de lui-même peut s'avérer tout aussi destructive.) Il se déplace sur le parcours de golf en s'efforçant de faire belle figure grâce à ses bons coups, tout en essayant d'éviter d'effectuer les mauvais coups qui le mettront dans l'embarras. Curieusement, il joue tantôt trop prudemment, tantôt trop audacieusement. Devant toute forme de pression, le golfeur d'ego doit jongler avec la peur de craquer. Qu'il tente de distancer un adversaire, de conserver la position de tête ou de «jouer juste assez bien» pour conserver quelque légère avance qu'il détient, il sait qu'il est susceptible de casser à tout moment. Et il n'est pas nécessaire d'avoir déjà été meneur par un coup au U.S. Open pour connaître cette sensation. On peut se retrouver à un coup d'avance sur son partenaire de jeu au dix-septième tertre ou en quête d'un boguey au dix-huitième trou pour franchir le 90.

On peut comparer cette différence entre la quête d'approbation et l'évitement de l'embarras à celle qui existe entre «jouer pour épater» et «jouer sans avoir l'air idiot». La légende espagnole Seve Ballesteros déclara un jour qu'à l'époque où il se trouvait au sommet de son art, il lui arrivait de geindre au dixième tertre parce qu'il ne lui restait plus que neuf chances de réussir un oiselet. Aujourd'hui, il pleure parce qu'il lui reste neuf trous à jouer, ce qui lui donne neuf chances de faire un boguey. Cela illustre bien la différence entre jouer un golf de maîtrise sans peur et jouer un golf d'ego miné par la peur.

L'assurance du golfeur d'ego fluctue régulièrement en fonction des enjeux rattachés à son golf, ainsi que de sa position vis-à-vis de ces enjeux. Chez les professionnels, le golfeur d'ego peut facilement être influencé par le prestige d'un parcours, l'importance de la bourse, les pointages ou le nom de ses partenaires de jeu, ou l'attention et le respect qu'il compte récolter selon sa performance. Quant au golfeur récréatif, s'il a le malheur de jouer dans le même quatuor que son patron, soyez assuré que la confiance du golfeur d'ego repose alors entre les mains du patron et non entre celles du golfeur, où elle devrait pourtant se trouver.

Un jour où je prononçais une conférence au Georgia PGA, je posai d'emblée la question suivante, qui constitue à mon avis l'une des plus intéressantes concernant le golf :

«Pourquoi les golfeurs de compétition jouent-ils d'après le niveau de difficulté de leur "compétition" plutôt que selon celui de leurs propres "habiletés"?» Vous comprenez sans doute à présent que les différences dans les orientations d'accomplissement représentent souvent la raison pour laquelle certains golfeurs adoptent le niveau de jeu de leur compétition, soit en allant vers l'arrière, soit en cherchant à rattraper les meneurs. Cela se produit parce que ces golfeurs ne jouent pas le parcours de golf au meilleur de leurs capacités et parce qu'ils ne s'appliquent pas pleinement à chacun de leurs coups. Ils n'ont pas retenu les paroles de Tiger quand il disait: «Il y a deux adversaires dans la partie: soi-même et le parcours de golf. Si l'on trouve le moyen de maîtriser les deux, on s'en sort bien.»

Au lieu de cela, dans un contexte de tournoi, le golfeur d'ego considère les autres golfeurs comme ses principaux adversaires. Dans le cas du golfeur récréatif, l'adversaire prend la forme d'une carte de pointage, de l'estime des camarades ou de l'admiration des observateurs assis au club, avec vue sur le dix-huitième trou. Par conséquent, le cliché sportif bien connu qui veut qu'il soit plus facile de poursuivre le meneur que d'être le meneur en est un que les athlètes d'ego ne comprennent que trop bien. Le golfeur d'ego a du mal à se plonger dans le moment présent, plus préoccupé par l'effet de son coup que par le coup lui-même.

Puis-je être à la fois orienté vers la maîtrise et l'ego ?

Il est important de noter que ces différentes orientations — la maîtrise et l'ego — ne sont pas indépendantes l'une de l'autre. On peut être motivé à gagner un championnat, apprécier la reconnaissance de ses pairs et être quand même orienté vers la maîtrise. Les différences d'orientation des accomplissements sont toujours des *différences de degré*. Tout joueur est susceptible de se voir orienté vers l'ego ou la maîtrise à certains moments. La force du rapport du golfeur à chaque orientation représente un facteur clé dans les orientations d'accomplissement. D'ailleurs, toute personne compétitive travaillant dans un domaine où l'excellence se trouve valorisée se voit forcée de composer avec ces questions. Règle générale, il s'avère préférable, dans toute entreprise, d'être un peu plus orienté vers la maîtrise que vers l'ego, parce qu'il n'est pas rare que l'orientation de l'ego paralyse la personne, qui craint alors que sa performance ne sera pas adéquate (i.e., le *trac*).

La recherche en psychologie a révélé qu'une orientation de maîtrise favorise un traitement plus profond de l'information, engendre une meilleure concentration, conduit à une plus grande satisfaction et, éventuellement, à des niveaux supérieurs de motivation et de réalisation. L'orientation de maîtrise libère l'esprit du golfeur des inquiétudes relatives à la qualité de sa performance, à l'opinion des observateurs ou à la déception qu'il pourrait créer chez certaines personnes s'il ne jouait pas selon les standards attendus de lui. Les questions comme «De quoi aurai-je l'air si je rate ce coup?»

ne déclenchent pas d'appréhension ni d'anxiété, tout simplement parce qu'elles n'ont rien à voir avec les objectifs de maîtriser les tâches et de prendre plaisir à jouer.

La statistique la plus importante du circuit de la PGA

Pour l'observateur féru en psychologie, la statistique la plus intéressante du golf est la statistique « bounce back » (« rebond ») que tient la PGA. Le *bounce back* mesure le nombre de fois qu'un joueur inscrit un oiselet immédiatement après avoir récolté un boguey ou pire. En 2000, une année au cours de laquelle il remporta trois majeurs, la statistique *bounce back* de Tiger fut un incroyable 36,8 pour cent. Plus d'une fois sur trois où il inscrivit un boguey, il le fit immédiatement suivre d'un oiselet. En neuf saisons chez les pros, Tiger cumula une moyenne de plus de vingt-cinq pour cent dans la catégorie *bounce back*, terminant six fois parmi les douze premiers dans les statistiques finales et dominant deux fois la catégorie. L'envergure ne vient pas tant des bons coups que des coups manqués, et le meilleur joueur de golf au monde le reconnaît bien quand il écrit dans *Golf Digest*:

> J'ai frappé toute une gamme de mauvais coups dans ma vie, et si je continue de jouer, j'en ferai bien d'autres. Je réalise qu'on n'est jamais qu'à un élan d'un coup raté. Je comprends aussi que si je fais un mauvais coup, mon seul recours consiste à faire mieux dès le prochain élan. En d'autres mots, j'ai appris à frapper mon coup, puis à oublier. Il n'y a pas de raison de s'éterniser sur une

faute. On ne peut pas reprendre un coup, alors, aussi bien l'oublier.

Quand l'adversité sert de déclencheur à une reprise immédiate — voilà le meilleur du *bounce back* psychologique.

Les golfeurs orientés vers la maîtrise ne considèrent généralement pas le golf comme une compétition entre eux-mêmes et les autres joueurs. Ils se concentrent plutôt sur la meilleure façon possible de jouer un parcours de golf. Il s'agit là d'une distinction psychologique relativement subtile, mais d'une importance considérable. Jouer contre les autres golfeurs et jouer le parcours de golf équivaut presque à pratiquer deux sports différents. Chacune de ces techniques se voit assortie de ses propres conséquences psychologiques. Quand on lui demanda si le fait d'avoir joué contre Byron Nelson ou Sam Snead avait fait de lui un meilleur golfeur, Ben Hogan répondit : « Je n'ai jamais eu de sentiment compétitif envers les autres joueurs. Nous avons tous participé à des tournois en faisant de notre mieux à chaque match. »

C'est pour ces raisons que je rappelle constamment aux golfeurs avec qui je travaille qu'il leur faut se centrer sur la maîtrise. J'essaie de leur enseigner à :

1. Ne pas jouer contre le pointage ;
2. Ne pas jouer contre un tournoi ;
3. Ne pas jouer contre les autres joueurs ;
4. Jouer un parcours de golf, un coup à la fois, le mieux possible.

Le golfeur qui adopte une approche de maîtrise envers le golf tente de jouer chaque trou tel qu'il exige d'être joué, et au meilleur de ses capacités. Il sait que la réussite du trou précédent ne constitue pas une garantie pour le suivant, et que les coups réalisés et les résultats à venir n'ont que peu d'importance au moment de jouer son coup. Il comprend que le grand golf, c'est l'addition des coups individuels, et que chaque coup offre une nouvelle occasion de se rapprocher de la perfection. Parce qu'il voit les choses ainsi, il lui est facile de s'immerger dans le processus du jeu du golf et de se concentrer jusqu'à se couper de tout ce qui l'entoure. Le golfeur qui opte pour le mode de maîtrise ne se mesure pas aux éléments des trois premiers points mentionnés plus haut.

C'est leur obstination à jouer le parcours plutôt que les autres joueurs qui marque la différence entre les joueurs étoiles comme Tiger Woods ou Vijay Singh et le reste. Ils se trouvent animés par une motivation qui va au-delà des tableaux de pointage et des situations. C'est en jouant le parcours qu'un grand joueur peut transformer une avance de cinq coups en une avance de huit coups. Le golfeur véritablement dominant et sans aucune peur joue au niveau maximal de ses capacités, et non pas au niveau de la compétition. Son effort et sa motivation demeurent constants, peu importe sa position dans un tournoi. Tiger déclara un jour : « Je vais faire tout ce que je peux. Comme je le fais à chaque ronde. Ça ne change pas. Mon effort n'est pas une donnée variable. » De la même manière, Vijay, qui amassa dix-sept victoires en deux ans, se battit afin de ne pas se laisser déranger par l'énormité de son entreprise. Il se contentait d'y aller et de faire ses coups. Il ne se souciait pas de la victoire. À la fin de la saison 2004, il déclara : « Quand on commence un nouveau tournoi, on peut jeter tout ce qu'on a fait la semaine précédente. Pour moi, tout recommence à chaque nouveau coup de départ. Et chaque événement mérite une concentration sans faille.»

Ce type de dévouement au jeu, où l'on joue le parcours de golf à chaque ronde, préserve les grands joueurs, les golfeurs sans peur, des variations émotives et motivationnelles que vivent la plupart des golfeurs entre le jeudi et le dimanche. L'intensité, la motivation et l'engagement des meilleurs joueurs à chacun de leurs coups sont les mêmes au début qu'à la fin du tournoi. Ils doivent l'être. Et une attitude gagnante au départ appelle le succès à l'arrivée.

Coup d'œil sur le golf de maîtrise

Tous les golfeurs qui possèdent une approche de maîtrise envers le jeu finissent un jour ou l'autre par tomber dans le panneau. Steve Flesch, un vétéran et un golfeur de maîtrise, exprime ainsi sa motivation principale pour le golf : «Je le fais par défi personnel, pour voir quel niveau je peux atteindre.» En effet, peu d'athlètes sont aussi compétitifs que Steve. Cependant, au cours d'une ronde en 2000, délaissant son approche de maîtrise, il cessa de jouer le parcours pour se mettre à jouer un adversaire. Il dominait le tableau des meneurs au moment de débuter la ronde finale de la Classique Disney. Au cours de notre entrevue, il revint sur cette partie :

Je me souviens de Disney, il y a deux ans. J'étais en tête et je jouais avec Tiger Woods et Jeff Sluman dans la ronde finale, avec deux coups d'avance sur Tiger. Pas mal comme partenaires de jeu, non? Je me suis dit que si j'arrivais à le retenir — c'était l'homme à battre —, je pourrais remporter le tournoi. J'étais le meneur, et pourtant, je voulais le tenir à distance. Toute la journée, j'ai été en contrôle, je n'étais pas nerveux. Je sentais que j'étais le gars après qui les autres couraient et je demeurais agressif dans mon jeu, sans rien changer à ma façon de faire. Je jouais très bien. Malheureusement, Duffy Waldorf a inscrit 62 ce jour-là et m'a battu par un coup au compte final. J'avais obtenu 69. J'ai fait ce que j'avais à faire, mais même si je suis parvenu à garder Tiger derrière, je crois que j'aurais dû continuer de jouer le parcours au lieu de chercher à battre Tiger. Je pense que jusqu'à un certain point, j'essayais simplement de jouer la normale, alors que j'aurais dû rester agressif... en jouant le parcours. Si j'avais joué le parcours de golf au lieu de me concentrer sur un individu, j'aurais probablement gagné, parce que ce jour-là, j'avais le match entre les mains.

Ce passage me permet d'illustrer deux choses. La première, c'est qu'un joueur comme Steve, qui possède normalement une orientation de maîtrise, peut glisser et se mettre à penser aux résultats. La seconde, c'est que le fait de jouer un adversaire conduit souvent le golfeur à jouer au niveau de la compétition plutôt qu'à celui de ses propres capacités.

À présent, comparez cet état d'esprit à ses remarques au sujet de sa victoire à la Classique HP 2003, à la Nouvelle-Orléans, après laquelle il comprit l'importance du golf de maîtrise. Trois ans plus tard, Steve avait beaucoup appris:

La deuxième place que j'avais récolté à Disney — en 2000, je crois — m'a écorché un peu, parce que j'avais si bien joué contre Tiger, et puis Waldorf a fait 62. Je vous assure, au moment où j'étais en tête, je me suis dit que si j'arrivais à contenir Tiger durant la fin de semaine, je gagnerais. J'ai su faire avec Tiger, mais Duffy a joué 62 et m'a battu. Mais voyez-vous, aujourd'hui, dès le départ, je me suis dit : « Tiens bon. » Et quand j'ai débuté la journée, je pense que j'étais à quatre en dessous ou quelque chose comme ça, je n'ai pas consulté le tableau. Je me suis dit : « Tu sais quoi... ? Aujourd'hui, t'es dans une forme splendide, alors, mon vieux, t'as qu'à continuer comme ça. Joue le parcours et ne pense pas au meneur. »

Comme je l'ai déjà mentionné, je considère Jack Nicklaus comme étant le modèle parfait d'un golfeur de maîtrise. Nous avons souvent entendu Jack préciser qu'il n'avait jamais joué au golf pour sa fiche ni pour l'argent. « Je n'ai jamais joué pour de l'argent et je n'ai jamais pensé à ma position en relation aux autres golfeurs ou à leurs fiches », dit-il. « De toute façon, quand je suis entré chez les professionnels, il n'y avait pas ces énormes bourses. À l'époque, on jouait par amour du jeu et de la compétition. C'était ça, la récompense. »

Nicklaus n'est pas le seul à témoigner d'une telle vision de l'accomplissement, car la plupart des gens qui atteignent l'excellence dans leur domaine partagent une perspective similaire. Par exemple, à l'âge de seize ans, l'astronaute Neil Armstrong bâtit un tunnel de vent dans le sous-sol de la maison familiale, afin d'y expérimenter le vol des modèles réduits d'avions qu'il fabriquait. Après être devenu le premier homme à marcher sur la Lune, il refusa un nombre incalculable d'invitations et d'entrevues avec les médias. Au lieu de cela, il poursuivit sa passion pour l'aéronautique et alla enseigner le génie dans une petite ville de l'Ohio. Travailleur centré sur sa tâche, l'homme avait choisi l'aéronautique parce qu'il adorait cette discipline et non pas parce qu'il recherchait la reconnaissance qu'elle était susceptible de lui apporter. On retrouve des itinéraires semblables dans la vie de personnages extraordinaires tels que le physicien Albert Einstein, l'artiste Pablo Picasso, le psychanalyste Sigmund Freud, le joueur de football Joe Montana, la joueuse de tennis Steffi Graff, et des golfeurs comme Ben Hogan, Tom Watson et Tiger Woods. Pour les gens qui accomplissent l'excellence, les récompenses et la reconnaissance sont appréciées, mais elles demeurent secondaires face à l'amour et à la passion pour le défi du jeu lui-même. Dans des termes qui reflètent la vie d'aujourd'hui, on dirait que les golfeurs de maîtrise *tolèrent* les médias (quelques-uns apprécient peut-être même les commentaires de certains journalistes), mais ils ne se nourrissent pas de l'attention et de la gloire qui accompagnent la célébrité.

Nicklaus lança un jour : « Le golf est mon amour, le golf est ma vie. » Sa vision du golf prit forme dès son enfance. Jack Grout, l'entraîneur de Nicklaus, raconte : « Je ne crois pas que le jeune Nicklaus ait vraiment jamais pensé à autre chose qu'au golf, pas même au sexe opposé. Et plus il s'améliorait au golf, plus il y pensait, et plus il était inspiré dans son travail de perfectionnement. » Dans le livre *Two Great Champions*, Red Reeder illustre l'approche de maîtrise du golf de Nicklaus et parle de l'indifférence de ce dernier en ce qui concerne l'opinion des autres :

Jack avait appris que les vrais adversaires au golf ne sont pas les autres joueurs, mais bien le parcours de golf et soi-même. Le joueur doit connaître le parcours. Il doit demeurer concentré. Jack pouvait être à ce point centré sur son prochain coup que, l'air sévère, il regardait fixement devant lui. Pour cette raison, les spectateurs ne se montraient pas très sympathiques à son endroit. On l'encourageait et l'applaudissait peu. Dans leurs articles, certains chroniqueurs de golf se moquaient du fait qu'il ne souriait jamais et qu'il portait de vieux vêtements froissés. Il récoltait même parfois des huées lorsqu'il battait un favori de la foule (comme Arnold Palmer). Mais en général, Jack se trouvait si concentré sur son jeu qu'il ne portait aucune attention à la foule.

Jack Nicklaus, le modèle du golfeur de maîtrise, écrit :

En faisant cela [apprendre à lire les parcours de golf], il m'est apparu de plus en plus clairement que le véritable adversaire du golfeur dans n'importe quelle compétition n'est jamais un autre joueur, ni même l'ensemble des adversaires, mais toujours le parcours lui-même. La seule chose qu'un golfeur peut contrôler, c'est son propre jeu, alors, les soucis à propos de ce que les autres compétiteurs font ou ne font pas sont autant une distraction inutile qu'un gaspillage d'énergie.

En octobre 2002, le journaliste Steve Elling, de l'*Orlando Sentinel*, entreprit de contacter les golfeurs qui avaient réussi à battre Tiger en compétition (la liste était courte.) Il me contacta pour savoir comment, sur le plan psychologique, on pouvait expliquer qu'un golfeur comme Ed Fiori arrive à supporter la pression de jouer contre Tiger. J'ai répondu que si Fiori ne jouait pas Tiger, il est probable qu'il ne ressentait pas cette pression et que, le cas échéant, il n'avait plus qu'à composer avec le défi du parcours devant lui. À propos de son expérience, Fiori confia :

Je n'ai pas observé Tiger frapper une seule balle. Je ne l'ai pas vu s'élancer avec un bois, pas plus qu'avec un fer. Je me contentais de regarder dans la foule. Je ne pouvais pas m'en faire avec Tiger, parce que je n'observais pas ses coups. Sa façon de jouer et la mienne sont deux choses différentes. Vous savez, je crois qu'il serait intimidant de jouer avec lui tout en le regardant jouer. Or, j'ai joué avec lui, mais je ne l'ai pas regardé jouer. Peut-être est-ce le secret.

Bien que brève, la réponse de Fiori offre un indice quant à ce qui s'avère nécessaire pour être un golfeur compétitif de première classe. Son observation concernant la nécessité de jouer avec Tiger sans le regarder jouer se révèle fort perspicace. En fait, je crois que se concentrer sur l'objectif de s'attaquer au parcours de golf, tout en prenant soin de ne pas s'intéresser au jeu des autres golfeurs, constitue l'une des clés permettant non seulement de battre Tiger, mais aussi de gagner régulièrement des matchs tant sur le circuit de la PGA que dans un club local, entre amis.

La difficulté naît du fait que trop de golfeurs voient le tournoi de golf comme une course de chevaux, alors qu'ils devraient plutôt le voir comme une partie de fléchettes. Les médias, les amateurs de golf et les amis peuvent, s'ils le souhaitent, considérer le tournoi telle une course de chevaux, comme ils le font lorsqu'ils vont assister à un match opposant Phil à Tiger, Ernie à Tiger ou Vijay à Tiger. Mais le golfeur, lui, doit voir chaque compétition comme une affaire entre lui-même et le parcours de golf. Au fait, la racine latine du mot « compétiteur » est *competere*, qui signifie « rechercher ensemble ».

Les golfeurs jouent leur meilleur golf lorsqu'ils adoptent une orientation de maîtrise. Des preuves anecdotiques et scientifiques le démontrent. Vous trouverez des exemples à travers ce livre des succès remportés par des golfeurs de maîtrise dans des situations tendues. Ces histoires nous enseignent que jouer le parcours de golf en fermant son esprit à tout ce qui ne concerne pas ce parcours constitue une composante clé de l'excellence. Les raisons psychologiques de cette efficacité — la victoire de Fiori sur la supervedette Tiger Woods, par exemple — sont multiples. La réponse la plus évidente indique que lorsque le golfeur joue le parcours, il joue contre une constante, et non contre une variable. La différence entre jouer un parcours et jouer un autre joueur ou contre un tableau ou une carte de pointage, est comparable au choix d'une cible fixe ou d'une cible mouvante pour un tireur d'élite. En structurant son approche d'après le comportement d'autres joueurs — dont on ne peut prévoir les fluctuations —, le golfeur se voit contraint d'adopter un style de jeu réactionnel, ce qui le conduit à de l'indécision, à des hésitations et à des remises en question. Il en va de même pour le golfeur qui fonde son approche sur le résultat de son coup précédent. Le joueur qui fonctionne ainsi ne peut compter sur la constance de sa confiance, et son esprit se trouve davantage centré sur des gestes passés et sur des événements futurs que sur la réalité et les nécessités de la situation présente.

Les paroles d'un champion : Chad Campbell

Chad Campbell remporta le championnat du circuit de la PGA 2003. Avec une fiche de 61, il établit un nouveau record de parcours et de tournoi au Champions Golf Club, l'un des parcours de golf les plus ardus qui soient. Après seize trous, il se retrouvait à onze coups sous la normale. Un oiselet à chacun des deux derniers trous lui aurait valu un incroyable 59. La ronde terminée, les journalistes lui demandèrent à quel trou il s'était mis à espérer un 59. Chad leur offrit la réponse d'un golfeur de maîtrise déterminé à jouer de son mieux le parcours de golf, un coup à la fois. Après la troisième ronde, il dit :

> Ça peut sembler drôle, mais je n'ai jamais vraiment su exactement à combien de coups en dessous j'étais rendu. Évidemment, je savais que les choses allaient bien pour moi, mais savoir à combien de coups l'on est sous la normale n'importe pas vraiment. Je continuais d'essayer de faire de bons coups, des oiselets surtout.

Vers la fin du match, Campbell dut chasser l'incontournable émotion du joueur sur le point de signer sa première victoire et ce, sur un parcours de golf parmi les plus capricieux. Écrasé par la pression ? Loin de là !

> Je savais que si je jouais une bonne ronde, j'y serais à la fin. J'ai simplement fait de mon mieux pour demeurer concentré et jouer un coup à la fois, sans trop m'arrêter à la situation. C'est assez difficile à faire, surtout quand on sait que l'on a de l'avance. Je faisais tout mon possible pour ne pas y penser. Je crois que j'ai bien réussi à demeurer dans le moment présent.

De plus, parce que la confiance constitue une fonction directe de contrôle, et que l'on ne peut contrôler les agissements des autres individus, l'attention que l'on porte aux autres golfeurs vient saper cette confiance (particulièrement si cet autre golfeur s'appelle Tiger Woods, qui joue toujours le parcours de golf, jamais l'ensemble de ses adversaires). Finalement, le fait d'être attentif à ce que font les autres diminue la capacité d'un joueur de frapper efficacement la balle en direction d'une cible précise, l'objectif le plus fondamental du jeu. Dès que je porte la moindre attention à un autre golfeur, ou à quoi que ce soit d'autre que ma cible, je ne suis plus pleinement attentif au coup que je dois exécuter. Dans le golf d'aujourd'hui, alors que les parcours sont de plus en plus exigeants et les verts de plus en plus rapides, les plus petits écarts de concentration sont susceptibles de se traduire par de gros points sur la carte de pointage.

Résumé

L'orientation de maîtrise

1. Les récompenses et les félicitations sont secondaires à l'apprentissage, à l'amélioration, à la passion et au plaisir.
2. *Kaizen* — l'objectif d'amélioration continue, sans égard à la performance.
3. Les standards d'excellence sont établis par le joueur *lui-même*, et il en demeure le *seul juge*.
4. Le désir d'amélioration provient d'une motivation intérieure et indépendante des récompenses potentielles.
5. Les obstacles sont perçus comme des défis à relever, et non pas comme des menaces à éviter.
6. L'essentiel consiste à jouer le parcours de golf, sans s'occuper des détails qui ne s'avèrent pas pertinents à cette tâche.

7. La compétition constitue une occasion pour le joueur de tester et de perfectionner ses habiletés. Le plaisir du golf de haut calibre réside dans le fait de s'attaquer collectivement au parcours de golf, et pas nécessairement de gagner de l'argent ou de battre ses adversaires.

8. Les mauvais coups suscitent un intérêt et une motivation pour l'amélioration.

L'orientation de l'ego

1. Les récompenses du jeu sont l'attention récoltée, les prix et la reconnaissance des autres.

2. La valeur des accomplissements se mesure en fonction des réalisations, des fiches et des attentes des autres.

3. Les motivations principales consistent à gagner de l'argent, battre ses adversaires et prouver sa valeur face aux autres.

4. Les obstacles sont perçus comme des menaces à éviter, et non comme des défis à relever.

5. Réaliser un bon pointage s'avère plus satisfaisant que de bien jouer une partie.

6. Réaliser un bon pointage se veut plus satisfaisant si on le fait devant une foule d'admirateurs.

7. La compétition est considérée comme une occasion de gagner en prestige ou de montrer de quoi l'on est capable. À ce titre, les autres golfeurs sont perçus comme des adversaires, et la plus grande satisfaction consiste à battre ses adversaires, et non à améliorer son jeu.

8. Les mauvais coups engendrent de la colère et des frustrations, et non de la curiosité et de la motivation.

Je passe beaucoup de temps dans les tournois de golf, et j'y ai observé une différence intéressante entre les golfeurs d'orientation de maîtrise et ceux axés sur l'ego. Vous pourrez le vérifier par vous-même la prochaine fois que vous assisterez ou participerez à un tournoi. Lorsqu'ils arrivent sur les lieux d'un tournoi, la première chose que font les golfeurs de maîtrise est d'étudier le parcours. Ils évaluent la pelouse, les vents, les verts et les autres détails de la condition du parcours. À l'amorce du tournoi, le golfeur de maîtrise se montre impatient d'arriver sur le parcours, et il sait que la compétition sera une affaire entre lui-même et le parcours de golf.

À l'inverse, quand le golfeur d'ego se présente au tournoi, son premier geste consiste rarement à se rendre sur le parcours en tant que tel. Il s'intéresse plutôt aux autres joueurs présents, au comptoir d'inscription, aux visages familiers. Il prend le temps de parler avec les autres golfeurs (en général, à propos d'autres joueurs), de s'entretenir avec les médias, de se mettre en évidence afin de faire savoir à tous qu'il est arrivé. Sur le chemin du parcours, il songe à ses prochaines rencontres, se demande quel sera le cut ce jour-là, et il s'interroge sur le prestige de l'ensemble des participants. Le golfeur orienté vers l'ego ne pense habituellement pas aux détails du parcours lui-même, alors que c'est tout ce qui intéresse le golfeur de maîtrise.

Si les préoccupations du golfeur d'ego sont de cette nature, c'est en grande partie parce qu'il considère le tournoi comme une compétition entre golfeurs. Voilà pourquoi il semble s'intéresser aux vies, aux histoires, aux rumeurs, aux réputations ainsi qu'aux fiches des autres golfeurs. Le golfeur de maîtrise, lui, loin de ces distractions, a le loisir de s'élancer sans peur. Le bagage mental qui accompagne le joueur axé sur l'ego occasionne souvent chez lui des tensions, des appréhensions, des incertitudes, de l'anxiété et la peur de l'erreur.

L'ORIENTATION DES BUTS DU GOLFEUR D'EGO

Le golfeur centré sur l'ego s'efforce de faire des bons coups afin de :
1. Améliorer son image aux yeux des autres ;
2. Se donner de quoi se vanter ;
3. Battre d'autres golfeurs ;
4. Avoir l'air compétent.

Le golfeur centré sur l'ego cherche à éviter les erreurs afin de :
1. Ne pas paraître incompétent ;
2. Ne pas diminuer sa stature ;
3. Protéger son avance (lorsqu'il est le meneur), mais sans plus, ou ne pas régresser davantage (lorsqu'il tire de l'arrière) ;
4. Ne pas perdre, ne pas rater un coup, ne pas être battu.

Le passage de la maîtrise à l'ego

Il existe une propension passablement répandue chez les golfeurs à passer d'un golf de maîtrise à un golf d'ego. Certains joueurs qui commencent à jouer au golf par amour pour le jeu (orientation de maîtrise) se mettent par la suite à jouer en fonction de facteurs extrinsèques tels que le rehaussement de leur estime personnelle, le désir de prouver leurs capacités aux autres ou de faire de l'argent (orientation de l'ego). Cela se produit fréquemment chez les golfeurs juniors, particulièrement ceux provenant de familles de golfeurs, qui commencent à obtenir la reconnaissance et le respect d'amis, de membres de leur famille ou de membres du club en raison de leurs habiletés au golf. Cela arrive aussi aux golfeurs universitaires, qui ont l'occasion de porter le prestigieux badge d'athlète de l'université et qui sont tentés d'associer leur valeur personnelle à ce titre.

Quel que soit le *moment* du changement, les golfeurs passent souvent du mode de la maîtrise à celui de l'ego pour la *raison* qui veut que, dans le monde du golf, le succès comporte habituellement de nombreux avantages. L'univers du golf se trouve structuré de manière à attirer l'attention sur des facteurs extrinsèques comme l'argent ou le classement, et les positions amènent à maintes reprises les exemptions, une place sur l'équipe, des commanditaires. Quand le golfeur reçoit l'attention, les récompenses et les félicitations pour ses performances, il n'est pas rare qu'il se mette à voir le golf comme le véhicule vers ces récompenses et ces félicitations, et bientôt, les éloges et la reconnaissance deviennent sa motivation première de jouer. Et cela ne s'avère jamais une bonne chose, parce que l'esprit doit alors traiter concurremment plusieurs pensées.

Comme je l'ai souligné, ces différentes orientations — la maîtrise et l'ego — varient en *intensité*. Les gens sont animés par chacune de ces deux réalités, mais dans des proportions variables. Ce qui importe, en ce qui touche la performance, est l'ordre dans lequel ces orientations sont adoptées, et l'écart entre les deux.

Il existe un cycle de cause à effet au golf, selon lequel les réactions négatives aux mauvais coups provoquent un déficit de concentration qui génère d'autres mauvais coups. Les orientations d'accomplissement ne sont pas étrangères à ce cycle, et d'ailleurs, elles ont souvent l'effet de déclencher un cycle mental. L'instant qui suit immédiatement une mauvaise performance constitue un bon moment pour observer les orientations d'accomplissement, tandis que le golfeur essaie d'absorber son échec. Les golfeurs d'ego ont tendance à être très durs envers eux-mêmes après avoir mal joué. Ils s'enfoncent mentalement dans une dynamique malheureuse et se sentent si embarrassés qu'ils quittent en général le parcours de golf sans trop attendre. Puis, ils abordent les compétitions suivantes en se posant des questions comme « Est-ce que je vais encore mal jouer ? », pour ensuite sombrer dans la peur ou paniquer. Le golfeur dont l'approche du golf se veut principalement orientée vers la maîtrise, et dont l'orientation vers l'ego s'avère faible, peut ressentir une certaine pression sociale inhérente au contexte, mais il n'en demeure pas moins en pleine possession de ses habiletés. Le golfeur de maîtrise digère une mauvaise performance en cherchant à corriger ses mouvements, la mécanique de son élan ou ses processus de réflexion, et non pas les émotions qui accompagnent les faiblesses sociales. Ainsi, plus souvent qu'autrement, il quitte le parcours de golf pour se rendre au champ de pratique afin d'y améliorer sa mécanique et d'y raffiner ses habiletés. Il n'entreprend pas les défis suivants dans la peur ou la panique, mais avec conscience et concentration. C'est parfois une légère différence dans le degré de l'orientation de l'ego à qui s'intensifie sous la pression à qui décidera si la personne se sent calme et confiante, ou bien inquiète et nerveuse.

Chapitre 3

L'auto-efficacité :
l'essence de la confiance

Ils peuvent parce qu'ils pensent qu'ils peuvent.

— VIRGILE

Je n'oublierai jamais Brian Kaineg. C'était à l'automne 1998, à l'époque où j'étais étudiant de doctorat à l'Université Emory. Brian et moi étions en train de jouer au golf et, m'inspirant d'un livre sur le golf et la confiance dont je venais de terminer la lecture, je lui dis : « Brian, tu devrais apprendre à jouer avec plus de confiance. »

Frustré par un long été de performances médiocres, Brian me regarda d'un air exaspéré et répondit : « Comment veux-tu que je joue avec confiance alors que je ne sais même pas où s'en va ma balle ? »

En réfléchissant à sa frustration et à sa question, je réalisai que je n'avais pas de réponse pertinente à lui apporter. Je retournai à ce livre pour découvrir que là non plus, on ne proposait pas de réponse. C'est ainsi que je consacrai une partie considérable de mes recherches doctorales à Emory à travailler avec quelques-uns des meilleurs psychologues au pays, tentant d'explorer l'esprit des golfeurs dans le but de répondre à cette interrogation. Je crois avoir aujourd'hui une idée plus claire de la réponse à la question de Brian. J'exposerai dans ce chapitre quelques idées que j'ai voulues aussi pertinentes et pratiques que possible à propos de ce sentiment difficile à définir, et que l'on appelle communément la *confiance*.

Dans le monde sportif, on a si abondamment utilisé le mot «confiance» qu'il est pratiquement devenu un cliché. Chacun comprend son importance. Le golfeur en a besoin. Le golfeur la perd. Il la retrouve, puis la perd encore, et juste au moment où il s'apprêtait à l'oublier, il la retrouve à nouveau (ou, plus souvent, c'est elle qui le retrouve). Il ne sait pas pourquoi. Il en ignore tout.

Certains parlent de l'idée d'être «dans la zone», un état de grâce presque indéfinissable que trouveraient les champions dans les moments où cela compte le plus. En 2004, *Golf Digest* essaya même de couvrir le sujet dans un excellent article-couverture de l'auteure primée Jaime Diaz. Bien que l'article détaillât les avancées réalisées par la technique, l'approche et la technologie, il conclut : « Alors qu'il y a de bonnes chances que la zone devienne davantage accessible, aucune de ces avancées ne garantit qu'elle ne demeurera pas rare et fuyante. Il s'agit d'une possibilité qu'acceptent placidement même les investigateurs les plus agressifs. Comme si quelque chose voulait que le mystère du golf ne soit pas fait pour être élucidé.»

Évidemment, je crois fermement que la réussite sur le plan du jeu mental ne constitue pas le fruit d'un mystère. Cela dit, cette réussite n'est pas pour autant facile à atteindre. C'est le vieux dilemme de l'œuf et de la poule : une bonne confiance facilite les bons coups, et les bons coups facilitent la confiance. Mais lequel vient en premier ? Jouer un bon golf requiert de la confiance, et celle-ci dépend de la qualité du golf joué. La plupart des golfeurs que je rencontre ont cessé de rechercher les pourquoi et les comment de la confiance, se contentant d'espérer qu'elle sera au rendez-vous lorsqu'ils en auront le plus besoin. Effectivement, la confiance tient à la fois de l'œuf et de la poule : aussi fragile que l'œuf, et inconstante comme la poule.

Davis Love III : confiance et confidences

Pour le golfeur qui remporte du succès, la confiance s'avère plus qu'un mot, il s'agit d'un état d'être. Elle affecte toutes les circonstances, toutes les situations, toutes les interprétations, toutes les phrases. Davis Love connaît bien la différence qu'elle peut faire :

Sur une échelle de 1 à 100, je dirais que ma confiance se situe autour de 90, parce qu'elle n'est pas parfaite. Certains golfeurs me donnent l'impression qu'ils ont une confiance toujours plus grande. Des gars comme Tiger et Mickelson ont l'air si sûrs d'eux-mêmes. Il m'arrive parfois de douter de moi-même et de perdre un peu le moral, alors, ma confiance n'est pas toujours à 100 même si elle n'en est jamais bien loin. Quand je manque de confiance, je me dis des choses comme : « Comment sera mon golf cette semaine ? » Quand je suis confiant, je ne me pose pas ces questions et je suis plus patient, plus indulgent envers moi-même. Je ne suis pas stressé par un mauvais coup. Il ne m'arrive jamais de réagir à un coup en me disant : « Mais qu'est-ce que c'était que ça ? » Au lieu de cela, je ne m'en fais

pas et je passe au coup suivant. Lorsque la confiance y
est, je ne reste pas accroché à un mauvais coup, je me
concentre plutôt sur le prochain. Je me dis : « Le prochain
sera mieux. J'arriverai plus près de ma cible. » Il est plus
facile pour moi d'entamer une ronde quand je suis
confiant. Je deviens excité et j'ai peine à attendre au
lendemain matin. Quand je fais des erreurs, l'empres-
sement se fait parfois sentir, mais au bout du compte,
c'est tout de même plus facile.

De plus, la confiance a ceci d'intéressant que l'on peut la
voir aussi nettement chez les autres que l'on peut la sentir
en soi. Songez aux instants mémorables qu'a offerts la
confiance aux amateurs de golf :

Masters 1996 : Greg Norman la perd.
Championnat Player's 1999, dix-huitième vert : Hal
    Sutton la redécouvre.
U.S. Open 1951, Merion : Hogan la possède.
Masters 1975 : Nicklaus la protège.
U.S. Open 2000, Pebble Beach : Tiger la transpire.
Championnat PGA 2004, premier trou de la prolonga-
    tion (play-off) : Vijay Singh la tient.

De plus, la confiance doit être disponible en quantité
suffisante. Si vous en avez trop peu, votre adversaire vous
semblera plus fort qu'il ne l'est en réalité. Si, au contraire,
vous êtes trop confiant, vous tenterez des coups risqués qui
finiront invariablement par vous coûter des points. La défaite
est prévisible dans ces deux cas. Il faut donc trouver un
équilibre.

Toutefois, remarquez que l'on peut utiliser le mot «confiance» (et son adjectif «confiant») dans différents contextes. On peut l'appliquer à une réalité extérieure à soi-même. Je peux par exemple avoir confiance en la capacité de Zach Johnson à remporter le prochain British Open. En ce sens, la confiance peut aussi correspondre à l'action d'un objet inanimé : je suis assez confiant que ma voiture voudra bien démarrer. On peut également l'appliquer à soi-même, sans que le terme ne se rapporte nécessairement à ce que l'on peut ou ne peut pas faire : je peux être confiant que mon patron m'aime bien. La confiance dont nous discutons ici, cette assurance tranquille dont font preuve les golfeurs de maîtrise, requiert en fait un autre terme : l' «auto-efficacité» (ou «efficacité personnelle»), comme on l'appelle en psychologie.

Qu'est-ce que l'auto-efficacité ?

Dans un livre qui fit date, intitulé *How We Think*, le philosophe, psychologue et pédagogue américain John Dewey propose l'idée simple mais importante que les individus élèvent leur propre expérience et leur pensée en réfléchissant aux conséquences de leurs actions. Disons plus simplement que les êtres humains sont naturellement portés à se poser des questions. Nous possédons tous les «croyances personnelles» nécessaires à l'exercice d'un certain contrôle sur nos pensées, nos sentiments et nos actions. Par un processus d'autoréflexion, nous arrivons à nous expliquer nos expériences, à explorer nos idées et nos croyances, à élever notre propre conduite ainsi que celle des autres, et nous modifions constamment notre façon de penser et notre comportement à la lumière des résultats de ces réflexions.

Au cœur de ce processus de réflexion personnelle se trouvent les croyances que nous créons et que nous développons quant à nos propres capacités ce dont nous sommes capables et ce dont nous ne sommes pas capables. Il s'agit de notre sentiment d'auto-efficacité, que les psychologues définissent formellement comme : les croyances que possèdent les gens sur leurs capacités d'organiser et d'exécuter les actions nécessaires à la gestion de situations spécifiques. Plus simplement, l'auto-efficacité représente la croyance en notre capacité de réussir. C'est là l'essence de la confiance.

Le sentiment d'auto-efficacité influence fortement les accomplissements. Je sais que je suis capable de sortir de mon stationnement en marche arrière sans abîmer ma voiture, de sorte que je le fais habituellement sans incident. Par contre, j'ignore si je suis capable de piloter un stock-car sur la piste ovale aux virages surélevés de Daytona, alors, je n'essaie pas de le faire. Chaque croyance produit un effet sur l'habileté d'agir. Je crois que le niveau de motivation, d'émotion et d'action d'un golfeur dépend plus des *croyances qu'il a en ses propres capacités d'action* que de ses *aptitudes objectives*. Vous aurez l'occasion d'entendre des golfeurs se dire convaincus que le succès qu'ils ont connu était davantage attribuable aux croyances qu'ils avaient à propos de leurs capacités qu'aux aptitudes qu'ils possédaient, *leur sentiment d'auto-efficacité contribuant à déterminer leurs accomplissements en fonction des connaissances et des habiletés qu'ils possèdent.*

Cette relation entre la confiance et la performance aide à mieux comprendre pourquoi le succès que connaît un golfeur ne correspond pas toujours à ses aptitudes réelles, et pourquoi deux golfeurs possédant un niveau de maîtrise similaire différeront parfois beaucoup dans leur degré de réussite. Comme je l'ai mentionné un peu plus tôt, aux plus hauts niveaux de performance sportive, les athlètes ne sont pas si différents les uns des autres sur le plan de leurs habiletés. Qui n'a pas entendu parler de ces golfeurs très habiles et talentueux qui traversent fréquemment des périodes (parfois débilitantes) de remise en question quant aux habiletés qu'ils possèdent pourtant clairement ? On a également vu des golfeurs dotés d'un répertoire d'habiletés relativement modeste démontrer une grande confiance dans leurs capacités.

Le véritable adversaire de Tiger

Il y a des moments où les grands joueurs qui se dirigent vers la victoire semblent n'en plus finir de dominer le jeu. Jose Maria Olazabal remporta le World Series of Golf par douze coups. En 1975, Johnny Miller gagna le Phœnix Open par quatorze coups. Jack Nicklaus gagna deux fois un titre majeur par sept coups ou plus, dont une victoire par neuf coups au Masters 1965. Et, bien sûr, Tiger Woods l'a fait plusieurs fois au cours de sa carrière. La plus mémorable de ces victoires fut sans conteste celle de l'U.S. Open 2000, à Pebble Beach, où il termina à quinze coups de son plus proche poursuivant. Dans des cas comme ceux-ci, il est clair qu'à un certain point, ces joueurs ne se souciaient plus vraiment de leurs adversaires. Ils ne s'en soucièrent d'ailleurs sans doute jamais. Ils savent que s'en faire avec ses adversaires ne représente rien de plus qu'une distraction. S'occuper l'esprit avec des choses qui ne relèvent pas de son contrôle (le temps, un mauvais rebond, les résultats à venir, etc.) ne constitue jamais une recette pour le succès. Tiger semblait savoir que la clé consiste à ne contrôler que les choses que l'on peut contrôler. Ses paroles, tirées d'une entrevue récente, viennent illustrer parfaitement la mentalité du golfeur de maîtrise :

> Quand les meilleurs golfeurs au monde prennent part à une compétition, on ne s'attend pas nécessairement à ce que tous les participants se talonnent du début à la fin du tournoi. En théorie, cela devrait être une source de motivation, mais quand on y pense un peu, ce que j'ai de mieux à faire, c'est d'y aller et de jouer mon golf à moi. Les autres vont faire la même chose ; ils ne vont pas s'en faire avec qui joue avec eux. Je me concentre sur mon jeu. Que je sois dans le coup ou pas, le jeu ne change pas. Je continue d'y aller et de faire mes coups. Je dois réaliser le meilleur pointage possible ce jour-là, en espérant que cela sera suffisant pour gagner. Que je sois meneur, poursuivant ou loin derrière, mon intention est toujours de jouer une bonne ronde.

Les psychologues soutiennent que le sentiment d'auto-efficacité constitue le fondement de la motivation humaine, du bien-être et de l'accomplissement personnel. Car à moins de croire que leurs actions peuvent produire les résultats escomptés, les gens sont peu motivés à agir et à persévérer dans l'adversité. Notre sentiment d'auto-efficacité contribue aux buts que nous poursuivons ainsi qu'au contrôle que nous exerçons sur notre monde, grand ou petit. De nombreuses études appuient maintenant l'affirmation voulant que le sentiment d'auto-efficacité touche pratiquement tous les aspects de nos vies. Nos pensées, qu'elles soient productives ou destructrices, pessimistes ou optimistes, déterminent en grande partie notre motivation et notre persévérance devant l'adversité, notre vulnérabilité au stress et à la dépression, et même nos choix de vie. Bref, le sentiment d'auto-efficacité participe à la définition des résultats recherchés par les individus. *Les gens qui possèdent un fort sentiment d'auto-efficacité anticipent des résultats positifs.* Le golfeur qui a confiance en ses habiletés à effectuer des coups roulés anticipe, ou même visualise, des roulés efficaces. Celui qui a confiance en son élan s'attend à ce que ses coups de départ soient francs et précis. L'inverse se produit chez le golfeur dont le sentiment d'auto-efficacité s'avère faible. Ainsi, le golfeur qui doute de ses habiletés d'exécuter avec succès des coups roulés envisage des difficultés sur les verts. Celui qui manque de confiance dans son élan de départ imagine des crochets intérieurs hors de contrôle avant même que son bois ne soit entré en contact avec la balle. Et surtout, il est intéressant de constater à quel point se matérialisent les résultats anticipés : une ronde avec un pointage avantageux pour le premier, une défaite et des difficultés récurrentes pour le second.

La persévérance

C'est une chose d'établir ses objectifs, mais c'en est une autre complètement que de persévérer devant les embûches dressées sur la voie du succès. Pour l'individu qui dispose d'un fort sentiment d'auto-efficacité, les obstacles représentent en quelque sorte des défis à surmonter, et non des barrages à éviter. Par exemple, derrière toutes les grandes réussites dans l'histoire des réalisations humaines se trouve un sentiment résilient d'auto-efficacité. À ce chapitre, la quantité d'exemples existants suscitent l'inspiration :

- Les professeurs de Thomas Edison disaient qu'il était « trop stupide pour apprendre quoi que ce soit ». Il fut congédié de ses deux premiers emplois. En tant qu'inventeur, Edison connut mille tentatives infructueuses de conception de son ampoule électrique. Lorsqu'un journaliste lui demanda : « Qu'est-ce que cela vous a fait d'échouer mille fois ? », il répondit ingénieusement : « Je n'ai pas échoué mille fois ; l'invention de l'ampoule électrique a nécessité mille étapes. »

- Avant de réussir, Henry Ford a échoué et fait faillite à cinq reprises.

- Jeune homme, Abraham Lincoln partit pour la guerre avec le grade de capitaine, et en revint simple soldat. Il fut ensuite un homme d'affaires sans succès. En tant qu'avocat, il se montrait trop capricieux et irréaliste pour réussir. Il se tourna vers la politique et fut défait lors de sa première tentative aux élections législatives, et défait lorsqu'il se présenta au Congrès pour la première fois. Sa candidature pour le poste de commissaire au General Land Office fut refusée. Il fut défait aux élections sénatoriales de 1854, défait lorsqu'il se porta candidat à la vice-présidence américaine et encore défait aux élections sénatoriales de 1858. À peu près à cette époque, il écrivit à un ami : « Je suis à présent l'homme le plus misérable qui soit. Si mon sentiment se voyait distribué également à tous les habitants de la Terre, on ne verrait plus un seul sourire. » Deux ans plus tard, il était élu président des États-Unis.

- Albert Einstein ne prononça pas un mot avant l'âge de quatre ans et ne commença à lire qu'à sept ans. Ses parents croyaient qu'il était un enfant « arriéré », et selon l'un de ses professeurs, il était « mentalement lent, peu sociable et constamment perdu dans des rêves insensés. » Il fut renvoyé de l'école et on refusa de l'admettre à l'École polytechnique de Zurich. Malgré cela, il finit par apprendre à lire et à écrire et même... à faire un peu de mathématiques.

- De son vivant, l'artiste Van Gogh ne vendit qu'un seul de ses tableaux. C'est en outre la sœur d'un ami qui le lui acheta pour la somme de cinquante dollars.

- Derek Jeter, une légende du baseball, cumula une fiche de 0 en 14 à ses quatorze premières visites au bâton chez les pros. Hank Aaron obtint 0 en 5 à son premier match avec les Braves de Milwaukee.

- Les entraîneurs Tom Landry, Chuck Noll, Bill Walsh et Jimmy Johnson sont responsables de onze des dix-neuf victoires au Super Bowl entre 1974 et 1993. Ils partagent également la distinction d'avoir réalisé les pires fiches de toute l'histoire de la NFL en tant qu'entraîneurs-chefs à leur première saison. La fiche collective de ces entraîneurs à leur première saison se résume à 1 victoire contre 45 défaites.

- Babe Ruth a longtemps détenu le record des coups de circuit, mais pendant de nombreuses années, il fut également le frappeur le plus souvent retiré sur trois prises. Il a frappé 714 coups de circuits et fut retiré 1330 fois dans sa carrière (ce à quoi il répond : «Chaque fois que je me fais retirer, je me rapproche du prochain coup de circuit»). L'entraîneur de basketball de niveau collégial John Wooden a une fois expliqué que ce sont les gagnants qui font le plus d'erreurs.

- Un expert a dit de Vince Lombardi :«Il possède peu de connaissances concernant le football et fait preuve de très peu de motivation.» Lombardi écrira plus tard : «Ce n'est pas de se faire plaquer au sol, c'est plutôt de réussir à se relever.»

- Le grand champion de tennis Stan Smith se vit refuser un emploi de ramasseur de balles lors d'une Coupe Davis parce qu'il était «trop gauche et maladroit». Cela ne l'empêcha pas de remporter les tournois de Wimbledon et du U.S. Open. Il mena de plus l'équipe américaine à huit victoires en Coupe Davis.

- La première passe de Johnny Unitas dans la NFL fut interceptée et retournée en touché. La première passe de Joe Montana fut aussi interceptée. Et Troy Aikman, un autre quart-arrière, termina sa première saison chez les pros avec deux fois plus de passes interceptées (18) que de touchés marqués (9), et ce sans remporter une seule victoire.

- Michael Jordan et Bob Cousy furent tous deux retranchés de l'équipe de basket-ball de leurs écoles respectives.

- Le cycliste Lance Armstrong se vit retranché des équipes de natation et de football de son école secondaire. Se tournant vers le cyclisme, il termina en dernière place à sa première course professionnelle. Il passa les cinq années suivantes à subir le mépris de la communauté cycliste européenne, ses adversaires allant parfois jusqu'à répandre sur la route des punaises et des éclats de verre dans l'espoir qu'il fasse une crevaison. Ses cinq premiers essais au Tour de France se soldèrent par des abandons. Puis, après avoir survécu à un cancer de stade trois, il tenta d'organiser son retour, mais aucun des commanditaires qu'il contacta ne donna suite à sa demande de soutien. (L'un de ces commanditaires émit le commentaire : « Ce gars-là ne courra plus jamais. ») En 2004, Lance Armstrong remportait son sixième Tour de France d'affilée !

Comme l'illustrent ces exemples, une confiance saine, solide et résiliente en ses habiletés peut faire la différence entre l'échec et la réussite. Cette confiance favorise la détermination de continuer à travailler jusqu'à l'atteinte du succès même si celui-ci peut parfois s'avérer long à accomplir.

Le sentiment d'efficacité personnelle diffère du sentiment d'« estime personnelle ». Particulièrement de nos jours, l'estime personnelle correspond au sentiment d'une personne pour elle-même. Quand on entend à la télévision que telle personne possède une faible estime d'elle-même, on a tout de suite à l'esprit l'image d'une personne qui ne s'aime pas, qui dispose d'un sentiment de valeur personnelle diminué, et qui se sent dévalorisée. Une telle personne aurait claire-ment besoin d'attention, d'affection et peut-être même d'un peu de sympathie.

L'estime de soi est un jugement émotionnel d'après lequel on peut voir comment une personne «se sent» par rapport à elle-même, et peut-être même si elle s'aime ou non. Le sentiment d'efficacité personnelle se veut différent en ce qu'il constitue le jugement cognitif d'une personne relativement à ce qu'elle est capable ou incapable d'accomplir, indépendamment de ce qu'elle pense de la tâche à effectuer. J'ai rencontré passablement de golfeurs qui, pour des raisons diverses, avaient une faible estime d'eux-mêmes (ils ne se sentaient pas bien dans leur peau). Dans certains cas, ces golfeurs ont des problèmes personnels sérieux ou un passé problématique quelconque. Chose intéressante, malgré leur faible estime personnelle, plusieurs de ces golfeurs possè-dent un sentiment élevé d'auto-efficacité en ce qui concerne leurs habiletés au golf. C'est-à-dire qu'ils se sentent capables de bien jouer au golf même s'ils ne s'aiment pas une bonne partie du temps. De même, j'ai également rencontré beau-coup de golfeurs qui possèdent une bonne estime de soi et qui se montrent plutôt satisfaits de leur vie personnelle, mais qui souffrent malgré tout périodiquement d'un manque de confiance débilitant sur les parcours de golf. Pour aider ces joueurs à améliorer leurs performances, la solution ne consiste pas simplement à les encourager à s'aimer davantage, comme le recommandent certains psychologues à la télévision ou à la radio. L'amélioration des performances de ces golfeurs passe plutôt par le développe-ment de la confiance dans leurs capacités de gérer leurs pensées, dans le but d'en arriver à produire au bon moment le type de golf qui conduit au succès, un golf qui se trouve nettement à leur portée.

David Toms et le degré de confiance

Le pouvoir d'un sentiment solide d'auto-efficacité n'est pas une constante, même pour un golfeur accompli du circuit professionnel. David Toms sait qu'il lui arrive de vivre des périodes de baisse de confiance, mais il sait aussi qu'en maintenant une base suffisamment stable, il peut éviter qu'une déception ne se transforme en désastre. J'ai parlé avec lui au cours de l'un de ces moments de doute, et son appréciation de lui-même et des gens autour de lui illustre bien que le golf se joue avant tout dans la tête.

Sur une échelle de 0 à 100, je dirais que ma confiance se situe à environ 80 en ce moment. Si j'avais déjà gagné cette année, elle serait peut-être à 90, mais un petit doute s'est installé, parce que je n'ai pas su faire le travail qu'il aurait fallu quand j'en ai eu l'occasion. La différence entre un sentiment de confiance de 80 et de 90 est importante. Avec une confiance aussi haute que 95, j'ai l'impression que rien ne peut m'empêcher de bien jouer *mais alors, rien*. Au point où même si j'avais une panne d'essence en me rendant au tournoi, je n'en serais pas affecté. Ce serait comme si ça avait été prévu comme ça. Quand la confiance est aussi grande, on revient tout de suite en force après un mauvais coup. On perçoit les erreurs d'un autre œil. On se dit : « Ah, il y a des coups comme ça. Je vais plutôt essayer de faire des oiselets », au lieu de se dire : « En voilà un autre... Mais comment as-tu pu rater ce coup ? » Quand je suis confiant, les erreurs ne comptent pas vraiment. Elles sont là, mais elles n'ont pas réellement d'emprise sur moi. La confiance m'aide à ne pas m'y attarder.

J'ai joué avec un type cette semaine. Il a bousillé son pointage en expédiant sa balle à l'extérieur du parcours au septième. Incapable de s'en remettre, il a été de mauvaise humeur pour le reste de la ronde. Même après avoir réussi un oiselet, il est resté contrarié. Il n'en est jamais revenu. Lorsqu'on est confiant, ce genre de chose n'a pas d'emprise sur soi. Il est primordial de se reprendre en main, parce que tandis que l'on insiste sur son erreur, un autre joueur est en train de se concentrer sur son prochain oiselet.

Comme je l'ai expliqué au chapitre sur la maîtrise et l'ego, pour aider un golfeur à s'améliorer, il faut d'abord l'amener à se concentrer sur la tâche à accomplir (frapper ses balles en direction de cibles précises, coup après coup), et non tenter de rehausser l'idée qu'il a de lui-même. L'étape suivante consiste normalement à lui enseigner des techniques de jeu et des façons d'entretenir la confiance qui lui permettront de surmonter les obstacles qui se dresseront forcément entre lui et sa tâche.

Si les athlètes pouvaient penser n'importe comment sans que cela ne vienne affecter leurs performances, la victoire ne dépendrait alors que des habiletés et des efforts investis. Or, nous savons tous que ce n'est pas le cas, puisque certains golfeurs pourtant moins forts techniquement et mécaniquement que leurs adversaires arrivent à battre ces derniers simplement parce qu'ils sont supérieurs sur le plan de la confiance. Par exemple, personne ne peut vraiment contester le fait que l'élan de Ernie Els soit en temps normal techniquement meilleur que celui de Todd Hamilton. Ce dernier remporta pourtant la prolongation du British Open 2004. Plusieurs raisons expliquent la victoire de Hamilton, mais la plus grande et la plus indéniable à mon avis fut peut-être sa croyance qu'il pouvait y arriver. D'un bout à l'autre de l'Amérique, d'innombrables golfeurs démontrent au champ de pratique des habiletés similaires à celles de joueurs de circuit, mais ils ne disposent pas de l'élément clé requis pour laisser parler ces habiletés au bon moment en compétition. Ainsi, une fois qu'ils ont acquis une mécanique solide, c'est bien par leurs habiletés mentales que se distinguent les golfeurs.

Les paroles d'un champion :
Jack Nicklaus, Masters 1986

Jack s'y connaît plutôt bien en ce qui concerne l'importance de l'auto-efficacité. Il ne la connaît peut-être pas comme telle, mais elle a toujours fait partie de son caractère. On n'a qu'à remonter au Masters de 1986. Nick y inscrivit des oiselets à six des neuf derniers trous, termina la ronde finale avec un 65 et gagna son dix-huitième majeur par un coup, tout cela parce qu'il s'était attaqué au dernier neuf armé d'une confiance profonde en ses capacités de gagner.

L'emporter sur l'une des scènes les plus prestigieuses du golf tenait autant de la confiance et du sentiment d'efficacité personnelle que du talent.

En dernière analyse, il n'existe aucun doute quant au fait qu'une croyance réelle en soi-même constitue une condition

essentielle pour remporter des tournois de golf.
Beaucoup de joueurs ont possédé toutes les qualités
requises pour la victoire, sauf celle d'avoir suffisamment
confiance en eux-mêmes. La confiance d'un golfeur en
ses habiletés constitue son meilleur atout, ne serait-ce
que parce qu'elle représente la défense la plus efficace
contre les pressions énormes avec lesquelles les golfeurs
doivent composer lorsqu'ils se trouvent en position de
gagner. Le code de conduite du golf exige d'un golfeur
qu'il n'affiche pas son assurance. Mais qu'on la cache
ou non, on ne va pas très loin sans elle.

[Nicklaus, My Story]

L'esprit exerce une influence considérable sur la performance au golf en générant et en contrôlant les croyances qui guident le comportement humain. De toutes les croyances que peut développer un golfeur, aucune n'a plus d'importance que celle en sa capacité de réussir, quand cela compte le plus, les coups nécessaires à l'obtention du pointage dont il a besoin. Ces croyances composent le sentiment d'auto-efficacité (ou d'efficacité personnelle).

Évidemment, c'est une chose que de parler des niveaux d'habiletés relatifs aux circuits d'élite, mais qu'en est-il de vous et de votre jeu? Pensez à votre facteur de handicap (coefficient d'habileté de jeu). Que vous manque-t-il pour atteindre votre pointage? Il ne s'agit d'aucun ensemble d'habiletés dont vous n'ayez déjà fait preuve. Ce qui vous permettra d'atteindre votre pointage est largement fonction de votre approche mentale de la ronde ainsi que de votre performance mentale durant cette même ronde. Il s'agit d'éléments que vous seul pouvez contrôler. C'est là que le golfeur moyen doit comprendre qu'il lui faut commencer à travailler sur son sentiment d'auto-efficacité au golf.

Facteur de handicap et sentiment d'auto-efficacité

Les golfeurs du circuit de la PGA se questionnent régulièrement à propos de leur potentiel. Ils pensent le connaître, mais ils n'en sont pas certains. Cette incertitude joue contre eux lorsqu'ils doivent s'exécuter efficacement sous pression. Mais les golfeurs de calibre moyen ne devraient pas rencontrer ce problème. Alors que l'incertitude concernant le potentiel représente un problème aux niveaux les plus élevés du jeu, le golfeur moyen devrait connaître son potentiel à un coup près dès qu'il se présente au premier tertre de départ. Comment ? Cela s'appelle le facteur de handicap, et si vous n'en avez pas un, vous vous privez d'un élément clé dans la réalisation de votre potentiel.

Dean Knuth, l'ancien directeur senior de l'évaluation des parcours de l'Association de golf des États-Unis, est crédité pour avoir développé le facteur de handicap et le concept du système de pente. Ensemble, ces deux idées ont rendu possible la portabilité des handicaps. En résumé, la pente vous permet de transférer votre facteur de handicap d'un parcours de golf à un autre partout au pays. Disons qu'avec un handicap de 7, vous jouez un parcours très difficile tel que le TPC du Sawgrass's Stadium Course, où l'on doit composer avec de l'eau à pratiquement chaque trou. Ce handicap de 7 devient alors en réalité un indice de 5,3. Et si vous jouez un parcours de golf beaucoup plus facile, votre facteur de 5,3 se transformera peut-être en un handicap de 6. Au fond, que vous jouiez un parcours exigeant ou un parcours plus facile, vous connaissez votre potentiel de la journée dès votre premier tertre. Vous savez par exemple qu'un pointage de 78 se trouve à votre portée ce jour-là.

Cela signifie-t-il que vous pouvez planifier vos coups d'après le nombre de votre choix ? Non, certainement pas. Vous prenez vos décisions à chaque coup en vous fondant sur la réponse à une seule question : Quelle est ma cible ? Mais il est évident que le fait de connaître votre potentiel sur un parcours particulier vous offre la chance d'élaborer votre plan de match pour la journée. Tout comme lorsque Frank Gassaway jouait pour une bourse sans se laisser décourager par le résultat de son premier trou, le golfeur moyen ne devrait pas se laisser démoraliser par un boguey ou un double boguey sur un trou difficile. Votre handicap est là pour vous rappeler votre potentiel et vous donner confiance en votre capacité d'obtenir un bon pointage.

Dans la pratique de n'importe quel sport, le développement d'habiletés solides se révèle essentiel. Cependant, chez les joueurs aux plus hauts niveaux de jeu, les différences en habiletés ont peu à voir avec l'aspect mécanique de la performance. Lorsqu'ils atteignent le circuit de la PGA, tous les golfeurs possèdent les habiletés requises pour l'exécution de coups superbes. Mais leur habileté la plus cruciale consiste à faire preuve de ces habiletés quand cela compte le plus, ce qui s'avère très difficile à réaliser quand on doute de soi-même. Ce que font les individus des habiletés qu'ils détiennent dépend en grande partie de la confiance qu'ils ont en leur capacité de réussir leurs coups. La performance dans les moments de pression (en fait, la performance en général) est toujours fonction de la confiance que l'on a en ses propres capacités. C'est donc dire que le niveau de performance d'un joueur se voit intimement lié à son sentiment d'auto-efficacité. Quelle est la portée du rôle joué par le sentiment d'auto-efficacité dans l'atteinte du succès ? Eh bien, il faut savoir que plusieurs observateurs aguerris sont d'avis qu'il résidait au cœur de la réussite du plus grand joueur de l'histoire du golf. Lors d'une entrevue que je réalisai auprès de Gary Player, il aborda particulièrement la question de la place de Nicklaus en tant que meilleur golfeur de tous les temps. Il confirma que durant les années où régnait Nicklaus, ce ne furent pas seulement les habiletés physiques de Jack qui lui avaient permis de remporter constamment des championnats majeurs. Voici l'opinion de Player au sujet de Nicklaus :

> J'ai vu plusieurs golfeurs qui étaient de meilleurs frappeurs de balles que Jack, mais aucun d'eux ne possédait l'équivalent de son jeu mental. Personne, absolument personne ne pouvait faire preuve sous pression d'une confiance égale à la sienne. Plus les enjeux étaient élevés, plus sa confiance était grande. C'est ce qui lui a valu tous ces majeurs et tous ces tournois. Et je vous l'assure, cela se voyait ! Il jouait avec la confiance d'un lion !

De deux joueurs ayant des habiletés comparables et étant tous deux favorisés également par la chance, celui qui possède le sentiment le plus assuré d'auto-efficacité l'emportera toujours sur son adversaire moins confiant. C'est vrai sur la grande scène du golf, mais ça l'est aussi pour vous lorsque vous disputez votre match du samedi entre amis. Ceux qui réussissent arrivent à tirer le meilleur des habiletés qu'ils détiennent. Je joue souvent avec des golfeurs qui disposent du potentiel afin de réaliser de bons pointages,

mais qui sapent ce potentiel par manque de confiance.
Comme l'écrivit le célèbre auteur Alexandre Dumas : « Une
personne qui doute d'elle-même est comme un homme qui
voudrait s'engager dans les rangs de ses ennemis pour
porter les armes contre lui-même. Il s'assure de son échec
en étant le premier à s'en convaincre. »

La source de l'auto-efficacité

Plus que n'importe quel autre processus psychologique, le
sentiment d'auto-efficacité sert de tampon entre le golfeur
et la peur. Ah, je sais ce que vous pensez : « Oui, je comprends que la confiance en soi est importante. Ce qu'il me
faut maintenant savoir, c'est comment apprendre à la développer… et à la conserver ! » La grande question pour tous
les golfeurs consiste à savoir comment développer puis
entretenir l'auto-efficacité nécessaire à la pratique d'un golf
sans peur. Eh bien, voyons si je puis vous aider à passer
d'une connaissance déclarative (savoir qu'il importe de croire
en vos aptitudes) à une connaissance procédurale (savoir
comment cultiver et entretenir cette croyance en vous-même,
et surtout, savoir comment la laisser agir au moment opportun).
Allons-y !

Un sentiment fort d'auto-efficacité améliore les accomplissements et le bien-être humains d'innombrables manières.
L'individu confiant aborde les tâches difficiles tels des défis
à relever, et non telles des menaces à éviter. Il s'investit avec
intérêt et résolution dans ses activités, se fixant des objectifs

motivants qu'il poursuit avec un engagement indéfectible, en plus d'intensifier et de maintenir ses efforts face à l'adversité. Il retrouve plus facilement sa confiance après un échec ou un revers, et attribue celui-ci à un effort insuffisant ou à un manque de connaissances ou d'habiletés, des connaissances et des habiletés qu'il se sait capable d'atteindre. Une auto-efficacité élevée contribue à l'émergence d'un sentiment de sérénité dans l'approche des tâches et des activités exigeantes. Inversement, les gens qui doutent de leurs capacités sont portés à croire que les choses s'avèrent plus difficiles qu'elles ne le sont en réalité, une croyance qui génère du stress, de la dépression, ainsi qu'une vision étroite des possibilités de résolution de problèmes. Il n'est donc pas surprenant que la confiance en ses capacités constitue pour le golfeur une condition cruciale à l'atteinte du succès.

Bryce Molder et le pouvoir de l'attente

Bien que l'emploi du terme « domination » soit excessif, il convient bien à la description de la carrière universitaire de Bryce Molder. Durant la première année universitaire de Bryce, son entraîneur demanda à tous les joueurs de l'équipe de mettre par écrit quelques-unes des choses qu'ils souhaitaient le plus accomplir. Pour Bryce, c'était d'être quatre fois membre de l'équipe des étoiles universitaires américaines. Évidemment, avec des attentes personnelles aussi élevées, il se heurta aux critiques de ses coéquipiers, puisque jusque-là, seulement trois joueurs avaient réussi cet exploit (Phil Mickelson, David Duval et Gary Hallberg).

L'engagement de Bryce se voulait cependant à toute épreuve. Il savait ce qu'il désirait accomplir et il avait confiance en ses capacités d'y arriver; d'une façon ou d'une autre, il y parviendrait. Durant ses quatre années à Georgia Tech, non seulement Bryce réalisa-t-il son objectif de faire quatre fois partie de l'équipe des étoiles universitaires américaines, mais il couronna sa carrière étoile en terminant sa dernière année universitaire avec une moyenne de coups de 69,43 (la meilleure de l'histoire de la NCAA). Il égala de plus le record de la NCAA avec un pointage de 12 sous la normale à sa troisième ronde lors du Golf World Invitational. Il établit un nouveau record universitaire et NCAA en jouant trente rondes dans les 60 points. Enfin, Bryce conclut sa carrière dans la NCAA avec une moyenne de coups de 70,69, la meilleure de toute l'histoire de l'organisation, battant ainsi la marque de 71,10 établie par Tiger Woods.

Je demandai à Bryce de m'expliquer quelle façon de penser pouvait permettre la réalisation de tous ces exploits:

Eh bien, je m'attendais littéralement à gagner à chaque match. Ma confiance était si élevée par moments que je me présentais à un tournoi avec l'objectif de le remporter par dix coups. Mon but n'était pas simplement de rivaliser et de gagner, c'était de gagner par dix coups. Je me posais par exemple la question: « Par combien j'aimerais l'emporter aujourd'hui? » Je ne me demandais pas: « Vais-je gagner? », mais: « Par combien de coups vais-je gagner? » Et vous savez quoi, si je ne gagnais pas par dix coups, je gagnais quand même par quelques coups, parce que c'était ce à quoi je m'attendais de moi-même. »

Avant d'illustrer ces propos, permettez-moi de faire un détour afin de clarifier un point essentiel. Un sentiment fort d'auto-efficacité ne garantit pas à lui seul le succès de votre jeu. Toute la confiance du monde ne sert à rien lorsque les habiletés adéquates font défaut. Un golfeur mal préparé possédant un fort sentiment d'auto-efficacité est une sorte d'idiot en confiance. Comme l'écrivit le poète Shel Silverstein : «Quand le sentier est âpre et que la montagne est rude, il ne suffit pas de penser que l'on peut y arriver.» Même la «chance» peut nous abîmer l'esprit. À l'évidence, nous ne pouvons espérer que nos croyances sur nous-même constituent en elles-mêmes des fins. Les croyances et la réalité doivent toujours aller de pair. C'est pourquoi la confiance que nous avons en nos habiletés doit toujours refléter raisonnablement les habiletés que nous possédons réellement, peu importe la tâche à accomplir.

Les psychologues croient qu'un fonctionnement voué au succès est en général mieux servi par une appréciation suffisamment précise de l'efficacité. En d'autres termes, je réussis beaucoup de coups roulés de 60 centimètres parce que j'essaie beaucoup de roulés de soixante centimètres, parce que je sais que je suis capable de réussir des roulés de soixante centimètres. Ils pensent aussi que les sentiments d'auto-efficacité les plus utiles sont ceux qui excèdent légèrement le degré d'habileté d'une personne, cette surévaluation ayant pour effet de faire augmenter l'effort et la persistance. À l'école, la plupart des étudiants sont présomptueux quant à leurs capacités académiques. On est ainsi libre de croire qu'une quantité raisonnablement surévaluée de confiance en son golf s'avérera une chose plutôt saine. Après tout, plus on a confiance en ses chances de réussir, plus il est probable que l'on se battra quand apparaîtront les vilains obstacles.

Histoires de survie dans le circuit de la PGA

- Chez les juniors, Scott McCarron fut renvoyé de l'équipe de golf UCLA et se vit retirer sa bourse d'études. Il revint l'année suivante comme figurant, s'efforçant de travailler ses roulés en gaucher dans l'espoir d'enrayer son trac. Après sa graduation, il s'associa avec son père dans une entreprise qui devait par la suite échouer en les laissant tous les deux sans le sou. Grâce à un prêt de 8 000 $, il tenta au cours des deux années suivantes de réussir l'examen de qualification du circuit professionnel, mais sans succès. Endetté et au bord de la faillite, il remporte enfin un tournoi (et 270 000 $) à la Nouvelle-Orléans. En 2004, il avait amassé des gains de plus de sept millions de dollars sur le circuit de la PGA, s'était mérité trois victoires et avait chaudement disputé plusieurs tournois majeurs.

- Lorsque Bob Jones vint voir jouer Jack Nicklaus au douzième trou d'Augusta, le golfeur au calme légendaire se trouvait si nerveux qu'il expédia sa balle juste au-dessus de la tête de Jones. Bien sûr, Jack se ressaisit rapidement et remporta par la suite soixante-dix tournois, incluant dix-huit majeurs, dont six Masters.

- Frappé par la foudre lorsqu'il était amateur en Afrique du Sud, Retief Goosen dut surmonter un éventail de problèmes de santé. Comme si cela n'avait pas suffi, il subit en plus une fracture au bras gauche dans un accident de ski peu avant le début de la saison de golf 1999. Cette année-là, il parvint à battre Sergio Garcia au World Matchplay Championships. Il remporta également onze victoires successives en Coupe Dunhill et gagna le Novotel Perrier Open, ainsi que le U.S. Open 2001.

- Lors du Milwaukee Open, le premier tournoi professionnel auquel il participa, Tiger Woods se souvient d'avoir eu à un certain moment « peur au point d'avoir du mal à respirer ». Il joua la normale au prochain trou et termina en quarantième position. Il gagna deux tournois dans les deux mois qui suivirent et obtint son laissez-passer sur le circuit plus rapidement que n'importe quel autre joueur à sa première année chez les pros.

- Après trois saisons moyennes sur le circuit de la PGA, de 1983 à 1985, Tom Lehman passa les dix années suivantes à essayer de gagner sa vie avec le golf en Asie, en Afrique du Sud et ailleurs. Il remporta finalement sa première victoire de la PGA en 1994. Il compte depuis parmi les compétiteurs importants du circuit, ayant à son actif cinq championnats, dont les éditions de 1996 du British Open et du Tour Championship.

- Jose Maria Olazabal connut en 1994 une saison formidable au cours de laquelle il remporta le Masters. Mais il dut ensuite se retirer de la Coupe Ryder en raison de douleurs vives à un pied, dont les examens révélèrent une polyarthrite rhumatoïde. Incapable de marcher durant dix-huit mois, il fut contraint de manquer toute la saison 1996 de golf. Mais il n'avait pas l'intention d'abandonner. Il s'investit pleinement dans sa guérison avant de revenir au jeu et de rafler le Masters en 1999, et plus tard le tournoi Buick Invitational 2002.

- Hal Sutton, qui avait rayonné dans les années 1980, connut à partir de 1986 une vague d'insuccès qui dura huit années. Il traversa le creux de cette vague en 1992, alors que ses gains ne totalisèrent que 39 324 $. Il ne baissa toutefois pas les bras. En dépit d'une décennie de piètres résultats, sa croyance en ses habiletés le poussa à travailler encore plus dur. Finalement, il sortit de l'ombre en 1995 avec une victoire au B.C. Open. Il remporta ensuite sept tournois, dont un duel avec Tiger Woods au Championnat Players 2000.

- À l'édition 1990 de l'U.S. Open, David Duval, alors âgé de dix-huit ans, avait joué trois rondes consécutives dans la normale et réalisé des oiselets aux trois premiers trous de la journée du dimanche, pour ainsi se retrouver au tableau des meneurs. Il reconnut par la suite que le fait d'avoir aperçu son nom au tableau des meneurs l'avait vraiment ébranlé. Il enregistra ensuite un pointage de 43 au dernier neuf, ce qui le plaça loin derrière les meneurs. Mais Duval ne se laissa pas décourager par ce revers, dont il se servit comme tremplin pour remporter treize événements du circuit de la PGA, y compris le British Open 2001.

Mais où se trouve la ligne entre une confiance suffisante et une confiance exagérée ? À quel stade la confiance devient-elle excessive ? Et quels sont les effets probables d'une exagération ? Les études psychologiques suggèrent que plus le sentiment d'auto-efficacité est grand, plus on sera porté à choisir des tâches dont le degré de difficulté s'avère élevé, plus on s'investira dans leur exécution, et plus on obtiendra de chances de succès. Par conséquent, on ne croit pas qu'il soit généralement salutaire de tenter de diminuer une confiance excessive, à moins qu'il ne soit clair que cet excès de confiance pourra créer une situation où l'athlète se montrera à ce point certain de sa réussite qu'il en minimisera son temps d'entraînement et son développement technique.

L'inspecteur Harry et la pensée productive

L'inspecteur Harry, ce flic rebelle incarné au grand écran par Clint Eastwood, et qui devint l'un des héros des films épiques américains, possédait des expressions bien à lui qui ponctuaient chacun de ses films. L'une des plus tristement célèbres de ces petites phrases appartient au film Magnum Force, dans lequel on entend Harry marmonner à maintes reprises : « Un homme doit connaître ses limites. » Eh bien, malgré le fait que je sois un grand fan des films de l'inspecteur Harry, je suis d'avis que cette affirmation est malheureusement fausse. À la limite, cela pourrait peut-être s'appliquer à un joueur qui s'entraîne et s'efforce d'adopter les habitudes d'un golfeur sans peur. Mais en réalité, le golfeur sans peur doit tenter d'élargir ses horizons même lorsqu'il n'y a pas de récompense. Le joueur qui se concentre sur ses limites court le risque de ne pas réaliser son plein potentiel.

Je me souviens d'avoir un jour joué aux côtés d'un golfeur récréatif de calibre moyen, qui me confia n'avoir jamais réalisé une normale 5 en deux coups. « Je ne possède pas ce genre d'habileté », avait-il dit. Il s'agit d'une approche admirable en un sens, parce qu'il y a déjà suffisamment de golfeurs de calibre moyen qui, au beau milieu de l'allée, à 250 mètres du trou, attendent que se libère le vert. Par contre, il faut quand même aussi surmonter une certaine partie de sa peur. Avait-il jamais essayé de le faire en deux coups ? Évidemment, on ne connaît pas ses possibilités tant qu'on ne les a pas explorées.

Si vous pensez arriver à frapper la balle à trois cents mètres, quel mal pourrait-il bien y avoir à essayer de l'envoyer à trois cents mètres chaque fois que vous en aurez envie ? Lentement mais sûrement, vos résultats vous indiqueront la distance à laquelle vous pouvez propulser la balle avec tel ou tel autre bâton, et dans quelles situations de jeu. Vous serez aussi agréablement surpris de découvrir que plus vous travaillerez dur au développement de votre élan, plus augmentera votre capacité d'atteindre des cibles éloignées. Et bien sûr, il va sans dire que plus vous aurez confiance en vos capacités d'expédier la balle à trois cents mètres, plus vous mettrez les efforts qu'il faut pour y parvenir. Les meilleurs entraîneurs ne disent jamais à leurs athlètes ce qui est à leur portée et ce qui ne l'est pas. Un bon entraîneur se contentera plutôt de fournir à ses protégés des informations pertinentes, des entraînements efficaces, de la rétroaction corrective et des encouragements adéquats. Il les aidera également à maximiser leur potentiel en s'assurant d'ajuster le niveau de difficulté en fonction du degré d'habileté, du tempérament et de la force de l'engagement de l'athlète.

Au lieu de sous-estimer votre potentiel, étendez ses possibilités. Cela ne signifie pas pour autant que vous deviez surévaluer vos habiletés. Cependant, il vous faudra explorer ce potentiel à travers votre entraînement et votre préparation. Ainsi, quand arrivera le moment de vérité, au lieu de penser à la célèbre réplique de l'inspecteur Harry concernant les limites d'un homme, vous pourriez par exemple penser à son impérissable .44 Magnum, le « pistolet le plus puissant au monde » de quoi faire éclater bon nombre d'obstacles !

Lorsque l'on joue avec confiance, on ne sait jamais à quels autres processus psychologiques ou croyances personnelles on touche en même temps. Je dirais que la confiance est l'épouse de l'esprit. Quand les deux sont hauts, on obtient un mariage heureux. Mais diminuez-en un, et l'autre suivra certainement. Nous devrions toujours garder en tête que la question de l'équilibre entre la croyance et la réalité est étroitement liée aux questions de bien-être, de résilience et de fonctionnement optimal. Une confiance faible peut conduire à une réduction de l'optimisme, à du découragement et à une perspective négative. Comme le joli petit lapin des messages publicitaires, les humains aussi ont besoin d'être énergisés pour continuer longtemps.

Des recherches ont démontré qu'à l'instant où ils évaluent leur vie, les gens regrettent en général davantage le défi non relevé, le rendez-vous manqué, le risque évité et la route non empruntée en raison d'une estime personnelle et d'une confiance en soi trop faibles, qu'ils ne se montrent désolés des actions entreprises sous l'effet de l'optimisme et d'une confiance excessive en soi. À ce chapitre, le défi pour les golfeurs consiste à se familiariser avec leur propre structure mentale sans diminuer leur confiance et leur optimisme, et sans affaiblir leur élan.

Pierre Teilhard de Chardin écrivit : « Il est de notre devoir, en tant qu'êtres humains, d'agir comme s'il n'y avait pas de limites à nos capacités. » Et Robert Browning avait tout autant raison lorsqu'il déclara : « L'atteinte d'un homme devrait dépasser sa portée, sinon qu'est-ce que le paradis ? »

C'est là le fondement du golf sans peur. Grâce à un sentiment d'auto-efficacité pleinement établi, il devient clair que le golf sans peur représente la foi en une vision. Ici, tout ce qui s'avère perceptible devient possible, tout est réalisable. Jouer sans peur ne signifie pas que l'on se sent capable de faire n'importe quoi, mais que l'on sent que tout ira bien, quoi que l'on fasse. La subtilité est importante ici : je ne me jette pas du toit de ma maison dans l'espoir de voler, mais je descends d'une échelle sans aucune peur, parce que j'ai appris à monter et à descendre d'une échelle. Je ne doute pas tout à coup de ma capacité à le faire, car mes expériences passées et l'attention que je porte à la tâche me donnent la confiance requise pour entreprendre cette action.

De la même manière que le golfeur confiant qui ne possède pas les habiletés nécessaires se voit voué à l'insuccès, celui qui est fort techniquement, mais trop peu confiant, risque de voir le doute de soi venir saboter sa capacité de maximiser ses habiletés. L'auto-efficacité constitue le sentiment qui apaise l'esprit, lubrifie la turbine et permet au golfeur de se concentrer, sans être embêté par la peur.

Ces croyances agissent aussi comme une lentille à travers laquelle nous pouvons voir le monde et la place que nous y occupons. Par exemple, nous rencontrons tous des obstacles, mais tout le monde ne les interprète pas de la même façon. Pour certaines personnes, les obstacles représentent des espèces de murs gigantesques qui apparaissent soudainement et qu'on ne peut pénétrer ni contourner. Pour d'autres, le même obstacle sera perçu comme un défi à surmonter, ou encore comme une bosse de ralentissement à franchir.

Au golf, le sentiment d'auto-efficacité influence la manière dont un joueur perçoit et interprète les obstacles qu'il rencontre inévitablement. Ses croyances ont un impact sur sa façon de réagir à ces obstacles. Sera-t-il paralysé par ces derniers ou saura-t-il persévérer devant l'adversité qu'ils représentent ? Parce que le golfeur ne peut toujours réussir, son sentiment d'efficacité influence également sa rapidité et son état d'esprit quand vient le temps de se relever de l'erreur et de la déception, et qu'il lui faut traverser l'inévitable période de malchance. Et bien sûr, sa confiance de pouvoir atteindre des objectifs précis l'aide à établir ses propres objectifs.

Gary Player et sa solution à 105 pour cent

Quiconque manque de motivation, a cessé de rêver ou aurait besoin d'un rehaussement de son sentiment d'efficacité personnelle, devrait passer un moment auprès de Gary Player. En plus d'une carrière remplie d'extraordinaires réalisations, Player constitue un exemple du pouvoir de la pensée positive. Depuis le début ou presque de sa carrière et à travers toutes les étapes de celle-ci, Player fut animé d'une croyance profonde en ses propres possibilités. Il prit en main le plein contrôle de son potentiel. Player, avec une taille d'un mètre soixante-dix, n'était pas considéré comme un golfeur très doué sur le plan physique. Il était simplement trop petit pour être un grand. Il n'appartenait pas à une famille de golfeurs célèbres. Son père travaillait dans les mines de l'Afrique du Sud, et Player s'immisça dans le monde du golf par la petite porte et non par la grande. En outre, son élan n'avait rien de l'élan idéal, pas plus d'après les standards d'aujourd'hui que selon ceux de n'importe quelle autre époque.

Player était en revanche un travailleur acharné, particulièrement dans le jeu court. Il lui arrivait régulièrement de ne quitter la fosse de sable d'exercice qu'après avoir expédié trois balles dans la coupe. En outre, longtemps avant que cela ne devienne pratique courante dans le jeu, Player pratiquait activement la musculation, désireux d'améliorer ses chances de réussite en étant plus fort et en meilleure forme que ses adversaires. Mais le point culminant de son approche du golf demeurait son infatigable perspective positive sur les choses. Il ne se laissait simplement jamais abattre, peu importe les obstacles rencontrés. Il affirme d'ailleurs n'avoir jamais craint les difficultés. Ses paroles sont propres à l'inspiration.

Les gens qui résistent et tentent d'éviter l'adversité se trompent eux-mêmes. C'est dans sa façon d'affronter l'adversité que l'on se définit comme personne, comme golfeur et comme champion. Je vois souvent des gars laisser les plus petites choses les ébranler, détruire leur confiance et saper leur motivation. Je dis : « Vas-y, joue et montre un peu de courage, mon vieux ! Ça fait partie du jeu que de traverser des moments difficiles. Et je pense que c'est fait comme ça pour éliminer les plus faibles. Personne ne passe du bon temps tout le temps, alors, lève-toi et va te battre ! Montre-moi un peu de courage ! Montre-moi un peu de patience. Montre-moi un peu de détermination, bon sang ! »

Originaire de l'Afrique du Sud à l'époque de l'apartheid, Player subissait fréquemment les attaques des spectateurs, qui l'interpelaient, lui lançaient des glaçons ou même des agendas par-dessus le cordon de sécurité durant ses tours de jeu. Mais il ne se laissait pas déstabiliser. Il gagna cent soixante-trois fois au cours de sa carrière et remporta neuf titres majeurs. Il fait partie des cinq golfeurs ayant remporté le Masters, le U.S. Open, le British Open et le Championnat de la PGA au moins une fois chacun. Son nom figure au

Panthéon du golf mondial. Et tout cela débuta par un solide sentiment d'auto-efficacité.

« Sur une échelle de 1 à 100, je dirais que ma confiance se situait habituellement à 105 ! », me confia-t-il récemment.

Ah ! Je crois que c'était là mon plus grand atout. Je repense à ma victoire au British Open à Carnoustie, en 1968. Je n'ai commencé à bien jouer que vers les dix heures trente la nuit précédant le tournoi. J'étais au tertre d'exercice à dix heures trente quand tout à coup, j'ai trouvé quelque chose. J'ai trouvé ! Après quoi, j'y suis allé et j'ai remporté le tournoi. J'ai trouvé au dernier moment — au tout dernier moment —, parce que je croyais fermement que malgré mes ennuis, je trouverais. J'avais refusé de perdre ma confiance en moi-même. Il ne faut jamais cesser d'y croire, parce que si vous ne disposez pas de cette confiance, personne ne vous en fera cadeau. On essayera même de vous la faire perdre. Alors, même lorsque je ne frappe pas de bons coups, je me dis toujours : « Le vent peut changer à tout moment. Accroche-toi ! »

Pour résumer ses découvertes sur la relation qui existe entre l'auto-efficacité et la performance, Frank Pajares, éducateur reconnu et professeur d'efficacité personnelle, expliqua ceci :

Le sentiment d'auto-efficacité concerne autant l'apprentissage de la réussite que celui de la persévérance devant les obstacles. L'auto-efficacité ne procure pas les habiletés requises pour réussir ; elle facilite l'effort, la persévérance

et les schèmes de pensée adaptative qui s'avèrent nécessaires à l'acquisition de ces habiletés. Ce serait donc une
erreur que d'essayer d'éviter à une personne l'expérience
d'un échec certain. Car au fond, l'échec représente le prix
à payer pour le succès. Il vaut mieux consacrer nos efforts
à aider les personnes à apprendre à composer avec l'échec
lorsque celui-ci se révèle inévitable.

Les revers et les déceptions sont inévitables, surtout
au golf, et le golfeur qui permet aux passages difficiles de
l'empêtrer dans l'inquiétude et les frustrations finira par
limiter son potentiel. Le développement des croyances qui
permettront de mieux composer avec l'échec constitue un
ingrédient clé de la marche vers la réussite.

Plusieurs golfeurs débutants se trompent lorsqu'ils
croient qu'en échouant, ils seront diminués ou embarrassés
(signes d'un golfeur d'ego). Pour eux, l'échec doit à tout prix
être évité. Pourtant, des entrevues que j'ai réalisées auprès
de quelques-uns des meilleurs joueurs du circuit de la
PGA m'ont permis de constater que ces golfeurs non seulement savent accepter l'échec, mais qu'ils se poussent aussi
constamment et suffisamment fort afin d'éprouver leurs
limites. Ces modèles de réussite considèrent simplement
chaque défi rencontré comme un obstacle à surmonter ou
une nouvelle montagne à gravir. Ils croient fermement que
le fait d'échouer signifie qu'ils se donnent avec la bonne
intensité. Cette pensée s'accorde avec l'observation de Robert
Kennedy selon laquelle «seuls ceux qui sont prêts à risquer
un grand échec peuvent accomplir de grandes choses».
L'approche de maîtrise de ces golfeurs les amène à voir le
golf comme une expérience continue d'apprentissage. L'échec
constitue pour eux une partie intégrante de l'apprentissage

et un ingrédient crucial du processus d'amélioration. Ils seraient tout à fait d'accord avec la remarque de l'auteur Samuel Beckett : « Essayer. Rater. Essayer encore. Rater encore. Rater mieux. »

Le sentiment d'auto-efficacité donne au golfeur les moyens de reconnaître et de surmonter efficacement les obstacles qui font partie d'une ronde de golf, au lieu de simplement les ignorer ou d'essayer de les évacuer de son esprit. Et ces obstacles, les golfeurs le savent bien, se présentent sous diverses formes. Les obstacles psychologiques sont tout aussi réels que ne le sont les obstacles mécaniques, physiques ou financiers. Le golfeur qui possède un bon sentiment d'auto-efficacité trouve les moyens de réussir quand ses roulés sont chancelants, quand son jeu court est apathique, ou quand, comme Greg Norman en fit l'expérience, un coup miracle d'un adversaire vient presque anéantir toute chance de succès. En d'autres mots, pour le golfeur dont le sentiment d'auto-efficacité est solidement établi, la malchance, les mauvais passages et les périodes difficiles ne représentent pas des raisons de douter de ses chances de réussite. Au contraire, devant l'adversité, il demeure confiant de contrôler les résultats grâce à sa façon de réagir aux circonstances.

Exercice de confiance : s'attaquer aux obstacles

Le philosophe et psychologue William James soumit jadis l'idée que nous devrions tous « chaque jour ou presque, faire une chose rien que pour la difficulté qu'elle représente. » Cent années de recherche psychologique ont depuis confirmé que le fait de lutter pour surmonter les obstacles rencontrés contribue à développer la confiance.

Afin d'accroître votre confiance, obligez-vous à essayer de nouvelles choses. Vous pouvez par exemple déposer une balle à deux cent cinquante mètres du vert et tenter de l'y expédier, si vous ne l'avez encore jamais essayé. Ou bien, jouez une ronde en n'utilisant qu'un nombre restreint de bâtons. Vous apprendrez ainsi à loger la balle dans la coupe sans perdre de temps à vous demander lequel de vos fers vous permettra de frapper à 167 mètres.

Si les exercices qui précèdent ne conviennent pas au golf que vous pratiquez, faites du vert d'exercice votre course à obstacles. Comme le font les joueurs de circuit, essayez de réussir une centaine de roulés d'un mètre cinquante de suite ou de finir un trou une demi-douzaine de fois à partir d'une fosse de sable. Bien sûr, vous n'aurez jamais à réussir cent roulés d'un mètre cinquante d'affilée durant une ronde, mais dès lors que vous avez pris l'habitude d'effectuer des roulés sur cette distance, celui auquel vous aurez à vous attaquer à votre prochaine ronde ne représentera rien de nouveau pour vous. Ayant déjà appris à composer avec ce type de roulé, vous saurez alors que vous êtes capable de le réussir, et le savoir constitue le premier pas vers la réalisation.

L'auto-efficacité se manifeste clairement lorsque le golfeur se retrouve à son plus bas. Le golfeur auto-efficace ne craint pas l'échec, parce qu'il sait que son succès ultime dépend de sa capacité à composer avec cet échec. Au cours de mes discussions avec des pros de la PGA, on me parla souvent de l'importance de conserver le moral devant l'adversité. La réussite résulte de la capacité d'un joueur à apprendre à composer avec les revers, de manière à émerger plus fort que faible des difficultés rencontrées. Ainsi, les vrais compétiteurs accueillent favorablement l'adversité, car ils savent qu'elle leur offrira une occasion de s'améliorer.

Il n'existe pas de meilleure entreprise humaine que le golf pour mettre à jour les défauts d'une personne. En ce sens, le golf se veut le jeu le plus révélateur. Malheureusement, certains golfeurs sont condamnés à répéter encore et encore les mêmes erreurs, jusqu'à en perdre leur amour pour le golf. Les golfeurs qui s'entraînent n'importe comment ont tendance à mal jouer sous pression. Les golfeurs entêtés qui refusent de s'adapter se retrouvent dépassés par les innovations techniques et technologiques. Les golfeurs qui possèdent un mauvais tempérament jouent mal sur les parcours qui exigent de la patience. Il leur est difficile d'aller puiser dans ce que le psychologue américain William James appelle l' «instinct de combat», qui se révèle nécessaire pour nous permettre de mener à bien les différentes batailles de la vie. Finalement, les golfeurs qui ne trouvent pas de manières efficaces d'alimenter leur confiance en eux-mêmes sont voués à devenir des victimes du type de peur paralysante qui conduit à craquer, ce qui les amènera éventuellement à perdre leur amour pour le golf.

En fait, l'adversité procure le contexte idéal pour cultiver la force mentale. Tout comme un courant fort produit des poissons plus vigoureux et la musculation des muscles plus puissants, l'adversité favorise le développement de la force mentale. À ce propos, l'observation du professeur Frank Pajares résume bien le rôle de l'adversité au golf. Il remarque que «quand l'échec est normatif, la résilience devient une seconde nature.»

J'incite les golfeurs avec lesquels je travaille à ne pas craindre les défis et les difficultés inhérentes au golf. Je les invite à reconnaître cet aspect du jeu et à apprendre à s'y adapter le plus efficacement possible voire à s'en réjouir. Le golfeur qui ne sait pas composer avec les passages à vide, les revers mécaniques et motivationnels, les blessures et les aléas de la vie quotidienne, ne sera jamais un compétiteur de premier ordre. Dans le circuit de la PGA comme dans la vie, l'amélioration personnelle naît de l'expérience des défis rigoureux. Comme l'observa Albert Bandura, professeur de l'Université Stanford, on ne fabrique pas un sentiment solide d'auto-efficacité en négligeant de prendre en compte les difficultés. Un sentiment réel d'auto-efficacité exige que l'on connaisse les difficultés potentielles et que l'on ait confiance de pouvoir les surmonter. Il faut accueillir favorablement les moments difficiles et les considérer comme un investissement en vue d'une réussite subséquente.

Nietzsche et Chris DiMarco

Normalement, c'est avec le recul que l'on peut mesurer les bénéfices de l'adversité. Peut-être devrions-nous apprendre à nous consoler de savoir que les temps durs nous rendent plus forts. Il nous faut le croire.

Le philosophe existentialiste Friedrich Nietzsche ne se fit pas connaître en tant que motivateur, mais sa compréhension et son évaluation du pouvoir de la difficulté et de la lutte se révèle plus frappante et plus concise que tout ce qu'a pu écrire Tony Robbins. Bien que l'on ait trahi le sens de ses paroles au fil du temps, lorsque Nietzsche écrivit que «Ce qui ne nous tue pas nous rend plus forts», il voulait dire par là que les temps difficiles alimentent le succès.

Chris DiMarco n'est peut-être pas très familier avec Nietzsche, mais il connaît bien le pouvoir de la persévérance. «Pour être tout à fait franc», me dit-il,

la chose la plus importante est de savoir reconnaître ses erreurs. Si tu te dissimules les vraies raisons de tes défaites, et que tu n'identifies pas vraiment ce qui t'empêche de réussir, je ne pense pas que tu pourras t'améliorer. Il faut apprendre de ses erreurs. Je crois que c'est ce que je viens de faire. Et je dois l'admettre, en 1995, je n'avais pas la maturité nécessaire pour y arriver. J'avais perdu ma carte, ma femme était enceinte de notre premier enfant et je ne pouvais même plus jouer au golf, alors, je restais à la maison. Mais avec le recul, je dois avouer que ce fut une bonne chose, puisque c'est à ce moment que j'ai appris à effectuer les roulés comme je les réussis aujourd'hui.

Il n'est pas facile de considérer le découragement comme une porte vers l'espoir, mais essayez de l'envisager sous cet angle. L'histoire se trouve de votre côté.

Le sentiment d'auto-efficacité agit tel un tampon entre le golfeur et ses doutes personnels durant les moments éprouvants que traversent tous les golfeurs. Lorsque la partie devient difficile, l'idée de frapper un bon coup semble souvent aussi « peu faisable que la possibilité de me mettre à voler à travers la pièce en battant des bras », comme l'illustra un jour Ernie Els. Des golfeurs comme lui ont sans cesse pris modèle sur Lance Armstrong dans sa lutte contre le cancer et ont « eu foi dans le pouvoir de la conviction

simplement parce que c'était la meilleure chose à faire ».
Ils ont puisé dans leurs croyances en leurs habiletés afin de
surmonter les obstacles et ensuite atteindre des degrés
remarquables de réussite.

La grande majorité des golfeurs n'auront jamais l'occasion de disputer une partie pour la veste verte ou le Claret
Jug. Néanmoins, tous les golfeurs se ressemblent sur le plan
fondamental : ils s'efforcent de devenir meilleurs dans la
pratique d'un sport qu'ils aiment ; ils se battent contre des
montagnes engendrées par la nervosité et par les convul-
sions et les accès de mauvais jeu qu'ils n'arrivent pas immédiatement à comprendre ; ils perdent leur calme ; ils luttent
contre le doute personnel et le tremblement des mains. Que
votre but soit de remporter un tournoi majeur ou simplement d'améliorer votre jeu, aucun des deux n'est facile. Mais
soyez assuré que vous n'êtes pas seul à livrer cette bataille,
et sachez que votre manière de vous contenir au pied de la
montagne décidera de la hauteur de votre ascension.

Jouer horriblement bien

Lorsqu'il fit paraître *Les principes de base du golf moderne*,
Ben Hogan contribua à changer le regard que portaient la
plupart des gens sur le golf. En expliquant que la différence
entre un bon golf et un excellent golf se situe davantage
dans la qualité des mauvais coups que dans celle des bons
coups, il permit à des millions de golfeurs de devenir plus
indulgents envers eux-mêmes par rapport à leurs coups

ratés. Ce faisant, ils ont également appris à ne pas s'attarder à leurs mauvais coups, apprenant plutôt à les dépasser.

C'est cette connaissance fondamentale, en vertu de laquelle le golf constitue un jeu inconstant qu'il faut jouer à l'intérieur de soi-même et selon ses habiletés du moment, qui caractérise mentalement les golfeurs solides. Les grands golfeurs comprennent qu'ils connaîtront forcément des performances moins éclatantes, de telle sorte qu'ils s'adaptent en conséquence. Meilleurs sont les coups, meilleures seront les erreurs, à tel point que dans les matchs du circuit de la PGA, les coups manqués sont rarement vraiment mauvais. Les grands golfeurs, ou ceux qui souhaitent maximiser leur potentiel, doivent maîtriser l'art de ce que Jack Nicklaus appelait «jouer horriblement bien».

C'est ici que l'auto-efficacité entre réellement en considération, car l'une des choses les plus difficiles au golf est d'apprendre à faire confiance à son élan dans un moment où l'on ne frappe pas particulièrement bien. En effet, la réaction naturelle à un mauvais coup consiste à essayer de changer quelque chose à son élan ou à devenir hésitant et à tenter de s'élancer avec plus de prudence. Un grand pas en avant sur la route de l'excellence se produit lorsque le golfeur comprend qu'il peut intégrer la prudence à son jeu plutôt qu'à son élan. Vous pouvez être plus prudent dans le choix de vos cibles, mais ne soyez pas hésitant dans votre élan. Il s'agit d'un équilibre mental délicat, bien sûr, mais voici ce que cela signifie plus simplement : frappez les coups que vous savez pouvoir frapper.

Visualisez la situation suivante : à votre coup de départ, votre balle atterrit à deux cent vingt mètres d'un vert gardé par de profondes fosses de sable. Le coup d'approche le plus long que vous ayez réussi au cours des deux derniers mois était de cent trente-cinq mètres. Serait-ce une bonne idée que d'essayer un coup en hauteur à l'aide d'un bois 3 ? Pas vraiment. Pourtant, nous sommes plusieurs à contempler un tel coup. Si vous choisissez d'exécuter votre coup avec le bois 3, faites-le avec détermination, avec le sentiment que vous pouvez y arriver. En revanche, frapper quelques fers jusqu'au milieu du vert et deux roulés pour obtenir un boguey constitue une bonne façon de minimiser les dégâts, et vous pourrez peut-être ainsi conclure votre trou avec un cinq au lieu d'un sept. De plus, le stress de la possibilité d'une autre mauvaise entrée sur la carte de pointage se voit réduit. C'est ce qui s'appelle jouer horriblement bien.

À l'instar de Ben Hogan, Tiger Woods reconnaît l'importance de minimiser la gravité des coups manqués. Quand je demandai à Tiger quelle partie du jeu se révélait la plus difficile pour lui, il répondit :

> Eh bien, c'est intéressant. Si vous frappez de bons coups, les gens pensent que vous êtes mentalement fort parce que vous jouez bien. Mais je pense que c'est lorsqu'un joueur éprouve des difficultés que l'on voit vraiment de quel bois il est fait. Est-ce qu'il saura ou non remonter la pente et se battre pour gagner ? Je crois que Gary [Player] et Jack Nicklaus étaient excellents à ce chapitre. C'est ce que font les grands champions. Quand on connaît une mauvaise journée, pour rester dans la course ou conserver son avance, il faut essayer de limiter les dégâts.

L'auto-efficacité et la récupération

Dans les sciences naturelles telles que la biologie et l'écologie, la vitesse de récupération d'un organisme après avoir subi un dommage représente le principal indicateur de son état de santé. Par exemple, la santé d'écosystèmes tels que les récifs de coraux, les forêts et les prairies, se mesure par la vitesse à laquelle ils se remettent d'un dommage environnemental comme le feu ou la pollution. De la même manière, dans le corps humain, les muscles les plus sains sont ceux qui récupèrent le plus rapidement après l'effort. Les muscles faibles, quant à eux, prendront parfois jusqu'à plusieurs semaines pour récupérer, tandis que les muscles forts traversent rapidement le processus de récupération.

Le même principe s'applique aux coureurs sur piste, aux nageurs, aux cyclistes, aux coureurs de fond et aux autres athlètes qui pratiquent des sports impliquant un entraînement cardio-vasculaire. Pour le néophyte, quelques minutes de course à pied dans le voisinage peuvent occasionner non seulement des douleurs musculaires, mais également une fatigue cardio-vasculaire. Normalement, le coureur qui s'entraîne régulièrement remarque deux choses. D'abord, il constate, au fil de ses périodes d'entraînement, qu'il peut courir de plus en plus longtemps. Ensuite, et c'est encore plus vrai pour l'athlète d'élite, il s'aperçoit qu'il récupère plus rapidement de la fatigue après l'entraînement. S'il faut, en règle générale, autour d'une minute au rythme cardiaque pour revenir à la normale, les pulsations cardiaques de l'athlète d'élite commencent à chuter presque immédiatement après l'effort, et il récupère rapidement.

L'esprit d'un golfeur en forme manifeste des aptitudes récupératrices comparables. Le golfeur psychologiquement résilient qui a confiance en lui-même ainsi qu'en ses habiletés, se montre capable de récupérer rapidement dans toutes les facettes du jeu. Quand il commet une erreur, il a la capacité de ne plus y penser et de se concentrer pleinement sur son prochain coup. En fait, la clé de sa récupération réside dans son habileté à se concentrer immédiatement sur ce prochain coup. Encore une fois, souvenez-vous de l'importance de la question : « Quelle est ma cible ? » Au lieu de se demander « Mais comment ai-je bien pu faire une erreur pareille ? », ce joueur passe au trou suivant, tandis que le golfeur psychologiquement immature et dur envers lui-même s'attarde sur ses erreurs, laissant les pensées négatives, le doute personnel et la colère affecter son jeu. Il s'appesantit sur ses fautes et sur les circonstances. Il se pose de mauvaises questions et se laisse accaparer par ses erreurs. Il ne récupère pas rapidement. Souvent même, il ne récupère pas du tout.

Les paroles d'un champion :
Justin Leonard, British Open 1997

Justin Leonard remporta le British Open 1997, disputé au Royal Troon, avec un pointage de 65 lors de la ronde finale, lui qui, à un certain moment, accusait cinq coups de retard sur les meneurs. Honnêtement, il n'aurait peut-être pas gagné avec un tel pointage dimanche sans sa solide préparation en vue de cet événement : il s'était entraîné en solitaire, avec intensité et concentration. Arrivé en Écosse une semaine à l'avance, il avait pu s'entraîner chaque jour sur le parcours.

Il savait donc à quoi s'attendre quand les conditions se compliquaient et que le parcours devenait plus difficile. Cette résolution le servit bien le samedi lorsqu'il prit de l'arrière avec une ronde au-dessus de la normale. Il s'accorda un temps supplémentaire de pratique après sa ronde, et ce soir-là, il fut le dernier joueur à quitter tardivement le vert d'exercice. Le lendemain, il avait un quelque chose de plus que les autres joueurs n'arrivaient pas à trouver. Randy Smith, son entraîneur, connaissait bien ce cran qu'il affichait. Après la remontée de son élève survenue en cette journée de juillet, Smith déclara à Sports Illustrated : « Vous mettez Justin dans le feu de l'action la foule, la pression, les regards, les distractions et il devient plus fort. Mettez-le au milieu d'un ring, dans le plus grand cercle, et il sortira son sac d'astuces de golf pour vous montrer une chose ou deux. Ce jeune n'a pas peur de l'excellence. »

Les commentaires que fit Justin à la conférence de presse ce jour-là laissent croire qu'il se trouvait prêt à se donner sans réserve. Il se montrait conscient du moment, mais décidé à ne pas se laisser dominer par lui.

> Vous savez, je disais à ma famille hier soir qu'il m'est déjà arrivé de revenir de très loin.
>
> Je n'ai jamais pensé qu'il y avait trop de parcours de golf. Les gars qui disposaient d'un élan solide s'en sortiraient bien, et les gars qui avaient la perspective mentale la plus forte joueraient bien. Il faut effectuer les coups. Il faut rester patient et se dire qu'il est possible que l'on fasse quelques bogueys.
>
> Je me suis donné une bonne séance de réchauffement aujourd'hui. C'est tellement super de sortir du terrain en se sentant aussi bien, sans inquiétude à

propos de l'élan. Je me suis contenté d'y aller et de pratiquer mes coups.

Je crois que ce qui a fait la différence, c'est ma confiance en moi, la confiance que j'ai. Si je joue bien, elle grandit, et j'ai alors encore plus la conviction de pouvoir réussir dans des situations vraiment difficiles.

Pour le golfeur psychologiquement faible, même une petite erreur peut suffire à déclencher une spirale descendante. Le fait de demeurer centré sur une faute entraîne la peur d'effectuer un mauvais coup. Invariablement, un esprit occupé à penser de la sorte conduit son corps à exécuter un mauvais coup, lequel entraîne ensuite de la colère et de la frustration, des sentiments qui se transforment en une obsession pour le mauvais coup, ce qui vient saper la concentration pour le prochain coup. Le cycle est sans fin, une calamité en appelant une autre. Comme une réaction nucléaire, la spirale descendante se nourrit d'elle-même. La prophétie s'est accomplie. Et l'instigateur de tout ce désordre général peut très bien n'être qu'une réaction inappropriée à un seul mauvais coup. Comme l'admit Ernie Els : « Quand on participe à un match et que l'on est sous pression, il n'en faut pas beaucoup pour désarçonner le joueur mentalement faible. Vraiment pas beaucoup. »

Deux choses ressortent de l'évaluation que font les golfeurs du circuit de la PGA au sujet de leur auto-efficacité. Premièrement, ils soulignent qu'une confiance solide sert de tampon contre la pression et la peur qui tendent à casser les golfeurs moins confiants dans les situations intimidantes. Deuxièmement, les champions du golf définissent l'auto-efficacité autant par ce qu'elle *n'est pas* que par ce qu'elle *est*.

Les golfeurs confiants se montrent capables d'imaginer et de réaliser automatiquement les coups sans y penser, alors que ceux qui manquent de confiance sentent le danger dès le départ, et même le plus distant des obstacles peut suffire à déclencher chez eux l'appréhension et la peur. Une approche de maîtrise du golf contribue à réduire le nombre de situations perçues comme menaçantes, diminuant ainsi la peur ressentie.

Les golfeurs récréatifs ne se trouvent pas confrontés à la possibilité d'affronter des compétiteurs de calibre international devant des milliers de spectateurs et davantage encore de téléspectateurs. Pourtant, ils commettent la faute cruciale et inutile de s'attarder sur leurs erreurs de jeu beaucoup plus que ne le font les joueurs du circuit de la PGA, qui ont évidemment bien plus à perdre. Et comme nous l'avons vu, plus vous demeurez centré sur vos mauvais coups («Mais comment ai-je pu faire une erreur pareille?»), moins vous êtes concentré sur votre prochain coup à jouer («Quelle est ma cible?»)

Exercice de confiance : de l'instinct sur le vert

Quiconque a déjà joué au basket-ball est familier avec l'exercice qui consiste, pour un joueur, à effectuer en continu des lancers en suspension vers le panier à partir des limites extérieures de l'arche, alimenté par un partenaire qui, situé à l'intérieur, lui renvoie aussitôt le ballon. Ce qui m'impressionne dans cet exercice est de voir comment l'athlète réagit à la cible (le panier) et lance, et comment il lui est facile de trouver son rythme pour tirer encore et encore.

On peut transposer ce même état d'esprit au golf, sur le vert d'exercice. Il m'arrive souvent de voir des golfeurs avec qui je travaille pratiquer leurs roulés à un rythme soutenu à partir de différents points du vert. Ils doivent obtenir la même sensation que le joueur de basket-ball, soit celle de voir la cible et de frapper leur coup. En effectuant des roulés l'un après l'autre, le golfeur apprend à abandonner toute pensée consciente et à ne s'en remettre qu'à son instinct et à son sens du rythme. Le défi consiste à intégrer cette sensation à votre routine régulière de coups roulés. On peut constater ce phénomène dans la routine de coups roulés chez des joueurs tels que Davis Love III et Aaron Baddeley. Chacun d'eux jette un dernier coup d'œil à la cible avant de ramener les yeux sur sa balle, frappant alors sans hésiter.

Dans cet exercice, votre objectif devrait être de réagir à la cible de manière automatique et efficace, sans réfléchir. La pratique de cette habileté entraînera idéalement l'intégration de la sensation, ce qui pourra ensuite vous être utile en situation de jeu.

Le sentiment d'auto-efficacité procure la stabilité mentale permettant de conserver sa concentration, mais surtout, il fait du présent un lieu agréable, exempt de pensées négatives et de doute de soi. Jack Nicklaus représente un excellent modèle d'une auto-efficacité solide génératrice de résilience psychologique et de récupération rapide. L'esprit de Jack se trouvait toujours axé vers l'avant. Qu'il ait été à la recherche de la prochaine montagne à gravir en affaires ou en quête de la meilleure stratégie à utiliser pour son prochain coup, Jack s'en faisait rarement avec les erreurs et les échecs passagers. Son fils Gary commente en ces mots le jeu de son père : « Si mon père s'accroche à ses erreurs ? Il ne s'en souvient même pas. La plupart du temps, quand il est question de golf, il ne s'occupe pas de ses erreurs. Dans son esprit, elles ne se sont pas produites. »

Un de mes meilleurs souvenirs des dernières années illustre l'esprit incroyable de Nicklaus, de même que le rôle des questions, de l'auto-efficacité et de la récupération. J'ai entendu cette histoire un jour où je jouais avec lui et son fils Gary au Muirfield Village Golf Club de Nicklaus. C'était une ronde de golf fort plaisante, accompagnée de bavardages, de plaisanteries et de rires. Alors que nous marchions vers le seizième trou, un long par 3 flanqué d'une zone hors limite à droite, Gary me suggéra de demander à son père de me parler du tournoi Memorial 1984, lors duquel Jack frappa une balle hors limite au moment où il était le meneur dans la ronde finale. « Eh bien, commença Jack, le dimanche, je menais le tournoi par un coup sur Seve Ballesteros. Le vent soufflait de la droite, alors, j'ai décidé de jouer un léger crochet extérieur en hauteur afin de couper dans le vent. Mais comme j'ai un peu trop accentué mon effet, ma balle a atterri hors limite. »

J'étais étonné d'entendre cela, parce que tout ce que j'avais pu apprendre sur Jack Nicklaus depuis mon enfance me laissait croire qu'il n'expédiait jamais ses balles hors limite, et certainement pas dans un contexte de tournoi. Évidemment, ma curiosité professionnelle l'emporta et je lui posai la question : « Comment avez-vous réagi face à cela ? Qu'avez-vous pensé après ce coup ? » Sa réponse montre pourquoi il constitue sans contredit le meilleur golfeur compétitif de toute l'histoire du jeu. « Je n'ai pas eu le temps de m'y arrêter. J'étais trop occupé à penser à mon prochain coup. Il y avait d'autres types sur le parcours qui se disputaient la victoire, alors, je n'avais pas le loisir de me demander pourquoi la balle avait pris cette trajectoire. J'étais occupé à me demander ce que je devais faire pour gagner le tournoi de golf. » Dans le cas de Jack, le temps de récupération après une erreur était nul. Il ne s'accrochait pas à son erreur et ne se demandait pas : « Et si je perdais ce tournoi ? » Il s'immergeait immédiatement dans son prochain coup en se posant la question : « Qu'est-ce qu'il me faut faire pour remporter ce tournoi ? »

Réfléchissez aux questions qu'il faut vous poser quand votre sentiment d'efficacité personnelle se voit bousculé par les circonstances. Par exemple, après avoir enregistré un pointage de 42 au premier neuf, il est tout à fait approprié de vous demander : « Qu'elle stratégie devrais-je adopter pour arriver à jouer sous les 80 ? » Évidemment, la réponse initiale serait : « Il te faut jouer un maximum de 37 au dernier neuf. » Mais ne vous arrêtez pas là. Demandez-vous ensuite : « Que dois-je faire pour jouer 37 ? » Une autre réponse évidente : « Ne joue rien de moins que des normales. » Ici encore, il faut aller plus loin et vous demander : « Comment dois-je m'y prendre pour exécuter beaucoup de normales ? » À l'évidence, « Expédier la balle sur les allées et les verts. » Et qu'est-ce qu'un bon point de départ pour relever ce défi ? Tout simplement, vous devez vous concentrer sur la question fondamentale qui guide tous les golfeurs de maîtrise : « Quelle est ma cible ? »

L'auto-efficacité, les buts et les attentes

L'une des contributions les plus importantes des psychologues à la compréhension de la performance humaine au cours des dernières décennies concerne l'idée que les gens jouent généralement au niveau de leurs propres attentes (et parfois aussi à celui des attentes d'autrui). Ceux qui s'attendent à de bons résultats d'eux-mêmes font en général mieux que ceux qui n'ont pas d'attentes personnelles positives. Les psychologues considèrent cela comme une prédiction qui s'accomplit d'elle-même.

Voici une histoire intéressante et révélatrice qui fut menée dans les années 1970. On remit à des enseignants les noms d'élèves dont on leur avait dit qu'ils pouvaient espérer des gains considérables en habiletés intellectuelles au cours des mois suivants. On leur donna également les noms d'élèves que, pour différentes raisons, on avait identifiés comme ayant un potentiel intellectuel moindre et dont les chances de réussite étaient considérées faibles. Les enseignants ne le savaient pas, mais les noms des élèves avaient été choisis au hasard. Néanmoins, au terme de l'année scolaire, les étudiants dont on avait dit aux enseignants qu'ils étaient intellectuellement forts améliorèrent non seulement leurs résultats généraux, mais également leurs notes aux examens standardisés. Inversement, les élèves que les enseignants croyaient intellectuellement faibles ne s'améliorèrent pas. Cette expérience célèbre fut par la suite appelée «Pygmalion dans la classe» et ses résultats, l'«effet Pygmalion», d'après la merveilleuse histoire d'Eliza Doolittle dans la pièce écrite par George Bernard Shaw, *Pygmalion* (dont on fit plus tard une comédie musicale : *My Fair Lady*).

Nous savons à présent que les gens ont tendance à réussir dans les domaines où ils s'attendent à réussir, et qu'ils échouent là où ils s'attendent à échouer. Cet état d'esprit s'applique aussi au golf.

Bien sûr, des attentes et des objectifs élevés sont intimement liés à un solide sentiment d'efficacité personnelle. La vérité est que les gens en général, et les golfeurs en particulier, sont habituellement capables de beaucoup, beaucoup plus que ce dont ils se croient capables. Il s'agit d'une condition préalable pour faire passer votre jeu au prochain niveau (par exemple, jouer sous les 90 ou réussir davantage d'oiselets). Vous devez d'abord vous sentir à l'aise avec l'*idée* elle-même de passer au prochain niveau.

La recherche en psychologie démontre de façon concluante que la performance se voit améliorée lorsque les objectifs établis sont élevés mais atteignables, spécifiques plutôt que vagues, et mesurables plutôt que subjectifs. C'est ce que Annika Sorenstam a appris de son entraîneuse et professeure Pia Nillson, qui fut son guide tout au long de son développement sur l'équipe nationale de Suède. Nillson inculqua l'idée d'objectifs spécifiques et puissants pour chaque saison, chaque tournoi et, surtout, pour chaque ronde de golf. Nillson se faisait un devoir de s'attaquer à la structure des croyances afin que les joueurs puissent hisser leur potentiel à des niveaux plus élevés. La partie essentielle de sa technique résidait dans une idée appelée Vision 54, à savoir une croyance en la possibilité de réussir un oiselet à chaque trou. Elle déclara un jour : «Dès que l'on y croit, et c'est le cas d'Annika, ça devient possible. Être l'entraîneuse d'une joueuse pareille, c'est un rêve devenu réalité. Annika pose continuellement des questions, et il y a une grande confiance mutuelle entre nous. Lorsqu'elle a joué 59, nous savions que c'était un pas de plus vers le 54.»

Des objectifs comme ceux-là apportent de la motivation à l'entraînement et fournissent un standard de mesure des progrès réalisés. Ils aident également à garder l'esprit centré sur la tâche à accomplir. Les golfeurs qui possèdent un sentiment élevé d'auto-efficacité établissent normalement des objectifs plus élevés que ne le font les golfeurs dont le sentiment d'auto-efficacité est bas. Réfléchissez-y un peu : quand des golfeurs sont d'habiletés égales, ce sont en général ceux qui disposent d'une plus grande confiance dans leurs habiletés qui établissent les objectifs les plus hauts. De telles attentes les pousseront à travailler plus fort et à demeurer confiants dans la poursuite de ces objectifs. Il n'est pas rare que l'interaction entre une grande auto-efficacité et des objectifs élevés déclenche une prédiction qui s'accomplit d'elle-même, et par laquelle un golfeur prend davantage conscience de son plein potentiel.

On n'a qu'à penser à Tiger Woods, qui fit son entrée sur la scène du golf en 1996 avec l'objectif de remporter chacun des tournois auxquels il participerait. Bien que de nombreux experts et analystes l'aient qualifié d'arrogant et d'irréaliste, Tiger se montrait inébranlable dans son engagement envers ce but. Il déclara :

> Quand je me présente à un tournoi, mon objectif premier est de gagner. Faire tous les efforts qu'il faudra pour y arriver, mais gagner. Il n'y a rien de mal à se fixer des objectifs très élevés et à essayer de les réaliser. C'est la partie amusante. On peut ne pas toujours arriver à les atteindre plusieurs de mes objectifs m'ont échappé, mais il est toujours plaisant d'essayer de le faire. C'est ma façon de voir les choses. J'ai toujours été comme ça.

Ses paroles reflètent curieusement celles d'un homme dont Woods aimerait battre les records, Jack Nicklaus. Celui-ci ne se hissa pas au sommet du golf par accident ni par intervention divine. Nicklaus était manifestement très talentueux, mais de son propre aveu, pas beaucoup plus que d'autres bons golfeurs de son époque. Jack ne se distinguait pas des autres par ses habiletés, mais bien par sa croyance en ce qu'il pouvait faire avec les habiletés qu'il possédait.

Pour moi, tout s'est joué autour de la confiance que j'avais en moi-même. Et j'ai toujours cru en mes possibilités. Lorsque je ne jouais pas mon meilleur golf, je devais enraciner ma confiance non pas dans mes coups, mais dans ma capacité de contrôler mon esprit et mon jeu. Alors, quand il m'arrive de ne pas jouer mon meilleur golf, je me souviens de ça. Je sais quel est mon meilleur golf et je sais quels sont mes meilleurs coups. Si je ne frappe pas de bons coups, je dois m'organiser pour jeter la partie de ma ronde qui n'a pas fonctionné et repartir avec ce qu'il me reste en tentant de maximiser mon potentiel. Certains diront qu'il s'agit d'une optique négative, mais ça ne l'est pas. C'est vraiment la confiance, parce que dès que je comprends où j'en suis dans mon match, je peux le gérer mieux et jouer les bons coups, en sachant quand prendre des risques et quand être patient.

Quelqu'un pourrait lire cette section et se dire : « Bon, eh bien, d'accord ! Je vais simplement me fixer des objectifs stimulants, et le tour sera joué. » Toutefois, ce serait passer à côté d'un élément essentiel. Les objectifs stimulants et les attentes élevées se révèlent essentiels au succès ultime dans toute entreprise, mais on ne doit pas non plus déclarer arbitrairement : « Je vais me fixer des objectifs élevés », car ceux-ci doivent toujours être enracinés dans la confiance que l'on peut les atteindre. Et le simple fait de savoir qu'il importe d'être confiant ne suffit pas à lui seul pour avoir un impact significatif sur l'amélioration et sur la performance ultime. Le facteur clé dans l'amélioration des résultats d'un golfeur consiste à connaître la façon de passer de ce savoir à celui du développement de cette confiance et de la capacité à demeurer confiant dans les matchs conçus pour éprouver cette confiance à chaque tournant. Cela devient donc notre question centrale : comment demeurer déterminé et pleinement confiant dans un jeu conçu pour mettre cette confiance à l'épreuve à chaque tournant ?

Il faut comprendre que contrairement à ce qu'il peut parfois paraître, l'auto-efficacité n'arrive pas avec un vent du nord pour continuer ensuite sa route vers le sud. Une fois établie, l'auto-efficacité se veut un état relativement stable susceptible de se transformer en une profonde habitude mentale. Quand elle vient et repart, cela se produit pour des raisons clairement compréhensibles, et ces raisons se trouvent associées à quatre types d'expériences très évidentes. Afin de comprendre ces dernières, et pour comprendre par le fait même votre propre sentiment d'auto-efficacité, prenez d'abord un instant pour mettre sur papier une situation dans laquelle vous vous sentez extrêmement confiant. De la même manière que vous l'avez fait au chapitre sur les buts de la maîtrise et de l'ego, prenez le temps de noter une activité que vous pratiquez avec une grande confiance (par exemple : conduire une voiture à l'heure de pointe, exceller à votre travail, prononcer un bon discours, bien élever vos enfants, ou jouer au golf). Ensuite, j'aimerais que vous dressiez la liste des quelques raisons qui font que vous exécutez cette activité avec tant de confiance. Allez-y, prenez un instant pour réfléchir à la source de votre confiance. Forcément, vous êtes confiant pour des raisons précises. Quelles sont-elles ?

Je dirais que votre confiance s'explique probablement par l'un de quatre types clés d'expérience. Premièrement, la plupart des gens sont confiants pour avoir déjà connu le succès dans ce contexte. Deuxièmement, il est possible que des gens vous aient déjà fait remarquer combien vous excelliez dans cette activité, et peut-être ont-ils fréquemment vanté vos qualités à ce niveau. Troisièmement, vous avez vu d'autres personnes faire certaines choses, et vous savez que vous les faites aussi bien, sinon mieux que la majorité d'entre elles. Quatrièmement, vous savez à quel point vous vous sentez bien quand vous effectuez ces choses. Peut-être vivez-vous des émotions exaltantes, ou bien vous sentez-vous gonflé à bloc lorsque vous pratiquez ces activités. Ainsi, votre confiance se trouve en partie ancrée dans le sentiment agréable qui s'empare de vous quand vous réalisez ces choses.

Il s'avère intéressant de constater que les mêmes raisons s'appliquent aux activités pour lesquelles nous sommes peu confiants (ou dans les moments où notre confiance devient chancelante). Nous manquons de confiance quand nous avons connu des échecs importants ou des insuccès dans une activité particulière. Les commentaires négatifs formulés par certaines personnes à propos de notre rendement dans une activité donnée possèdent aussi le pouvoir d'ébranler notre degré de confiance. Nous pouvons persévérer pendant un certain temps, mais si un nombre suffisant de voix font remarquer nos faiblesses, nous nous mettons alors à douter de nous-même. Lorsque nous voyons d'autres individus effectuer avec facilité des tâches qui nous sont impossibles à réaliser ou que nous ne pouvons réussir qu'au prix d'efforts considérables, il est compréhensible que nous puissions douter de nos chances de réussite dans ce domaine ou encore dans un domaine similaire. Enfin, si nous devenons tendus ou anxieux devant la possibilité d'exécuter une tâche en particulier, nous savons que notre corps nous envoie un signal que notre esprit ne décode peut-être pas immédiatement. Nous ne sommes pas toujours en mesure d'expliquer pourquoi, mais il nous est pénible de prendre part à cette activité.

L'auto-efficacité trouve toujours sa source dans ces types d'expériences. En termes spécifiques et techniques, l'auto-efficacité se retrouve enracinée dans un ou plusieurs des quatre éléments suivants :

1. des expériences de maîtrise ;
2. des apprentissages vicariants (ou «par observation») ;
3. des persuasions verbales ;
4. des états psychologiques.

La compréhension de ces sources révèle pourquoi un discours d'encouragement tantôt nous remontera le moral, et tantôt n'aura aucun effet ; pourquoi, après la réalisation d'une performance supérieure à celles de nos adversaires, nous nous sentirons à tel moment plus confiant et à tel autre moment en perte de confiance ; pourquoi un rythme cardiaque accéléré indiquera dans tel contexte que nous sommes motivés, et dans tel autre que nous sommes décontenancés.

Les expériences de maîtrise

Il est logique que le degré de confiance que nous possédons dans notre habileté à réussir une activité particulière soit fortement influencé par le niveau de réussite que nous y avons connu antérieurement. Les golfeurs qui connaissent du succès sont le plus souvent des golfeurs confiants. Ne vous y trompez pas : la victoire demeure le plus puissant des amplificateurs de confiance, un fait indéniable auquel aucune théorie psychologique ne peut changer quoi que ce soit. Les gagnants savent ce qu'exige la victoire. D'ailleurs, leur sentiment d'auto-efficacité s'intensifie dès le moment où ils prennent conscience de ce qu'il faut pour gagner.

Inversement, nous le savons tous, rien ne s'avère plus efficace qu'une défaite pour miner votre confiance. Et cet effet se veut encore plus dévastateur chez les personnes dont le niveau de confiance est déjà bas, car elles sont vulnérables aux sentiments autodestructeurs qui accompagnent habituellement l'échec. Dans le golf compétitif, en situation de déclin passager, le golfeur recrue, incertain de ses compétences, se trouve beaucoup plus sujet à subir l'envahissement des pensées débilitantes et du doute personnel, que ne l'est le golfeur vétéran ayant déjà traversé et surmonté des déclins similaires par le passé. Pour le joueur habitué à douter de lui-même, les cuts manqués, les allées, les coups d'approche et les roulés ratés s'inscrivent profondément dans son esprit.

Le golfeur de calibre moyen est particulièrement sensible à ce schème de pensée négative, puisqu'il ne dispose pas du bagage de succès qu'ont accumulé les joueurs plus expérimentés. Selon moi, le défi du golfeur moyen consiste à réduire l'amplitude de son éventail de pensées. Il doit apprendre à se souvenir de ses bons coups, de sorte que durant les moments cruciaux, ce soit ceux-là qui lui viennent à l'esprit.

Le joueur dont la confiance se trouve ancrée dans une quantité considérable de succès antérieurs ne se voit pas hanté par de telles peurs quand la tension monte. Ses succès ont contribué à nourrir son sentiment d'auto-efficacité au point où ce sentiment le protège en quelque sorte contre le doute de soi, la peur et la panique.

Évidemment, ceux à qui le succès sourit facilement doivent aussi se tenir sur leurs gardes. L'échec est d'autant plus difficile à digérer que l'on est habitué à des résultats rapides et à des réussites faciles. Une confiance résiliente requiert une expérience éprouvée dans l'art de surmonter les obstacles par un travail constant et des efforts soutenus. Les difficultés, les reculs et les chutes douloureuses provoqués par la poursuite de nos objectifs peuvent s'avérer fortement énergisants, car ils nous enseignent la valeur (et les coûts) de la réussite que nous connaissons en bout de ligne. Ces défis nous offrent simplement l'occasion d'apprendre comment transformer un échec en succès par l'amélioration de nos habiletés, et comment faire mieux la prochaine fois. Dès que nous avons appris à nous relever de nos échecs, les revers subséquents se voient tout bonnement interprétés comme des tremplins vers de futurs succès. Comme l'observa le sage Confucius : « Notre plus grande gloire n'est pas de ne jamais tomber, mais de se relever après chacune de nos chutes. »

Quand notre mémoire se trouve saturée par les souvenirs de nos échecs, de nos pertes et de nos revers passés, il est peu probable que nous aurons confiance dans nos efforts pour surmonter les obstacles rencontrés durant un tournoi de golf, qu'il s'agisse d'atteindre une allée étroite ou de réussir un coup roulé capital. À l'inverse, quand notre mémoire se voit truffée de succès et de victoires, nous ne ressentons ni appréhension ni peur devant les tâches difficiles. Au lieu de cela, notre subconscient nous envoie un message disant quelque chose comme : « Tu as déjà réussi ceci. Tu en es capable. Tu n'as pas à t'inquiéter, tout va bien. Tu n'as qu'à reproduire ce que tu as fait la dernière fois. » En effet, il n'y a pas meilleure source de renseignements sur nos capacités que le souvenir de nos performances réussies dans des contextes similaires, ces expériences constituant le sentier qu'il nous faut suivre.

Un golfeur qui se retrouve devant un difficile fer 7 dans une situation délicate se sent confiant et calme, ou encore nerveux et inquiet, selon qu'il a bien fait ou non dans le passé dans des contextes semblables. S'il a connu de bonnes expériences dans des situations comparables, son cerveau lui envoie alors un signal positif du genre « tout va bien », qui s'accompagne le plus souvent d'une concentration, d'une sérénité et d'une détermination qui rendront possible la répétition du coup préalablement réussi.

En revanche, le golfeur dont les expériences en pareilles situations se sont soldées par des déceptions, sentira l'anxiété paralysante que créent ces situations tendues. Bien qu'il puisse se dire consciemment de demeurer confiant ou de demeurer dans le moment présent, son habileté à frapper efficacement des coups se trouve brouillée par les images des coups qu'il a précédemment manqués dans des conditions similaires. Le cerveau envoie alors un message de panique, et peu après, le joueur est susceptible de se mettre à se poser de mauvaises questions du type : « Et si je flanchais encore une fois ? » Ses visualisations n'étant faites que d'images de désastre, sa tête se met bientôt à s'affoler, suivie de son corps.

Les golfeurs appellent souvent cela « se nuire à soi-même ». Lorsque les joueurs pensent trop ou que leurs pensées conscientes interfèrent avec leurs processus automatiques inconscients, on peut en général parler d'une auto-efficacité faible. Je ne saurais suffisamment souligner que le seul fait de rester dans le présent ne prémunit pas les golfeurs contre les expériences de ce genre. Après une série de revers et d'échecs, le présent peut se révéler riche en panique et en inquiétudes, de telle sorte que le fait de demeurer dans le présent ne représente pas à lui seul une solution. Tandis que le présent constitue le meilleur lieu temporel, la confiance se voit invariablement ancrée dans les expériences passées. Nous avons besoin de nous appuyer sur quelque chose.

Le joueur qui arrive à se tirer d'une situation délicate peut voir grandir son sentiment de confiance, alors que celui qui cumule des résultats décevants risque de perdre confiance en sa capacité d'effectuer des coups qu'il a pourtant la compétence de réussir. Si on lui laisse libre cours, l'échec peut prendre toute la place. Trop souvent, les revers et les déceptions ouvrent la porte au doute de soi et à ses fâcheuses conséquences. Souvenez-vous de la légende du football Vince Lombardi, qui déclara : « Gagner devient vite une habitude ; perdre aussi, malheureusement ».

En effet, gagner et perdre peuvent tous deux devenir ce que William James appela les « habitudes mentales », dont chacune se trouve enracinée dans les croyances que nous développons et qui nous guident à travers les moments pénibles et les temps perfides.

Tous les golfeurs connaîtront un jour ou l'autre des moments difficiles. La différence réside dans le fait que certains d'entre eux oublieront rapidement ces échecs, alors que d'autres y resteront accrochés longtemps après qu'ils se seront produits. Or, s'éterniser sur ses expériences fâcheuses équivaut à se repasser mentalement et sans cesse le film de son échec. En s'attardant sur ses échecs, le golfeur risque de déclencher un cycle de doute de soi résultant en des performances modestes dont il apprend parfois à se satisfaire. Cela me rappelle le commentaire que fit Hogan au sujet de sa propension à conserver un souvenir plus vif de ses mauvais moments que de ses bons moments. Cette tendance contribua assurément à sa perte d'efficacité dans l'exécution de ses coups roulés à la fin de sa carrière. Un sentiment faible d'auto-efficacité amène le golfeur à se poser les mauvaises questions, celles qui entraînent les peurs, les tensions et l'incertitude qui viennent saboter l'élan de golf et qui résultent en de mauvais coups qui contribueront à affaiblir encore davantage le sentiment d'auto-efficacité, alimentant ainsi le doute personnel. Il existe des cycles de réussite et des cycles d'échec.

Il n'est pas nécessaire de connaître des succès monumentaux pour développer un solide sentiment d'auto-efficacité. L'expérience dans toute entreprise étant composée d'un mélange de réussites et d'échecs, les individus ont le pouvoir de choisir quels souvenirs ils désirent revisiter, ainsi que le sens et l'intensité à leur conférer. C'est pourquoi notre manière de structurer notre expérience joue un rôle prédominant dans les croyances personnelles que nous développons.

Nicklaus déclara un jour qu'un golfeur doit faire tout en son pouvoir pour préserver sa confiance. Et c'est pour cette raison qu'il choisit de « travailler sans relâche à favoriser le positif et à rejeter le négatif. » De fait, l'échec s'avère tellement marquant dans le golf que Jack se mit à employer le terme « présumé échec », une façon pour lui d'illustrer comment les golfeurs devraient envisager les erreurs, c'est-à-dire comme des occasions d'apprendre, et non comme des revers.

Dans un livre intitulé *Extraordinary Minds*, Howard Gardner, un psychologue de Harvard, introduit l'idée de « cadrage » (framing) dans le champ de la recherche psychologique. Par cadrage, il faisait référence à la tendance des gens qui réussissent de considérer les situations sous un éclairage positif et d'une manière qui les avantage sur le plan compétitif. En cadrant correctement les situations, le golfeur est à même de conserver sa confiance en toutes circonstances.

David Toms: mésestimé, mais déterminé

Il y a une différence entre être un joueur remarquable et jouer remarquablement. Du côté des habiletés, il y aura toujours quelqu'un pour réussir une chose mieux que vous. David Toms ne s'est jamais laissé décourager par son relatif manque d'aptitudes. Cela lui a en fait permis d'élaborer une stratégie d'optimisation de son potentiel:

> Je crois que si j'ai du succès, c'est parce que je connais mes limites. Je sais aussi quelle est la meilleure façon pour moi de jouer un parcours de golf: où tirer le meilleur parti possible de certaines zones du parcours, et comment éviter de me retrouver piégé. Je suppose que c'est là où je me distingue de certains autres joueurs qui n'ont pas su percer. Le plus formidable, c'est de ne plus chercher à me trouver de raisons pour ne pas me mesurer aux cinq meilleurs joueurs au monde. Je joue avec des gars qui frappent la balle plus loin, plus précisément et plus haut que moi, des gars qui sont meilleurs que moi aux coups roulés. Mais pour moi, cela ne veut rien dire. Rien de tout cela n'a d'importance, parce que je suis capable de faire de mon mieux à partir de ce que je sais faire. Certaines personnes ne comprennent pas, et elles ne peuvent en faire autant, parce qu'elles perdent leur confiance. La meilleure chose que j'ai tirée de mon expérience au fil des années, c'est cette confiance.

À chaque journée de sa vie, chacun d'entre nous a le choix de cadrer les situations d'une manière qui le rendra soit plus fort et compétitif, soit plus faible et désavantagé.

Notre confiance dépend en grande partie de notre capacité à tirer des leçons de toutes nos expériences, des bonnes comme des mauvaises. Les gens disposent chaque jour de la possibilité d'interpréter les événements de leur vie d'une façon qui les laissera démontés ou énergisés, inquiets ou remplis d'espoir, coincés ou puissants. La vie offre continuellement un curieux mélange de réussites et d'échecs. Lorsque nous parvenons à cadrer nos revers en tant qu'expériences d'apprentissage et non en tant qu'indicateurs de notre incompétence, nous obtenons davantage de chances de récolter la motivation et la confiance. L'amélioration dans n'importe quel domaine requiert que nous nous efforcions de réussir des choses que nous n'avons encore jamais réalisées, d'où l'importance de cadrer ces expériences le plus positivement possible.

Le cadrage fonctionne en quelque sorte comme un système de croyance. Cela me rappelle une enseigne que j'ai récemment aperçue devant une église : « La peur paralyse. La foi mobilise. » Simplement, nous avons peu de chances d'agir positivement si nos décisions se trouvent empêtrées dans la peur. La croyance en l'existence d'une meilleure voie et l'espoir en l'expansion de notre potentiel font de la réussite le résultat naturel d'un processus reproductible, plutôt qu'une occurrence accidentelle et peu fiable.

Nicklaus et le cadrage

Peu de joueurs ont excellé autant que Jack Nicklaus dans l'art de l'automotivation et, surtout, dans celui du cadrage. Un des meilleurs exemples de cadrage d'un moment crucial réalisé par Nicklaus se produisit lors de ce qui fut peut-être sa plus grande victoire, celle du Masters historique de l'année 1986. En parlant du douzième trou d'Augusta, un par 3, Nicklaus raconta :

> Le douzième trou à Augusta est l'une des normales 3 les plus intéressantes de tout le golf de championnat. Le secret consiste à viser le centre de la fosse de sable avant et à choisir un bâton qui permettra d'expédier la balle par-dessus ce point. J'aurais tendance à privilégier le côté où se trouve situé le trou. Si le drapeau est à droite, je tire du côté droit de la fosse de sable. S'il est à gauche, je tire à gauche de la fosse. Ce trou représente perpétuellement l'objectif le plus difficile du parcours. Lorsque je me suis retrouvé au milieu de ma ronde au deuxième neuf en 1986, j'avais réussi des oiselets aux neuvième, dixième et onzième trous, mais j'ai effectué un boguey au douzième. Cette erreur aurait pu me coûter le match, mais je savais que j'étais toujours dans la course. Je me suis servi de ce boguey pour me recentrer avant de poursuivre.

Quel bon exemple de cadrage ! Il avait interprété le boguey comme une incitation à se recentrer au lieu de le voir comme un événement négatif qui aurait pu saboter sa confiance et son rythme et, éventuellement, le priver de sa grande victoire cette année-là.

Dans mes entrevues, une distinction clé est apparue entre les golfeurs qui avaient du succès dans le circuit de la PGA et ceux qui n'en avaient pas. Les premiers étaient portés à cadrer les situations d'une manière qui leur permettait de réussir constamment, indépendamment de leur élan, de leur humeur ou de leur appréciation du parcours de golf. Les seconds avaient au contraire tendance à chercher des raisons pour ne pas bien jouer, sapant ainsi leur propre sentiment d'auto-efficacité. Ils invoquaient toutes les imperfections, toutes les faiblesses et tous les défauts de leur golf comme autant de justifications sur leur difficulté à participer à des événements du plus haut calibre. Avant même d'arriver sur les lieux d'un tournoi, ils disaient déjà comment ils avaient l'habitude de mal jouer sur tel parcours, comment cet autre parcours ne se prêtait pas à leur style de jeu, ou combien ils se voyaient désavantagés par certaines circonstances. À l'inverse, les joueurs du circuit qui réussissent se montraient capables de voir au-delà des défauts et des points faibles personnels, s'en remettant à ce qu'ils faisaient de mieux.

La leçon à tirer ici est que les expériences ne suffisent pas à elles seules à engendrer la confiance, pas plus d'ailleurs que le succès lui-même ne résulte en une confiance correspondante. En réalité, c'est le sens que nous donnons à ces expériences et l'interprétation que nous faisons du succès qui déterminent comment nous envisagerons les défis à venir. Un roulé manqué au premier trou signifie-t-il que vos roulés sont misérables, ou plutôt, que vous en réussirez forcément un sous peu? Plusieurs pointages faibles de suite signifient-ils que votre golf empire à chaque match, ou cela ne veut-il pas plutôt dire que vous vous améliorez en apprenant ce qu'il ne faut pas faire? La majorité des golfeurs qui font une fixation sur les pointages vous diront qu'un mauvais pointage constitue un signe de dégradation du jeu. Les grands golfeurs de maîtrise, tels que Bryce Molder, vous diront quant à eux quelque chose de différent. Alors qu'il procédait à un remaniement complet de son élan en 2003, Bryce choisit d'interpréter une mauvaise ronde comme un signe d'amélioration, et non comme une cause de désespoir. « Un nouvel élan exige que l'on en explore les paramètres, alors, un mauvais coup signifie simplement que j'apprends. Chaque coup raté signifie que j'apprends quelque chose. »

Il m'arrive fréquemment de voir des scénarios où un golfeur remporte un tournoi, mais perd sa confiance à cause d'une pensée inefficace. Vous imaginez ? Vous gagnez un tournoi, et perdez ensuite votre confiance ? Comment diable cela peut-il être possible ? Eh bien, en effectuant un cadrage inefficace. Je me souviens de ce golfeur universitaire qui était le meneur au début de son match, mais qui avait vu son avance s'effriter graduellement, au point de devoir ensuite travailler d'arrache-pied pour conserver la tête et remporter la victoire. Lorsque je parlai avec lui après la partie, il me confia qu'il avait flanché et qu'il se sentait comme un perdant. J'arrivais à peine à en croire mes oreilles. Il avait remporté le tournoi ! Il avait gagné, certes, mais son cadrage inefficace avait brisé sa confiance.

Je vois aussi des golfeurs qui cadrent les situations de manière à ce que leur confiance soit constamment nourrie. Par exemple, au championnat PGA 2002, Tiger Woods se trouvait à quatre coups de Rich Beem, avec quatre trous à jouer. Tiger réussit un oiselet à chacun de ces trous. Et bien qu'il n'ait pas gagné le match, son exploit lui apporta une bonne dose de confiance. « Savoir que tu peux faire cela quand ça compte aide beaucoup sur le plan de la confiance. » Ainsi, même dans la défaite, Tiger avait trouvé le moyen d'élever son niveau de confiance.

David Toms et le cadrage

On pourrait croire que les joueurs qui réussissent tirent le gros de leur motivation de leurs multiples victoires. C'est certainement vrai jusqu'à un certain point. Mais comme nous l'avons vu précédemment, l'adversité et même l'échec représentent aussi des contributeurs importants au développement de la confiance. David Toms montre ici comment ce sentiment vital d'auto-efficacité amène le golfeur résolument confiant à accueillir presque avec satisfaction les leçons qu'apporte la déception :

Je suis passé par le circuit école de la PGA, où j'ai traversé avec facilité les deux premiers stades. Au stade final, les choses continuaient de bien aller pour moi : j'occupais la troisième position au moment d'entrer dans les deux dernières rondes. Puis, j'ai inscrit un 78 et un 80, ce qui m'a valu de perdre mon laissez-passer pour le circuit par deux coups. Cela représentait un revers énorme, dont j'ai ressenti les effets durant longtemps. Ce fut ensuite le début d'une période vraiment difficile. Je suis allé jouer en Asie pendant une année, après quoi je suis revenu aux États-Unis en 1992, pour encore une fois perdre ma carte en 1994. J'ai finalement pu la récupérer deux années plus tard, et j'ai depuis gravi un à un les échelons. Mais quand je repense à ces années passées à jouer en Asie, à dormir dans des hôtels miteux et à avoir du mal à rembourser mes commanditaires, je comprends que ce fut une période importante pour moi. Ça m'a rendu plus robuste, plus avide, et j'ai pris de l'expérience. Je sens maintenant que j'ai payé mon droit de passage et que j'ai payé le prix. J'ai l'impression de mériter de faire ce que je fais aujourd'hui. Ma place, je l'ai gagnée. Pendant longtemps, j'ai frappé des balles à travers le monde, j'ai parcouru les routes de la Californie jusqu'au Massachusetts, pour des bourses d'à peine 10 000 $. Comme je l'ai dit, ça m'a permis de prendre de l'expérience. Et on n'achète pas ce genre de formation.

Est-ce une surprise si le jour où Toms remporta son premier majeur au championnat PGA 2001, ce fut en battant Phil Mickelson ? Est-ce une surprise qu'il ait gagné, même après avoir été contraint d'user de prudence au dernier trou ? Est-ce un hasard qu'il ait réussi un roulé de 4,57 mètres au dernier vert ? On ne pourra jamais vraiment le savoir, mais j'ai des raisons de croire que la réponse se trouve quelque part en Asie, dans une poignée d'hôtels miteux.

Les apprentissages vicariants

Les gens ne s'en remettent pas uniquement à leurs expériences passées comme déterminants de leur sentiment d'auto-efficacité. Après tout, il arrive fréquemment que des joueurs perdent leur confiance, même lorsqu'ils s'améliorent constamment et qu'ils cumulent les succès. Cela s'explique en partie par le fait que certains compétiteurs évaluent leur propre performance par rapport à celles d'autres compétiteurs.

Souvenez-vous du chapitre sur la maîtrise et l'ego, où nous avons souligné l'importance de cadrer le golf telle une affaire entre un golfeur et un parcours de golf. Le golfeur qui considère les autres joueurs comme ses adversaires peut voir augmenter sa confiance s'il bat ces golfeurs. En revanche, son sentiment d'auto-efficacité risque d'en prendre pour son rhume si c'est lui qui se trouve battu. Sur le plan psychologique, deux problèmes principaux naissent d'un cadrage effectué en fonction des autres golfeurs. Le premier problème réside dans le fait que dans le golf de compétition, on perd beaucoup plus souvent que l'on ne gagne. Chaque semaine dans le circuit de la PGA, cent quarante joueurs se disputent la victoire qu'un seul d'entre eux remportera. Même les meilleurs golfeurs mondiaux gagnent au plus cinq pour cent de leurs matchs. Et ces nombres sont plus ou moins les mêmes dans la plupart des tournois d'un bout à l'autre du globe. Quand le golf est perçu comme une compétition entre joueurs, la confiance devient instable et réactive, alors qu'elle demeure stable et fidèle lorsqu'on joue le parcours de golf.

Le second problème qu'il y a à puiser votre confiance dans la relation entre vos performances et celles des autres, c'est le fait que vous n'avez absolument aucun contrôle sur la qualité de la performance de vos adversaires à un moment donné. Imaginez jouer 71 et perdre votre confiance parce que ce jour-là, votre partenaire de jeu a réalisé la ronde de sa vie en inscrivant un 68 ! Lorsque nous basons notre jeu sur la performance d'autres golfeurs, nous leur donnons en quelque sorte le contrôle de notre confiance. Si notre adversaire réussit un bon coup, notre confiance risque d'être ébranlée. S'il rate un coup, peut-être alors notre confiance grandira-t-elle à l'idée d'avoir davantage de chances de le battre. Mais plus le temps passe, et plus notre confiance ressemble à l'indice boursier NASDAQ, atteignant tantôt des hauts, tantôt des bas, influencée par des facteurs sur lesquels nous n'avons aucun contrôle. En somme, il n'existe pas de manière plus sûre de saper un sentiment d'efficacité personnelle que de cadrer le golf comme un affrontement entre soi-même et un autre joueur. On doit concevoir le golf telle une compétition entre un golfeur et lui-même, et entre un golfeur et le parcours de golf sur lequel il joue. S'il s'avère souvent utile de considérer le jeu d'autres golfeurs afin de mieux comprendre le niveau de difficulté d'un parcours de golf, ou encore pour mesurer ses propres progrès, on doit toujours se garder de trop s'appuyer sur les performances de ses adversaires lorsqu'il s'agit d'éclairer sa confiance personnelle. Au contraire, les progrès d'un golfeur devraient constamment être évalués en relation avec ses propres objectifs et ses propres attentes. En fin de compte, la confiance d'un golfeur devrait prendre sa source dans son habileté à choisir une cible, à s'élancer sans peur et à expédier sa balle vers cette cible, et ce, sans se soucier des autres golfeurs et de leurs performances.

Pour bien comprendre l'importance d'ancrer votre confiance dans votre propre jeu en relation avec le parcours de golf, et non par rapport aux autres golfeurs, rappelez-vous le Masters de 1998, au cours duquel David Duval enregistra une ronde finale de 67. Après le match, les médias ne semblèrent s'intéresser qu'au fait qu'il était passé à un coup de la victoire. Pour les journalistes, il avait perdu. David Duval répliqua : « Je viens de jouer 67 sur un parcours difficile, un dimanche au Masters. J'aurais été content de gagner, mais je ne suis pas déçu de moi-même. J'ai très bien joué aujourd'hui. »

Dans cette citation, vous aurez sans doute remarqué non seulement l'exemple d'un excellent cadrage, mais également la perspective d'un joueur pour qui la partie de golf constitue une affaire entre lui-même et le parcours, et qui mesure son succès d'après ses propres standards de réussite. Si David avait été insatisfait de sa performance et qu'il l'avait considérée comme rien d'autre qu'une « défaite », peut-être alors son sentiment d'efficacité en aurait-il souffert. Au lieu de cela, il repartit confiant d'avoir la capacité de réaliser un excellent pointage un dimanche dans un tournoi majeur, une pensée qui alimenta sa confiance et qui contribua probablement à sa victoire au British Open 2001, trois ans plus tard.

Étant donné la nature sociale du golf, il est souvent difficile de se concentrer exclusivement sur soi-même et sur le parcours de golf. Le meilleur remède à ce problème demeure l'habileté du joueur à se plonger dans le parcours. À cette fin, Hogan utilisait ses séances d'entraînement pour «cultiver l'habitude de la concentration». Sa concentration sur le parcours devint ainsi tellement intense qu'il n'était pas rare de le voir totalement coupé de ce qui se passait autour de lui. Un jour, durant le British Open, on lui demanda s'il avait été dérangé par le passage d'un train pendant qu'il préparait son roulé. Ce à quoi il répondit : «Quel train?»

Alors que l'habitude de la concentration sur le parcours demeure le meilleur remède pour limiter l'influence des facteurs vicariants, la meilleure façon d'y parvenir diffère pour chaque golfeur. C'est en les incitant à apprendre à jouer en se posant les bonnes questions que j'obtiens la meilleure influence sur les golfeurs de tous les calibres avec qui je travaille. Se demander : «Quelle stratégie devrais-je employer pour ce trou?» et «Quelle est ma cible?» permet au golfeur de centrer son attention sur le parcours et sur ses coups, ce qui a pour effet de le préserver des réflexions portant sur les autres joueurs et sur leurs performances.

L'une des erreurs les plus fondamentales et les plus courantes que commettent les golfeurs consiste à laisser la situation cadrer leur compétition. Les situations varient constamment, et les golfeurs qui laissent une situation cadrer leur état d'esprit se retrouvent souvent davantage absorbés par les autres joueurs, par leurs pointages, par les spectateurs, par leurs partenaires de jeu, par leur perception de l'impression qu'ils font sur quelqu'un, par le prestige ou par ce qu'ils craignent de faire avec leur balle (par opposition à ce qu'ils souhaiteraient faire avec elle). Ces golfeurs détournent leur esprit de la tâche de frapper des coups vers des cibles, et ils perdent de vue l'objectif qui consiste à jouer le parcours de golf. Ils se mettent alors à penser aux autres golfeurs, et très souvent, leur confiance s'évapore en même temps. Je vous invite donc une fois de plus à vous méfier de l'attention portée aux autres joueurs, ainsi qu'à être conscient de l'influence que ces facteurs externes sont susceptibles d'avoir sur votre sentiment d'auto-efficacité. N'oubliez pas que cela peut renforcer votre confiance et améliorer vos résultats tout autant que cela risque de diminuer votre confiance et d'affecter à la baisse vos pointages. Si l'on considère le fait que l'on perd beaucoup plus souvent que l'on ne gagne, voir le golf comme une compétition entre joueurs s'avère contre-productif sur le plan du développement de la confiance. C'est pourquoi il s'avère important pour le golfeur de toujours évaluer ses améliorations et d'ancrer sa confiance par rapport à ses propres progrès et selon les objectifs de performance qu'il a lui-même établis.

Les apprentissages vicariants et le modelage

Voyons maintenant l'un des aspects positifs associé à l'habileté humaine d'apprentissage vicariant. Une application de ce type d'apprentissage concerne le rôle joué par le modelage (modeling) dans le développement de la confiance. Le modelage constitue le processus d'acquisition d'un comportement qui se produit lorsque nous observons une autre personne exécuter une quelconque tâche ou activité. Nous sommes naturellement portés à introduire certains des comportements que nous observons dans notre propre répertoire de comportements. Le modelage se trouve si profondément lié au fonctionnement humain qu'il nous arrive fréquemment de reproduire certains comportements sans même y penser. Par exemple, la tendance des adolescents à imiter leurs vedettes favorites les Beatles dans les années 1960, Madonna dans les années 1980 ou Eminem au début des années 2000. Il n'est pas surprenant que des tas de jeunes veuillent « ressembler à Mike ». Les parents sont en droit de s'inquiéter des mauvaises influences que risquent de subir leurs enfants, car le modelage peut constituer un puissant véhicule de promotion de changements comportementaux et psychologiques dans tous les domaines, y compris le golf.

Dans l'univers du golf, le modelage prend généralement deux formes : mécanique et psychologique. Au sens mécanique, les golfeurs disent souvent adopter un style de jeu différent selon leurs adversaires. Par exemple, dans son discours au tournoi Memorial 2003, Jack Nicklaus admit que durant les années où il développait son jeu, il lui arrivait souvent d'essayer d'imiter Sam Snead ou Julius Boros. Il avait remarqué que modeler leurs élans avait souvent pour effet d'aplanir en même temps les reliefs de son propre élan (ou tout au moins en avait-il l'impression). Des golfeurs du circuit de la PGA s'arrêtent fréquemment pour regarder jouer les Ben Crenshaw, Fred Couples ou Brad Faxon, admettant que le simple fait d'observer la fluidité de leurs élans les aident à améliorer leur propre tempo et leur rythme.

Quand on lui demanda quelle était, selon lui, la meilleure méthode d'amélioration des coups roulés, Ben Hogan sug-

géra que l'on devrait pour cela « dîner avec de bons putters ».
À mon avis, il s'agit là d'une remarque particulièrement
instructive et qui démontre bien le pouvoir du modelage.
Évidemment, Hogan voulait dire que les golfeurs qui excellent dans les roulés possèdent une certaine manière de
parler de cet aspect de leur golf. Leur perspective des coups
roulés est particulière. Ils s'animent quand ils discutent de
roulés. Ils apprennent à aimer les coups roulés et, bien sûr,
leur attitude devient souvent contagieuse pour les joueurs
qui les côtoient. Cela s'accorde avec le dicton qui veut que
la confiance soit contagieuse. Dans la mesure du possible, le
golfeur compétitif devrait trouver des individus qui, selon
lui, possèdent une approche positive du jeu, pour ensuite
modeler cette approche dans une optique d'amélioration de
sa confiance. Puisqu'il semble que notre inclination au
modelage soit inscrite dans nos gènes (le singe voit, le singe
fait), je vous invite à choisir quelques-uns de vos golfeurs
favoris et à imiter les aspects de leur golf que vous aimeriez acquérir. Mais tandis que vous chercherez ces modèles,
gardez à l'esprit qu'il peut être aussi facile d'imiter un
mauvais golfeur qu'un bon. En prenant exemple sur des
modèles inadéquats, on risque d'acquérir de mauvaises
habitudes dont il sera difficile de se défaire par la suite. S'il
est inévitable que nous portions attention à d'autres golfeurs
et compte tenu de l'influence qu'opèrent nos observations
sur notre confiance , alors, il est sain de s'entourer de bons
modèles de réussite afin d'avoir de meilleures chances de
maintenir un sentiment élevé d'auto-efficacité.

Exercice de confiance :
le pouvoir du modelage

Nous avons vu que la confiance se bâtit, entre autres manières, en modelant notre approche du jeu d'après nos observations d'un modèle de réussite. Nicklaus se façonna d'après Bobby Jones, Ben Hogan et Sam Snead. Ernie Els s'inspira en examinant Gary Player. Tiger Woods fit de même en étudiant Jack Nicklaus, et Adam Scott à son tour en scrutant le jeu de Tiger et de Greg Norman. Modeler l'élan d'un autre golfeur ne signifie pas qu'il faut simplement se limiter à le copier. Cela implique d'imprégner son propre arsenal mental de l'idéal de victoire d'un golfeur qui possède une attitude gagnante. Quand je demande à des joueurs d'utiliser l'approche de l'un de leurs héros dans leur prochaine ronde d'entraînement, ils me reviennent généralement en disant avoir trouvé plus facile de composer avec l'adversité sur le parcours en se mettant dans la peau de leur *alter ego* plutôt qu'en demeurant dans la leur. Le plan pour eux consiste évidemment à mettre peu à peu leur propre approche au diapason de celle de leur héros, jusqu'à ce qu'ils parviennent enfin à une seule et même approche.

Pour mettre ce plan en pratique, commencez par étudier un joueur en prenant note des comportements qui font sa réussite, puis intégrez ceux-ci à vos qualités de golfeur. En fait, vous pourriez même aborder des trous spécifiques à la manière de différents types de joueurs. Essayez par exemple de jouer cette délicate normale 3 comme le ferait Meg Mallon, une joueuse constante de la LPGA qui sait prudemment se positionner devant le vert pour laisser ensuite son fer droit s'occuper de son pointage. Peut-être cette normale 5 devrait-elle être approchés à la façon de John Daly, qui s'élancerait sans doute avec un fer pour tenter un long coup d'approche en direction du drapeau et qui, s'il n'atteignait pas sa cible, saurait se sortir d'affaire grâce à son cocheur de sable. En peu de temps, vous pourriez réussir à vous améliorer et, surtout, voir grandir vos attentes de succès. N'oubliez pas que le modelage de joueurs qui ont connu le succès vous permet d'apprendre de leurs erreurs et d'éviter ainsi de les répéter vous-même.

La persuasion verbale et sociale

Nous avons vu que le sentiment d'auto-efficacité des individus (et donc des golfeurs) se trouve principalement influencé par leur façon de cadrer les résultats de leurs expériences de même que par le rapport qui existe entre leur performance et celles des autres. Le troisième mode de développement de l'auto-efficacité est celui des messages directs que nous recevons d'autres personnes. Le professeur William Perkey observa un jour que «nous avons tendance à devenir ce que nous pensons que les autres pensent que nous sommes.» Lorsque nous accordons une attention spéciale et positive à un individu, nous augmentons ses chances de se percevoir comme quelqu'un de spécial et de positif. Inversement, quand nous dénigrons, déprécions ou rabaissons une personne, nous contribuons fortement à ce qu'elle se sente dévalorisée et peu méritante. Alors qu'il revisitait le développement de sa propre confiance, Davis Love III me raconta une histoire à propos de son père qui illustre bien l'impact que peuvent avoir les messages des autres :

DAVIS LOVE III : J'ai toujours senti que je travaillais sur les bonnes choses, ou que je faisais les bonnes choses, et que j'avais la capacité de gagner, d'être un grand joueur.

DR VALIANTE : D'où ce sentiment vous vient-il ?

DAVIS LOVE III : Je crois que mon père en est le premier responsable. À toutes les étapes de mon développement, il me répétait : « Tu vois comme tu es bon ? Tu vois comme tu sais t'améliorer ? » Il a été un bon entraîneur. Avant Bob Rotella, c'était un disciple de Harvey Penick. J'ai toujours été positif, et mes parents m'encourageaient en ce sens en me disant par exemple : « Tu es quelqu'un de bien et si tu travailles fort, tu seras récompensé. » J'ai toujours eu confiance en mes chances d'y arriver, tôt ou tard. La détermination de mon père y a certainement été pour quelque chose. Il me disait constamment ce que je devais travailler, mais il le faisait d'une manière positive. Quelle part se trouvait en moi ? Quelle part vient de lui ? C'est difficile à dire. J'ai indiqué, dans le petit livre que j'ai écrit, qu'à l'époque où Seve Ballesteros remportait le Masters et le British Open, et où j'étudiais à l'université, il m'est un jour arrivé d'envoyer ma balle dans un boisé. Après être parvenu à me sortir de cette situation grâce à un puissant fer 3 frappé en hauteur qui positionna ma balle à six mètres du trou, j'entendis mon père me dire : « Sais-tu qu'en ce moment, les deux joueurs les plus captivants à voir jouer au monde sont toi et Seve Ballesteros ? » Et c'était comme ça la plupart du temps. Maintenant, était-il toujours sincère ou s'agissait-il simplement l'expression de l'enthousiasme paternel ? Je ne sais pas, mais il faut dire que j'étais plutôt bon. En tout cas, il ne se gênait pas pour me dire que j'étais un bon joueur. Je crois que cela m'a sans cesse donné confiance en moi-même. Je n'ai jamais douté qu'en travaillant dur, en y mettant le temps et en améliorant mes habiletés, je finirais par réussir.

Les golfeurs doivent comprendre combien les messages verbaux et sociaux influencent leur confiance. Souvenez-vous de l'histoire de Mike, dans le chapitre portant sur les buts du golf de maîtrise et de l'ego. Mike s'était laissé porter par l'attention et les éloges qu'il recevait des autres. Les golfeurs comme lui, qui en viennent à accorder trop d'importance aux félicitations et aux opinions des gens, se mettent en même temps à la merci de ces derniers. Laisser les autres élever notre sentiment de confiance par leurs compliments, c'est aussi et forcément leur permettre de nous atteindre avec leurs critiques. Afin que les messages sociaux rehaussent son assurance, il s'avère essentiel pour le golfeur d'apprendre à écouter avec discernement.

En s'entourant de personnes franches et positives, le golfeur augmente ses chances de développer une confiance solide en lui-même et en son jeu.

Jonathan Byrd représente l'une des plus grandes vedettes du circuit de la PGA. L'une des raisons pour lesquelles je considère son jeu captivant consiste dans la confiance qu'il possède en ses capacités de faire partie des meilleurs golfeurs. Où cette assurance trouve-t-elle sa source ? Elle provient certainement d'une combinaison de facteurs multiples, dont des objectifs de maîtrise, des succès antérieurs et un excellent modelage. Il puise sans doute aussi une part de sa confiance dans les messages qu'il reçoit de sa famille et de ses amis. Au Masters 2003, je me tenais tout à côté de l'épouse de Jonathan, Amanda, tandis que nous le regardions frapper ses balles au terrain d'exercice. Cette année-là, on s'en souviendra, des femmes avaient manifesté devant les portes d'Augusta contre la politique du club réservant l'adhésion aux hommes seulement. Nous discutions de la protestation, lorsque Amanda me fit remarquer à la blague combien il serait inopportun qu'elle se joigne aux manifestantes. Curieux, je demandai à Amanda en quoi cela serait inopportun, ce à quoi elle répondit : « Je ne crois pas que le comité du Masters apprécierait de voir la femme du gagnant du tournoi prendre part à la manifestation. » Ainsi, elle croyait vraiment que Jonathan allait remporter le Masters, un message qu'elle lui transmettait probablement sur une base régulière. Elle croit si fort en Jonathan qu'elle contribue à la confiance qu'il a en lui-même.

Cela signifie-t-il pour autant que Jonathan Byrd gagnera le Masters ? Loin de là. Mais cela aura au moins pour conséquence de l'aider à croire que la chose s'avère possible, peu importe le contexte. Nos proches disposent en effet d'un certain pouvoir d'encouragement qu'il nous faut reconnaître. Étant donné que la confiance engendre naturellement davantage de confiance, refaites alors le plein de confiance en vous-même en tirant profit de celle qu'ont en vous des membres de votre entourage.

Puisque certains lecteurs pourraient avoir l'impression que je suggère de transmettre aux autres des messages uniquement flatteurs et positifs, permettez-moi de rappeler ici les mises en garde des psychologues à l'égard de l'expression des « éloges ». D'abord, il se révèle important que la rétroaction positive et les encouragements soient émis avec franchise et mesure quand le destinataire les mérite. La rétroaction positive s'avère précieuse, car nous souhaitons tous recevoir des sentiments positifs à propos de nous-même et de nos capacités. Les enseignants et la famille jouent un rôle capital dans l'établissement d'une confiance en soi positive chez les golfeurs, jeunes et moins jeunes. Sur cette question, le psychologue Erik Erikson nous rappelle avec raison que :

> On ne peut duper les enfants avec des compliments vides et des encouragements condescendants. Leur identité prend de la force uniquement si la reconnaissance qu'ils reçoivent pour leurs « véritables » réalisations se veut sincère et cohérente. Il se peut que, faute de mieux, ils soient contraints d'accepter les encouragements artificiels, mais ce que j'appelle la croissance de l'identité de leur ego ne gagne vraiment en force que par la reconnaissance sincère et cohérente de leurs véritables accomplissements, à savoir des réalisations qui possèdent une signification dans leur culture... Un ego fort n'a pas besoin que l'on tente de le gonfler artificiellement, et d'ailleurs, il y est immunisé.

Féliciter une personne pour un travail bien fait constitue une bonne façon de démontrer son amour, son soutien et son attention. Cependant, il faut savoir qu'en approuvant avec des formules du type « Tu es formidable ! » ou « Tu es vraiment génial à ce jeu ! », on risque en fait d'obtenir le contraire de l'effet recherché. Au lieu de complimenter quelqu'un pour ses habiletés, on devrait prendre l'habitude de le féliciter pour ses efforts, sa persistance et sa persévérance, les qualités sous-jacentes de la réussite. Applaudir les habiletés, c'est envoyer le message que la réussite est une question de talent naturel ; soit on l'a, soit on ne l'a pas, pense-t-on généralement. Féliciter quelqu'un pour ses efforts, c'est lui dire que plus on travaille fort, plus on accomplit de choses, plus on devient habile et plus on développe son talent. Rien n'est plus vide qu'un compliment vide.

Les états physiologiques et émotionnels

Le présent chapitre porte sur la confiance, et comme vous avez pu le lire, on considère souvent celle-ci comme l'antithèse de la peur et du doute. Si l'auto-efficacité concerne votre croyance en votre habileté à frapper des balles de golf, elle concerne également celle en votre habileté à vous maîtriser alors que vous préparez ces coups. Les golfeurs ayant confiance en leur capacité de rester calme même sous pression abordent les situations tendues avec sérénité, tranquillité et une attention plus aiguisée.

La dernière source d'auto-efficacité concerne les états physiologiques et émotionnels qui se retrouvent fréquemment associés à la peur. Quand je dis «peur», je ne veux pas seulement parler de la peur totale et psychotrope, car la peur existe en fait dans un continuum. Ainsi, je fais également référence à la panique, au stress, à la pression, à l'anxiété et au doute de soi qui affectent différemment les golfeurs tandis qu'ils font face aux défis quotidiens du jeu. À un moment ou à un autre, tout le monde se sent touché par certains de ces dangereux envahisseurs mentaux testeurs de confiance. C'est dans sa façon de composer avec ceux-ci que chacun peut faire la différence. Nous avons vu au premier chapitre comment la peur affecte psychologiquement certains éléments de l'élan de golf, comment la prise sur le bâton devient trop serrée et comment diminue l'efficacité de l'esprit à traiter la série complexe de stimuli qui entrent en considération dans les moments tendus d'une ronde de golf.

Curtis Strange : le pouvoir de l'histoire

Les expériences de maîtrise antérieures constituent la source la plus constante et directe de confiance. Mes recherches m'ont fourni des preuves du pouvoir transformationnel des expériences de maîtrise. Deux fois champion de l'U.S. Open et dix-sept fois gagnant sur le circuit de la PGA, Curtis Strange me parla avec perspicacité de sa carrière et de l'influence de ses expériences antérieures sur l'état de sa confiance.

Ce que j'aime par-dessus tout, c'est de frapper au dernier trou un coup superbe avec l'impression que personne d'autre ne pourrait le réussir. Et tu sais que tu vas y arriver. C'est ça qui est plaisant, c'est de savoir, avant même de frapper ton coup, que tu vas le réussir. Je me souviens du moment où tout cela a commencé : à ma première année d'université, à Wake Forest, j'ai frappé un fer 1 au dernier trou du championnat NCAA, grâce auquel nous avons remporté le tournoi par un coup. J'étais tellement nerveux, c'est à peine si je pouvais marcher. Mais je n'ai pas laissé toute cette nervosité m'empêcher de réussir mon coup. Et cet instant a tout démarré chez moi. Ça a été un événement d'une importance remarquable. Il s'agissait du plus grand moment de ma vie, et j'ai trouvé le moyen de livrer la marchandise. L'Université Wake n'avait jamais remporté le championnat NCAA, même avec les équipes formidables qu'elle avait eues jusque-là ; l'occasion était parfaite. J'ai réalisé un coup de deux mètres quarante et j'ai réussi le roulé. Ce coup a grandement contribué à asseoir ma confiance, parce qu'il est par la suite devenu ma référence durant mes années chez les pros. Après ce coup, j'ai toujours senti que je pouvais réussir mes autres coups, même dans les moments les plus intenses.

Les changements physiologiques ne constituent pas en eux-mêmes un facteur clé de la performance du golfeur. Souvenez-vous que la peur est inversement proportionnelle à l'auto-efficacité. Ainsi, plus son sentiment d'auto-efficacité est élevé, moins le golfeur ressent la peur. Alors que le golfeur qui possède un faible sentiment d'auto-efficacité a tendance à interpréter ces changements comme des indices de peur, celui qui dispose d'une solide auto-efficacité les voit quant à lui comme des signes positifs de son excitation et de sa disposition à batailler pour la victoire, et parfois même comme des signes d'euphorie et d'acuité mentale.

Selon une idée fausse et quelque peu répandue, certains golfeurs tels que Tiger Woods et Jack Nicklaus auraient découvert des techniques afin de prévenir ces manifestations. Et les golfeurs font souvent appel à mes services dans l'espoir que je leur montre à conjurer ces réactions, car après tout, qui donc voudrait faire l'expérience de ces vilaines choses ? Malheureusement, on ne peut pas éviter la peur. Ceci dit, il se révèle possible d'apprendre à composer avec elle de manière à en minimiser les caractéristiques destructives. S'il existe des moyens de calmer l'esprit et de limiter la portée de ces réactions (il y a par exemple des différences entre la nervosité, la peur et la panique), il demeure préférable d'apprendre à jouer malgré la présence de ces sentiments indésirables. Tous les golfeurs professionnels, y compris Tiger et Jack, ressentent ces sensations en compétition. Les golfeurs récréatifs connaissent eux aussi ces difficultés, surtout lorsqu'ils se trouvent profondément engagés dans l'amélioration de leur golf (comme ils devraient toujours l'être).

Tiger Woods reconnaît l'existence du sentiment :

En réalité, on échoue plus souvent que l'on ne gagne. Mais nous ne devons pas laisser ces échecs nous atteindre, parce qu'ils finissent par miner notre confiance et s'emparer de notre esprit. J'ai réussi à me tenir loin de l'effet de ces petits monstres pour une double raison. Premièrement, je ne cède jamais à la peur, qu'elle soit réelle ou imaginaire. Et je ne parle pas ici de la nervosité, car à chaque tertre de départ, je suis aussi nerveux que n'importe quel autre joueur. Tous les compétiteurs sont anxieux jusqu'à un certain point. Non, je pense plutôt à cette peur — consciente ou subconsciente — de quelque chose ou de quelqu'un. Pour connaître le succès dans toute entreprise, il faut adopter une approche exempte de peur.

L'attitude sans peur de Tiger contribue énormément à réguler l'interprétation de ces sentiments, mais comme on peut le constater, elle ne les élimine pas entièrement. Parmi les choses que je me suis appliqué à faire comprendre aux golfeurs, la plus importante fut sans doute de les amener à cesser de chercher des façons de ne plus être nerveux et, au lieu de cela, de les inciter à tenter de frapper de bons coups même sous l'effet de la nervosité. Cette attitude courageuse vis-à-vis de la peur se révèle apaisante. Et comme le souligna Curtis Strange, chaque moment de réussite passé influence positivement la façon qu'aura notre esprit d'envisager le prochain moment de jeu effectué sous pression. L'observation de Tiger sur le pouvoir de la maîtrise et l'importance de réussir de bons coups sous l'influence de la nervosité nous procure une idée plus précise et détaillée du phénomène :

> J'aime la sensation de donner le meilleur de moi-même en situation de pression. Ça devient si intense que j'ai parfois du mal à respirer. C'est comme si un lion m'arrachait le cœur. Mais le fait d'être nerveux fournit de la confiance tout au long de la partie, quand vos mains deviennent moites et que les yeux vous piquent. Vous pouvez rassembler la force de répéter des coups que vous avez réussis auparavant.

Jack Nicklaus abonde dans le même sens :

> Il y a une différence entre la peur et la nervosité. J'ai toujours été nerveux au golf. J'ai joué quatre-vingt-dix pour cent de mes rondes de golf avec un léger tremblement et j'ai pratiquement toujours ressenti une certaine agitation dans le ventre. D'ailleurs, j'ai toujours accueilli favorablement ces sensations, parce que tant que je joue suffisamment bien et que je demeure véritablement confiant en mon jeu, je sais qu'ils me tiendront alerte et prêt à donner mon effort maximal. Au fil des années, la nervosité m'a fait plus de bien que de mal.
>
> (Nicklaus, *My Story*)

Permettez-moi d'insister une fois de plus sur le fait que la différence principale qui existe entre les golfeurs qui réussissent malgré la peur et ceux qui se retrouvent paralysés par elle dépend fréquemment de l'interprétation qu'ils font des changements qui se produisent dans leur corps. Les joueurs qui interprètent ces signaux comme des marques de peur ou comme un signe qu'ils sont sur le point de craquer, éprouvent le plus souvent des ennuis émotionnels, et ils finissent effectivement par craquer. À l'inverse, les golfeurs pour qui ces sensations représentent autant de signes d'une excitation positive de leurs sens et de leur disposition à agir, ont toutes les chances de réaliser de bonnes performances. Seules nos croyances peuvent nous aider à nous immuniser contre les émotions potentiellement dévastatrices.

Aux yeux des grands golfeurs, le golf constitue un sport qui présente une variété d'obstacles à surmonter. Ils croient également que chaque obstacle, même une « contraction » du système nerveux, ne doit être vu que comme une autre montagne à gravir. Ils ne feignent pas de ne pas être nerveux, pas plus qu'ils ne consultent de psychologues dans le but d'apprendre à chasser leur nervosité. Aucun psychologue ne peut empêcher vos nerfs de faire ce qu'ils font le mieux, c'est-à-dire essayer de nuire à votre paix et à votre calme, particulièrement dans les moments les plus inopportuns. Les grands golfeurs reconnaissent simplement leur nervosité et trouvent des façons efficaces de bien jouer même lorsqu'elle impose sa présence. Et bien jouer constitue la meilleure vengeance contre cette fichue nervosité.

Revenons un instant à mon vieil ami Brian Kaineg, qui se demandait comment il pouvait jouer avec confiance alors qu'il ne savait même pas où sa balle allait terminer sa course. Tout d'abord, j'ignore si l'on peut retrouver et renforcer sa confiance si l'on joue de manière inconstante et imprévisible. Je sais par contre que l'on a peu de chances de connaître du succès si l'on est convaincu de l'inconstance et de l'imprévisibilité de son jeu.

Les paroles d'un champion : Phil Mickelson

Phil Mickelson remporta son premier majeur chez les pros à sa trente-huitième tentative grâce à un oiselet réalisé au dernier trou du tournoi Masters 2004. Il enregistra un formidable 31 au deuxième neuf, battant ainsi Ernie Els par un seul coup. Il s'agissait déjà d'une victoire remarquable en elle-même, mais en raison de la fiche de Mickelson dans les tournois majeurs jusqu'au moment d'aborder la ronde finale, de nombreux observateurs se montraient sceptiques face à ses chances de l'emporter. Dans les années précédentes, Mickelson avait terminé deuxième à trois reprises consécutives au Masters. Il avait perdu au dernier trou du championnat de la PGA ainsi que du U.S. Open, alors qu'il avait vu ses partenaires de jeu s'envoler avec la victoire grâce à de longs roulés. Il s'était aussi incliné lors de plusieurs autres majeurs quand des joueurs comme Tiger Woods avaient mis les gaz durant la phase finale du week-end. Qu'est-il survenu de différent en 2004 ? Ce qui était sûr, c'était qu'il avait connu une semaine époustouflante à Augusta cette même année, peut-être son meilleur tournoi à vie en termes de coups frappés et de coups roulés. Mais je dirais que son approche mentale se révéla encore plus cruciale, cette capacité de mettre de côté ses échecs passés pour se concentrer entièrement à la tâche d'effectuer les coups requis pour remporter le Masters. Même alors qu'il s'était démené durant la première moitié de la ronde, rencontrant quelques difficultés dont une balle expédiée dans une fosse de sable au quatrième, il avait trouvé le moyen de jouer le dernier neuf sans peur en demeurant concentré et positif. Le sourire accroché au visage tout au long de la partie, il était clair qu'il savourait le moment et appréciait le défi du jeu. Les observations de

Mickelson après la ronde montrent bien l'état d'esprit d'un golfeur sans peur. Il s'agit d'une attitude mentale découlant d'une préparation et d'une confiance solides ainsi que d'une volonté de jouer sans peur. Son commentaire constitue une véritable leçon sur les possibilités et les fonctionnalités d'un golf sans peur :

> Il est frustrant de subir sans cesse la défaite. Cela peut devenir démoralisant, mais il ne faut pas s'y laisser prendre.
>
> Je crois que la chose la plus importante pour moi fut cette période hors saison, toutes ces heures d'entraînement passées sous les directives de Rick Smith [son entraîneur] et Dave Pelz. Dès l'instant où je mettais les pieds sur un tertre de départ, je savais que ma balle atterrirait au milieu de l'allée. Grâce à ces heures de travail et aux conseils judicieux dont j'avais profité, j'étais persuadé d'avoir toutes les chances de gagner.
>
> Cette semaine, je ne me sentais pas comme d'habitude lorsque je jouais. Je ne me sentais pas non plus comme d'habitude en amorçant ce tournoi. C'est que j'avais la claire impression que cette semaine allait être la bonne. Mais comme j'avais déjà ressenti la même chose auparavant et que rien ne s'était produit, je préférais ne pas trop m'enthousiasmer. Je me sentais malgré tout très calme, et la nuit dernière, quand Amy et moi discutions, nous étions très calmes aussi. Nous avions le sentiment que les choses étaient différentes. Sur le parcours, je ne me suis pas posé de questions anxieuses du genre : « Est-ce en train de disparaître ? » ou : « Le tournoi se déroule-t-il bien pour moi ? », ou qui fait

quoi. Ça ressemblait plutôt à : « Bon, si on allait frapper quelques coups ! »

J'étais très confiant aujourd'hui que de bonnes choses se produiraient.

Créer son auto-efficacité

Ainsi, la question posée par Brian sous le coup de la frustration semble, avec le recul, constituer davantage le problème lui-même qu'un pas vers une solution. Simplement en se demandant pourquoi il manque de confiance, le golfeur bloque le développement de cette confiance dont il a tant besoin. Existe-t-il une solution à cette énigme psychologique ?

Bien sûr. Pour commencer, le golfeur engagé dans son développement doit croire en la possibilité de son potentiel. Au lieu de se lamenter sur son manque de confiance, au lieu de penser que sa balle partira vers la gauche ou vers la droite, au lieu (en essence) d'accepter la défaite, il doit relever le défi qui consiste à dépasser cet état. Il doit apprendre à canaliser son attention sur les détails de la tâche à accomplir tout en apprenant également à accentuer les résultats qui génèrent ce sentiment de confiance, à savoir l'auto-efficacité propre au golfeur de maîtrise. En outre, il doit envisager le jeu comme une entreprise hautement contrôlée. Au lieu de se bombarder l'esprit avec des images de résultats futurs possibles, il doit apprendre à ne songer qu'aux exigences spécifiques de chacun de ses coups et à voir chaque coup exclusivement et indépendamment de toute autre circonstance. Plus il sera concentré, plus il aura de chances de réussir ses coups. En mettant l'accent sur les choses qui contribuent à ce sentiment d'auto-efficacité et en éliminant celles qui l'en détournent, il pourra avancer dans la bonne direction.

Plutôt que de se demander où cet éphémère sentiment d'auto-efficacité pourrait bien se localiser, nous devons faire tout ce qui se trouve en notre pouvoir afin de le créer. Il vaut mieux le contrôler nous-même que de se laisser pousser par les circonstances. La possibilité de devenir un golfeur sans peur ne dépend plus alors que de notre volonté de faire tout ce qui est possible pour effectuer des élans en direction de cibles précises. Évidemment, le développement des habiletés techniques demeure essentiel. Mais il se révèle tout aussi nécessaire d'allier toutes ces heures d'entraînement à la volonté de croire à la possibilité qu'en contrôlant notre interprétation des événements et notre approche de chacun de nos coups, nous nous donnons l'occasion de maximiser notre potentiel. Jouer avec confiance n'est pas une réaction, c'est un choix. Ce pouvoir réside entièrement en nous, et la clé pour y accéder réside dans les questions que nous nous posons quand nous jouons, autant dans le circuit de la PGA que lors de notre ronde du samedi matin. Et c'est là notre propos du prochain chapitre.

Chapitre 4

Les questions phares
d'un golf sans peur

Frank Gasaway représentait à trente ans un golfeur professionnel bien connu dans la région d'Atlanta en tant qu'excellent « money player ». Que l'enjeu ait été de 50 ou de 5 000 dollars, Frank se montrait toujours partant lorsqu'il s'agissait de jouer pour de l'argent. La qualité du jeu de Frank s'élevait selon le niveau des enjeux et de la compétition. Dès qu'une somme d'argent se trouvait en jeu, il inscrivait des oiselets quand cela comptait. Ses pointages lors des matchs où l'on jouait pour une bourse se révélaient incroyablement bas. Dans les tournois, j'entendais immanquablement des histoires à propos d'un oiselet qu'avait réussi Frank à tel ou tel trou, et qui lui avait valu de remporter la victoire ainsi qu'une bourse à faire rougir la plupart d'entre nous et même blêmir certains autres. En dépit de ses habiletés évidentes, Frank avait toutefois un problème : il n'arrivait pas à répéter la qualité de son jeu lors des tournois professionnels de golf. Alors qu'il arrachait régulièrement de l'argent aux meilleurs golfeurs de l'État, il ne pouvait cependant même pas se qualifier pour les événements auxquels ces mêmes joueurs participaient et remportaient.

Ses rondes de pratique dans les 60 à 65 points se voyaient habituellement et illogiquement suivies de rondes de compétition dans les 75 à 80. Quand il lui arrivait de se retrouver en position de tête dans un tournoi, il découvrait inévitablement une façon de saboter son match. Il échoua à se qualifier pour le U.S. Open par un seul coup à cause d'un double boguey au dix-septième, lui qui, ce jour-là, n'avait encore inscrit aucun boguey. Curieusement, à une certaine période, Frank avait été un excellent golfeur de tournoi, à savoir à l'école secondaire, où il avait réussi l'exploit de jouer 28 en neuf trous, pour ainsi égaler le record national de l'époque.

Imaginez mon embarras, en tant que psychologue, que de me trouver en face d'un golfeur qui joue très bien lorsqu'une bourse est en jeu, mais qui joue mal dans les tournois. Le fait que cela se reproduisait constamment me permit de conclure à l'aspect systématique du problème.

Je demandai à Frank de me parler de sa routine et de ses schèmes de pensée alors qu'il s'apprêtait à disputer un match où l'on offrait une bourse. Voici ce qu'il m'expliqua : « Je me réchauffe au terrain d'exercice, j'évalue mon élan, puis j'essaie simplement de me décontracter. Pendant que j'effectue mes exercices, j'ai quelque part en moi le sentiment que je vais écraser tous mes adversaires. J'adore rivaliser avec d'autres joueurs. »

Je l'incitai ensuite à me faire part des choses qui lui passent par la tête durant une partie. Il me donna l'exemple d'une compétition qu'il avait récemment disputée et où une bouse se trouvait en jeu :

Au premier tertre, je réfléchissais : « Où vais-je expédier ma balle ? » Je me suis dit que je l'enverrais du côté droit de l'allée. Toutefois, ma balle termina sa course dans la fosse de sable. Je ne m'en suis pas trop inquiété, parce que je me débrouille bien dans les fosses de sable. À ce moment,

j'ai pensé : « Que me faut-il faire pour battre ce type ? »
Je me suis donc sorti de là grâce à un joli coup qui m'a
permis d'inscrire la normale et de partager le trou. Le trou
suivant était une normale cinq. J'étais persuadé de pouvoir l'atteindre si seulement je gardais ma balle en jeu.
J'ai donc envoyé ma balle dans la partie large de l'allée,
puis je me suis demandé : « Quelle distance me sépare-
t-elle du centre du vert ? » J'ai alors frappé un coup qui
m'a conduit jusqu'à la limite avant du vert, avant d'effectuer deux roulés et d'obtenir l'oiselet qui m'a valu de
remporter le trou.

J'interrogeai ensuite Frank afin qu'il me raconte ce à
quoi il pense quand il se trouve sur le point de participer à
un tournoi. Son approche se voulait très différente.

En me rendant à ce récent tournoi, je me suis mis à imaginer : « Et si je jouais 80 aujourd'hui ? » [Il anticipait cela
en dépit des 67, 72 et 70 qu'il avait joués à ses trois rondes
précédentes.] Au premier tertre, j'ai pensé : « Mon Dieu,
faites que je joue suffisamment bien pour ne pas me
retrouver dans l'embarras. Et si je me couvrais de ridicule encore une fois ? » Dans mon for intérieur, je me
demandais ce que les autres pensaient de moi. J'espérais
simplement de ne pas expédier ma balle dans le ruisseau.
Mon corps tout entier était crispé et mon élan était court.

Alors, que s'est-il passé ?

Je suis parvenu à envoyer ma balle dans l'allée, et j'ai par
la suite assez bien joué. J'ai effectué quelques coups dans
la normale, mais je demeurais toujours crispé. Je ne me
sentais pas bien. Je continuais de me demander : « Vais-je

tout faire foirer?» Puis, au septième, j'ai envoyé ma balle complètement sur la droite. Et, mon vieux, je ne sais même pas où elle a atterri. J'ai dû remettre ma balle en jeu près du té des dames tellement elle avait dévié loin sur la droite. J'ai fait trois coups au-dessus de la normale sur ce trou, avant de faire un boguey au huitième. Après avoir perdu ma balle au septième, j'ai pensé: «Mais qu'est-ce que tu fais? Comment peux-tu être à ce point stupide?»

Évidemment, avec des questions comme celles-là, Frank se retrouva bientôt dans un état mental désastreux, un état dont il ne parvint pas à s'extirper. C'est ainsi qu'il continua d'inscrire des bogueys jusqu'à chuter si loin des meneurs que le résultat de ses coups n'importait plus. À l'inverse, lorsqu'il jouait pour de l'argent, Frank ne voyait que des allées. Il se posait les bonnes questions: «Où vais-je envoyer cette balle? Quelle distance y a-t-il jusqu'au centre du vert?» Son esprit se centrait sur la tâche de frapper des coups de golf vers des cibles précises sur un parcours, à la manière des golfeurs de maîtrise. Il dit:

> Je n'essaie pas vraiment de gagner des trous. Je peux en gagner un, en perdre un, je ne m'en fais pas trop avec cela. Je m'efforce plutôt de trouver mon propre rythme et de sentir le parcours. Ce qui s'est déroulé auparavant n'importe pas réellement, parce que je sais que je réussirai de bons coups au bon moment. J'essaie simplement de me concentrer à effectuer de bons coups.

Ses schèmes mentaux durant les tournois étaient tout le contraire. Frank ne pensait à rien d'autre qu'à son pointage. Il ne voyait que des obstacles, et son approche consistait à tenter de les éviter (un plan d'eau à droite, une zone hors limite à gauche). Il se posait des questions génératrices d'anxiété (Et si je jouais 80? Vais-je encore me ridiculiser? Mais qu'est-ce que tu fais là? Comment peux-tu être aussi stupide?). Il ne pensait absolument pas à trouver son rythme. Sa perspective passait de celle d'un golf de maîtrise (jouer le parcours) à celle d'un golf d'ego (essayer d'impressionner les autres ou d'éviter de se couvrir de ridicule). En se posant de mauvaises questions axées sur l'ego, il créait les distractions et les peurs contre lesquelles sont immunisés les golfeurs de maîtrise. Pour chaque question conduisant à des pensées négatives, il existe une réponse tout aussi inconfortable produisant le type de peur propre à transformer ces mauvaises pensées en mauvais élans.

De mauvaises questions centrées sur les incertitudes de l'avenir ou sur les difficultés du passé génèrent un cycle de peur qui se nourrit de lui-même. On peut mettre fin à ce cycle en réorientant le centre d'attention à l'aide de bonnes questions, celles du type que se posent les golfeurs de maîtrise. Nicklaus, par exemple, se demandait : « Comment vais-je m'y prendre pour remporter ce tournoi de golf? » au début de chacun des événements auxquels il a participé. La question se révèle d'une simplicité héroïque. Sa franchise constitue la marque du golfeur qui possède une orientation de maîtrise et qui joue un golf sans peur.

Dans la littérature et au cinéma, l'objectif de plusieurs auteurs et cinéastes consiste à utiliser leur médium comme un véhicule pour découvrir le héros parfait. J'imagine parfois le travail du psychologue qui disposerait de ce genre de liberté et qui pourrait saisir un joueur de golf dans le but de le mouler en un modèle parfait de golfeur de maîtrise. Un tel golfeur afficherait certaines des caractéristiques des Hogan, Nicklaus et Woods, assurément, mais il serait également ment animé de la passion d'un survivant comme Chris

DiMarco, de la tenacité innocente d'un Heath Slocum ou
d'un Jonathan Byrd, et de la détermination tranquille d'un
David Toms. Il serait sans doute constitué d'un mélange
intéressant de Luke Skywalker, de Peter Parker, de James
Bond, de Harry Callahan et de tant d'autres héros de la
littérature et du cinéma de mon adolescence, des personnages peu compliqués, sans prétention et purs dans leurs
motivations.

Les deux questions favorites de Jack

Le golfeur en proie à la peur a tendance à se poser des questions négatives face aux incertitudes que lui réserve l'avenir.
Des questions telles que : « Vais-je faire un crochet extérieur ? »
ou « Est-il en train de me battre ? » ou « Pourquoi suis-je
incapable de bien jouer quand cela compte le plus ? » Le golfeur
qui apprend à contrôler les interrogations qu'il programme
dans son esprit se trouve nettement avantagé par rapport à
celui qui attend passivement que la situation décide pour lui
de son destin. Jack Nicklaus déclara un jour qu'il avait deux
questions favorites sur lesquelles il s'efforçait de se concentrer durant chacune de ses rondes de golf :

Quelle stratégie vais-je employer pour remporter ce
tournoi de golf ?

Comment vais-je m'y prendre pour réussir ce coup ?

Il est naturel de penser à des questions bêtes par moments,
mais il se révèle improductif de focaliser sur des questions au
potentiel négatif et incertain. Il faut plutôt réfléchir à la tâche
d'effectuer des coups de qualité vers des cibles précises. Les
questions qui orientent l'esprit sur les détails pertinents

à l'exécution de bons coups en direction de cibles précises constituent une composante clé du golf de maîtrise.

Le monde concret du golf, cependant, s'avère différent du monde écrit d'avance de la littérature et du cinéma. De nature complexe, les personnes réelles se voient motivées par des intérêts variés, parfois même contradictoires. Le golf de maîtrise se veut toujours une question de degré et les vrais golfeurs qui jouent devant une vraie foule dans la vraie vie (ou de vrais golfeurs faisant simplement de leur mieux au cours d'une partie avec des amis, des collègues de travail ou des partenaires d'affaires) ont souvent besoin d'aide afin de demeurer concentrés sur les choses essentielles. Comme nous l'avons vu dans les chapitres précédents, c'est ce qui se produit quand la peur et les interrogations qui en découlent viennent interrompre le potentiel de réussite. C'est la raison pour laquelle Frank Gasaway jouait au golf en vertu de deux personnalités. C'est également ce qui explique en grande partie pourquoi vous semblez jouer sans effort certaines rondes ou certains trous, alors que vous peinez comme un débutant en d'autres occasions.

Je crois toutefois qu'il y a espoir de récupération, lequel débute par une analyse des questions que nous nous posons lorsque nous jouons. Grâce à ces questions, tout devient possible.

Songez par exemple à Davis Love III et au changement qu'il était parvenu à opérer dans sa concentration au dix-huitième trou, à Pebble Beach, passant d'un mode d'ego à un mode de maîtrise par une simple modification de son dialogue intérieur. Après avoir choisi de cesser de s'intéresser au jeu de son adversaire, il s'était plutôt demandé :

«Quelle est ma cible?» Alors que les golfeurs dont l'orientation se trouve axée sur l'ego s'interrogent davantage sur leur état émotionnel et sur les résultats (avec des interrogations du type «De quoi aurai-je l'air si je rate ce coup?» ou «Que vaut ce coup?»), j'ai observé que les golfeurs de maîtrise se posent habituellement les mêmes questions en nombre limité encore et encore:

Quelle est ma cible?
Quelle est la meilleure façon de jouer ce trou?
Quel type de coup ce trou demande-t-il?
Quel coup vais-je frapper maintenant?

Les réponses aux questions que nous nous posons prenant fréquemment une forme visuelle, il n'est pas étonnant que les golfeurs de maîtrise soient capables de rester davantage calmes et concentrés: les questions qu'ils se posent ont pour effet de les garder focalisés sur la tâche de frapper des balles vers des cibles précises, un processus qui estompe la peur qui accompagne généralement les performances devant une foule.

En réalité, se poser des questions représente la partie essentielle du dialogue avec soi-même auquel nous nous livrons tous (ce que William James appela «le Je et le Moi»). Nous menons tous ce questionnement parce que cela nous aide à naviguer dans les eaux complexes de notre monde intérieur. Dans la vie de tous les jours, nous risquons tous de sombrer dans la panique en nous posant les mauvaises questions: Ai-je un cancer? Vais-je perdre mon emploi? Mes enfants consomment-ils des drogues? Suis-je en train de devenir chauve? Trouverai-je jamais quelqu'un à aimer?

Au golf, comme nous l'avons vu, les questions portant sur les incertitudes de l'avenir engendrent des processus mentaux néfastes. Je ne manque jamais de rappeler aux golfeurs avec qui je travaille de ne pas essayer d'échapper aux obstacles qu'ils rencontrent au cours d'une partie de golf. Mémorisez bien : il ne faut pas tenter d'éviter les obstacles. Il faut plutôt les identifier et les étudier, avant de déterminer la meilleure façon de les surmonter efficacement. Les questions focalisent notre esprit de la même manière qu'une lentille focalise un faisceau laser. Les questions qui concentrent l'esprit sur les détails pertinents à l'exécution de bons coups vers des cibles précises constituent la composante clé du golf de maîtrise.

J'ai rencontré des milliers de golfeurs dans ma vie et je puis dire qu'il existe autant de mauvaises questions qu'il y a de golfeurs. Par exemple, une recrue du circuit de la PGA se demanda : « Se pourrait-il que je ne passe aucun *cut* de toute l'année ? Vais-je arriver à payer mes factures ? Vais-je un jour faire partie du Circuit ? » Les joueurs de calibre moyen se posent eux aussi ce genre de questions : « Vais-je faire un crochet intérieur ? Vais-je faire un crochet extérieur ? Vais-je rater ce roulé ? » Et à chacune des mauvaises questions menant à des pensées négatives se trouve assortie une réponse produisant le type de peur capable de transformer ces mauvaises pensées en mauvais élans.

Comme c'est le cas avec la plupart des mystères de l'existence, la solution à cette affection psychologique répandue réside dans la simplicité. Si l'esprit répond instinctivement aux mauvaises questions, il répond également instinctivement aux bonnes questions. Des questions comme « Quelle sera ma stratégie pour jouer ce coup ? » ou « Quelle est ma cible ? » appellent des réponses immédiates et connaissables. Il s'agit là des questions que se pose le golfeur qui maîtrise son jeu et ses émotions.

Mauvaises et bonnes questions

Voici une liste de mauvaises questions susceptibles de s'immiscer dans le dialogue intérieur d'un golfeur et de court-circuiter ses chances de réussite. Remarquez combien il s'avère difficile de répondre à ces interrogations de façon constructive :

Et si

... je faisais un crochet extérieur ?

... je craquais ?

... je jouais 80 aujourd'hui ?

... je devais retourner à l'école de qualification ?

... j'expédiais ma balle dans l'eau au treizième ?

... je faisais mauvaise figure ?

... je perdais ?

... je faisais un crochet intérieur ?

... la nervosité s'emparait de moi ?

... j'étais frappé par la foudre ?

... cette balle terminait sa course dans les herbes hautes ?

... je me couvrais de ridicule ?

Est-ce que

... je pourrais arriver à jouer encore plus mal ?

... je pourrais essayer de ne pas me couvrir de ridicule. cette fois ?

... ils vont penser que mon golf se détériore ?

... ils seront impressionnés ?

... je finirai un jour par apprendre ?

... je suis vraiment si mauvais ?

Quand

... suis-je devenu si peu assuré ?

... vais-je cesser de me ridiculiser ?

... ce cauchemar va-t-il se terminer ?

Où

... ma confiance est-elle passée ?

... mon rythme est-il passé ?

... ai-je laissé ma touche pour les roulés ?

... est passé ton cerveau, imbécile ?

... cette balle va-t-elle se retrouver ?

Comment

... puis-je être aussi stupide ?

... ai-je pu rater ce roulé ?

... se peut-il qu'à mon âge, j'aie pu faire une erreur aussi
     bête ?

... une ronde de golf pourrait-elle être pire que celle-ci ?

... suis-je capable de jouer si mal ?

... se fait-il que je joue à ce point mal aujourd'hui ?

... la situation pourrait-elle être plus embarrassante ?

... l'histoire se souviendra-t-elle de moi ?

... mon entraîneur trouve-t-il mon jeu ?

Combien

... d'occasions vais-je laisser passer aujourd'hui ?

... de coups me séparent de lui ?

Pourquoi

... moi ?

... ai-je choisi de pratiquer ce sport?

... n'ai-je pas effectué un coup roulé au dernier trou?

... mes mains tremblent-elles?

... ne puis-je jamais bien jouer quand cela compte?

Qui

... me talonne?

... est le meilleur joueur du groupe?

... sera de la partie aujourd'hui?

Maintenant, voici une liste de questions précises, directes et productives qui constituent la marque d'un golfeur qui réussit, d'un golfeur sans peur.

Quel est mon objectif pour cette ronde?

Quelle sera ma stratégie?

Quelle est ma cible?

La liste la plus courte s'avère la meilleure. Soyez attentif aux questions que vous vous posez. Si elles ressemblent à celles de la première liste, ces questions destructrices auxquelles il se révèle difficile de répondre, essayez de réorienter votre interrogation vers des questions auxquelles vous êtes susceptible de trouver des réponses constructives qui vous aideront à aller de l'avant.

Des entrevues menées auprès de golfeurs du circuit de la PGA ont révélé que ces derniers recourent souvent à des questions puissantes afin de focaliser leur attention et éviter les distractions. Et bien que ces questions se voient généralement influencées par la situation dans laquelle ils se trouvent (par exemple, Jack Nicklaus se demanda : «Comment vais-je m'y prendre pour remporter ce tournoi ?» avant la ronde finale du Masters 1986), les meilleurs golfeurs au monde se concentrent d'habitude sur trois questions clés avant et durant une ronde de golf compétitif dans le but de guider leurs réflexions et afin de les garder centrés sur une approche de maîtrise. Il s'agit pour moi des «questions-guides» du golf, et pour se les approprier, il n'est pas néces-saire de jouer en vue d'obtenir la veste verte.

Avant une ronde : quels sont les obstacles/quelle sera ma stratégie aujourd'hui

Lorsque l'on étudie ces individus qui ont su s'élever au sommet de leurs domaines respectifs, on s'aperçoit que leur approche de la réussite débute par une attitude maîtrisée. Bien que le golf constitue ma principale sphère de recherche et de pratique, je crois qu'il y a aussi beaucoup à apprendre d'autres domaines compétitifs. Ainsi, je me suis intéressé non seulement à des hommes d'affaires qui ont réussi, tels que Cornelius Vanderbilt et Henry Ford, mais également à de grands stratèges politiques et militaires, à des scienti-fiques et à des artistes, de même qu'à des entraîneurs légen-daires qui ont préparé la voie à une meilleure compréhension des mécanismes de performance des athlètes. Quel que soit le sport concerné, il existe des thèmes communs aux philosophies de tous les grands entraîneurs. Confiance,

optimisme, travail acharné, persévérance et discipline représentent des concepts intemporels et universels à toutes les
entreprises.

Un autre aspect universel de la réussite sportive, peut-
être celui sur lequel les entraîneurs insistent le plus, concerne
l'importance de la préparation mentale à la victoire. En effet,
les grands leaders historiques de tous les domaines compétitifs ont à un point ou à un autre parlé de l'importance de
se préparer en vue de la victoire. Nous n'avons qu'à penser
aux paroles immortelles du stratège militaire Sun Tzu, pour
qui «toutes les batailles sont gagnées avant même d'avoir
été livrées», ou à ce simple conseil de l'entraîneur de l'équipe
de basket-ball de UCLA, John Wooden, qui aimait à répéter:
«Manquer de se préparer, c'est se préparer à manquer.»

Mais qu'est-ce donc qu'être prêt à jouer du grand golf?
Cela signifie-t-il uniquement que l'on doit croire en soi-même
ou se sentir confiant, comme le croient certains? L'essence
d'une bonne préparation se résumerait-elle tout bonnement
à visualiser sa balle roulant vers la coupe? Pas nécessairement. Les entrevues que j'ai réalisées auprès des meilleurs
golfeurs de la planète m'ont fourni l'occasion de constater
qu'au cœur de leur préparation se trouvent des questions-
guides grâce auxquelles ces joueurs peuvent évaluer la
qualité de leurs élans et de leurs roulés, leur permettant
ainsi de connaître l'état de leurs possibilités ce jour-là.

Il y a une différence clé entre le golfeur qui joue avec la
peur et celui qui joue sans peur. Le premier essayera en
général d'ignorer les obstacles et l'adversité, et même de
faire comme s'ils n'existaient pas, tandis que le second aura
tendance à identifier et à reconnaître d'avance ces obstacles,
avant de se préparer du mieux qu'il le pourra à les surmonter.
Remarquez que ce dernier ne pense pas au jeu de ses adversaires ni à sa volonté de battre tel ou tel autre joueur, ni à

ce qu'il court la chance de gagner, son questionnement portant plutôt sur la partie elle-même, sur le parcours de golf ainsi que sur la stratégie à employer afin de tirer le maximum de son potentiel de jeu. Selon l'approche agressive ou conservatrice adoptée, on choisira d'expédier sa balle en direction du drapeau malgré la menace d'un obstacle, ou bien de jouer prudemment en envoyant sa balle au centre de l'allée, en bordure du vert, pour tenter ensuite un long roulé.

Il s'avère important de se poser ces questions avant une ronde de golf pour la raison que le golf constitue, de l'avis général, le plus difficile de tous les sports, ce qui en fait pour moi le plus intéressant de tous les sports. La difficulté du golf ne consiste pas simplement à frapper des balles de golf — n'importe quel débutant peut y arriver —, mais concerne le fait que le golf se montre extrêmement sensible aux fluctuations psychologiques et mécaniques. Le changement le plus subtil dans l'humeur, le niveau de stress, la confiance, la tension musculaire ou la trajectoire d'élan d'un joueur, peut faire varier dramatiquement les résultats des coups et les pointages. C'est pourquoi le golf requiert une précision et une constance comme aucun autre sport. En prime, il offre aussi le temps qu'il faut entre chaque coup pour réfléchir à cette difficulté. Il s'agit là des obstacles auxquels le golfeur se voit confronté et ceux en fonction desquels il effectue sa préparation avant une partie.

Presque par défaut, les grands golfeurs se posent les questions efficaces qui les préparent à jouer leur meilleur golf. Par exemple, Jack Nicklaus s'échauffait au terrain d'exercice, guidé par la simple question : « Quels sont mes paramètres aujourd'hui ? » En d'autres mots, Jack voulait connaître l'état de ses possibilités ce jour-là afin de savoir s'il devait adopter un jeu conservateur ou s'il pouvait prendre des risques. Son élan était-il suffisamment solide pour qu'il puisse s'attaquer immédiatement au drapeau ou viserait-il d'abord le centre de l'allée jusqu'à ce qu'il en ait une meilleure idée? Comme il lui arriva de dire:

> Durant mon échauffement, j'essaie seulement d'établir quels sont mes paramètres ce jour-là, et si cela se révèle nécessaire, je peux réduire mon jeu de vingt pour cent, couper le parcours de golf en deux et limiter mes erreurs. Ce n'est pas ce que je peux faire de mieux, mais ça me permet souvent d'exclure les bogueys de l'équation et de survivre jusqu'à ma prochaine période d'entraînement au terrain d'exercice.

La préparation d'avant-match de Tiger Woods est semblable. Tiger se trouve constamment guidé par la philosophie de «se préparer au pire, mais s'attendre au meilleur.». Tiger sait que tous les golfeurs connaissent chaque jour des fluctuations. Les joueurs sont plus ou moins différents d'un jour à un autre: il leur arrive d'être plus tendus, plus rigides, d'avoir un tempo plus rapide ou même de ne plus voir les verts comme avant.

Les grands champions paraissent tous adhérer à l'idée que puisqu'il existe des fluctuations quotidiennes inhérentes à la condition humaine, leur but devrait être de parvenir à se connaître au point de sentir de quoi ils sont capables une journée donnée.

En effet, la connaissance de soi est ce qui permet à Tiger de savoir s'il doit jouer son jeu A, B ou C. Ainsi, se poser des questions fondées sur la gestion de son jeu avant d'entreprendre une ronde de golf constitue la première clé d'une préparation efficace pour qui désire remporter des tournois de golf.

Matt Kuchar : oublier le pointage

Rappelons que Matt Kuchar remporta son premier tournoi professionnel, le Honda Classic 2002, en jouant 66 lors de la ronde finale. Après le match, il dit :

Je ne m'attardais pas vraiment aux pointages des meneurs, pas plus qu'au mien d'ailleurs. Je me suis présenté au premier tertre et j'ai frappé mon coup de départ. Je ne regardais pas le tableau des meneurs et je ne savais pas quelle était ma position. Et aujourd'hui, je n'ai pas regardé le tableau des meneurs avant le dix-septième, et j'ai en fait... Je suis allé dans la tente de pointage pour additionner mes résultats et, évidemment, j'y allais trou par trou. Alors, j'ai additionné mes résultats, comparé les totaux des cartes de pointage de chacun des neuf, pour m'apercevoir que j'avais joué 35 au premier neuf. J'ai ensuite additionné les nombres de mon deuxième neuf sur le petit signet de mon carnet, et j'ai vu, un sous la normale, deux sous la normale, trois sous la normale, quatre sous la normale, cinq sous la normale ? C'est bien ça ? En discutant de psychologie du golf plus tôt cette semaine, de bons souvenirs avaient ressurgi. Quelqu'un m'avait alors dit : « Matt, ne lève pas la tête. Ne te soucie pas de ta position. Ne te soucie de la position de personne. Va jouer au golf, additionne tes points à la fin de la partie, et si tu gagnes, ce sera tant mieux ! »

Au tertre de départ : quelle est la meilleure stratégie pour réussir ce trou ?

Comme le soulignent différents ouvrages sur la psychologie du golf, deux des problèmes les plus fréquemment rencontrés par les golfeurs sont d'anticiper en se souciant de l'issue possible d'un match et de s'attarder sur le passé en repensant aux résultats des trous précédents. Autrement dit, l'un des plus grands défis du golfeur consiste à *demeurer dans le présent*. Habituellement, les mauvais résultats aux trous joués ont un impact sur les résultats à venir. Le mauvais roulé du dernier trou se traduit souvent par un mauvais coup de départ au prochain tertre. Ainsi, le golfeur se voit parfois si obnubilé par ce qui s'est produit auparavant que son esprit ne se trouve pas suffisamment concentré sur la tâche de découvrir la meilleure façon possible de jouer le trou suivant.

Comme je l'ai déjà mentionné, si certains golfeurs savent qu'ils doivent s'efforcer de rester dans le présent, ils ne savent pas nécessairement comment y parvenir. La solution ne se résume pas simplement à se répéter qu'il faut demeurer ancré dans le présent ; cela équivaudrait à se dire « Ne t'en fais pas » juste avant de prononcer un discours devant ses pairs. Lorsque l'on se dit de ne pas s'en faire, c'est généralement parce que l'on s'en fait, et en se le disant, on risque d'accentuer le sentiment d'inquiétude. Le fait de s'intimer de demeurer dans le présent signifie le plus souvent que l'on n'y est pas. Il doit exister une meilleure solution.

Cette meilleure solution consiste à faire les choses que vous faites naturellement dans ces moments où il vous est facile de vivre le présent. Quand le golf se joue facilement, les golfeurs se posent automatiquement les bonnes questions. Ils n'ont pas à songer à se poser les questions qu'il leur est naturel d'envisager, comme «Quelle est la meilleure stratégie à employer pour réussir le trou suivant?» ou «Quelle est la meilleure façon de jouer ce trou?» Ils le font, tout simplement. Il ne leur est pas nécessaire de se rappeler de demeurer dans le présent, parce qu'ils *sont* dans le présent à se poser les questions qui les aident à focaliser leur esprit sur la tâche de frapper des balles sur un parcours de golf.

Les paroles d'un champion : Raymond Floyd

Comment aurait-on pu deviner que Raymond Floyd allait remporter l'U.S. Open 1986 à Shinnecock Hills? À un certain point de la ronde finale, il ne représentait que l'un des huit joueurs se disputant la tête du championnat. Et parmi ces joueurs, il se voulait le seul à avoir laissé filer une avance confortable en ronde finale la semaine précédente. Il constituait également l'unique joueur de près de quarante-quatre ans, un âge trop élevé pour remporter l'U.S. Open. En outre, il était le seul du groupe à n'avoir gagné qu'un tournoi au cours des quatre dernières années.

Mais Floyd, qui avait toujours été l'un des grands compétiteurs du golf, avait beaucoup appris sur lui-même en perdant cette avance confortable une semaine auparavant. D'ailleurs, dans les jours précédant le championnat, il avait pris du temps pour étudier le parcours de Shinnecock et afin de déterminer la meilleure stratégie à employer.

Cette conscience de soi, cet engagement et cette détermination incarnent ce qui définit un champion quand huit golfeurs à égalité se battent pour la victoire lors de la ronde finale d'un tournoi majeur. Les paroles de Floyd ce jour-là reflètent bien ce sentiment de confiance au moment de vérité.

« Je me trouvais en parfait contrôle », indiqua-t-il.

À aucun moment je n'ai accéléré mon élan, ce qui est phénoménal pour moi. Je marchais à la vitesse de mon élan de golf. Je me sentais bien. Je n'ai pas ressenti d'inquiétude et je n'ai rien laissé me déranger. Je m'en suis tenu à mon plan de match sans jamais en dévier.

J'avais décidé de ne pas m'en écarter, quoi qu'il advienne. Croyez-moi, tous les joueurs consultent le tableau des meneurs. On ne peut y échapper. J'aurais préféré ne pas y mettre les yeux ; cela peut vous influencer. N'empêche qu'aujourd'hui, je n'ai pas dévié de mon plan de match.

Jeudi, nous avons évolué sous un temps exécrable. Ce fut aussi éprouvant que de jouer la dernière ronde. J'ai malgré tout continué de faire de mon mieux en me disant : « Contente-toi de suivre ton plan de match ! » Je suis persuadé d'avoir gagné ce tournoi dès jeudi.

Je suis fier de ma capacité de gérer la pression et de contrôler mes pensées. Je me suis fait une réputation de meneur de peloton. Et quand on se tient parmi les meneurs, on doit vivre avec les émotions des meneurs. Je connais ces émotions. C'est ce qui fait la différence en compétition. La semaine dernière, j'ai vraiment craqué intérieurement. Mon épouse Maria et moi en avons discuté dimanche soir durant le long trajet du retour à la maison. Au début, je ne tenais pas à en parler, mais parfois, il s'avère bon de revisiter un événement perçu négativement et de le transformer en une expérience d'apprentissage positive.

À chaque tertre de départ, la question «Quelle est la meilleure stratégie pour jouer ce trou ?» fait partie de la routine des golfeurs de maîtrise. Si l'esprit répond automatiquement à la question intérieure, alors, le simple fait de se demander «Quelle est la meilleure stratégie pour jouer ce trou ?» représente une excellente manière d'ancrer un golfeur dans le présent en le tenant loin des questions qui le ramènent dans le passé ou le projettent dans l'avenir. C'est un peu comme le coup de marteau qui vient appeler à l'ordre les membres d'une réunion : le temps des bavardages inutiles est terminé, et le moment est venu de passer aux choses sérieuses. Cela permet de se recentrer sur le parcours et de se mettre dans l'esprit du golf de maîtrise.

À l'adresse : quelle est ma cible

Il est bien de réfléchir aux obstacles avant une ronde de golf, parce que cela favorise la préparation et préserve les golfeurs des surprises qui conduisent souvent à la peur et à la panique. Cependant, personne ne veut songer aux obstacles juste avant ou pendant un élan. De façon similaire, il importe de penser à sa stratégie au tertre avant de jouer un trou en particulier, parce que cela permet aux golfeurs de minimiser les risques de rencontrer des problèmes. La stratégie par trou procure au golfeur de meilleures chances de s'élancer avec les bons clubs au bon moment. Néanmoins, lorsqu'il se prépare à frapper son coup, le golfeur ne devrait plus penser à sa stratégie et devrait plutôt focaliser exclusivement sur la tâche d'effectuer des élans sans peur vers des cibles précises.

Afin d'être pleinement attentif au moment présent et d'augmenter ses chances d'effectuer des élans sans peur vers des cibles précises, le golfeur doit avant chacun de ses coups se demander : « Quelle est ma cible ? » Lorsque le golfeur se pose cette question, son esprit réagit naturellement. Il se concentre sur une cible au loin. Ainsi capable de verrouiller son attention sur sa cible, le golfeur peut alors plus aisément faire confiance à son élan et expédier sa balle jusqu'à cette cible. Le fait que le golfeur soit concentré sur la cible signifie qu'il ne pense pas à la mécanique de son élan, pas plus qu'aux résultats possibles, aux événements passés ou à venir, ou aux autres joueurs. Ancré dans le présent, il s'avère plus facile de se demander « Quelle est ma cible ? », et se poser cette question favorise la conscience du présent.

Exercice de confiance : votre nouveau mantra

Pour ceux qui souhaitent intégrer davantage les principes du golf de maîtrise à leur jeu, la phrase « Quelle est ma cible ? » devrait devenir une sorte de mantra. Chez les hindous et les bouddhistes, un mantra désigne une formule verbale sacrée que l'on répète en prière ou en méditation. La croyance veut que lorsqu'on le récite à haute voix et avec intention, le mantra possède le pouvoir de se réaliser. Il n'y a pas de réalité plus bénéfique que celle de conserver la question « Quelle est ma cible ? » au premier plan dans votre esprit.

Quand les golfeurs ne programment pas activement eux-mêmes leurs questions, il arrive souvent que la situation ou le hasard des flots de pensées vienne leur mettre des questions négatives dans la tête. Juste avant de vous élancer pour un coup difficile, imaginez la différence entre les interrogations « Je me demande où en est le meneur à présent ? » et « Quelle est ma cible ? » Voyez la différence entre « Comment ai-je pu commettre un boguey au dernier trou ? » et « Quelle est ma cible ? », entre « Ma balle va-t-elle encore dévier à droite ? » et « Quelle est ma cible ? »

D'autres questions peuvent exister dans votre esprit, mais en revenant toujours au mantra du golfeur de maîtrise — Quelle est ma cible ? —, vous améliorez votre concentration et sans aucun doute aussi vos chances de réussite.

Se demander « Quelle est ma cible ? » aide l'esprit à se focaliser et laisse ressurgir les instincts naturels du golfeur. Le simple fait de se concentrer sur cette question invite le golfeur dans le présent et lui permet de contrôler le moment. « Quelle est ma cible ? » constitue la question la plus importante au golf et l'arme mentale la plus efficace du golfeur contre les risques de craquer dans une situation tendue. Comme l'expliqua le golfeur professionnel Nick Cassini :

> Lorsque je me pose la question « Quelle est ma cible ? », c'est comme si tout le reste disparaissait. J'identifie l'endroit où je vais expédier ma balle et aucune cible n'est trop petite, parce que si je ne l'atteins pas, je me retrouve quand même dans l'allée ou sur le vert. Je trouve réellement incroyable qu'une question aussi simple puisse avoir un impact aussi fort dans une ronde de golf. Alors maintenant, lorsque j'éprouve du mal à me concentrer, quand je songe à l'issue possible d'un match ou à mon travail, je me pose simplement la question : « Quelle est

ma cible ? », puis je focalise mon attention sur cet objectif. Cela fait une incroyable différence, vraiment!

À sa base, le jeu du golf consiste simplement à frapper des balles vers des cibles. Voilà essentiellement ce qu'est le golf. Et le golfeur serein devrait essentiellement se comporter comme suit:

1. Il se demande : « Quelle est ma cible ? »
2. Il choisit une cible précise au loin.
3. Il se concentre et verrouille son esprit sur la cible choisie.
4. Il s'élance sans peur et expédie sa balle vers la cible.

Plutôt ennuyeux, diraient certains. Peut-être, mais attention, car « ennuyeux » fonctionne. Puisque à peu près tous les coups du golf — du coup de départ au fer long, en passant par le fer court — en reviennent à frapper une balle en direction d'une cible précise, « Quelle est ma cible ? » incarne une question s'applique au golf tout entier et qui représente l'arme de prédilection du golfeur de maîtrise contre les pensées négatives qui pourraient s'insinuer dans son esprit et causer de la peur. « Quelle est ma cible ? » se veut le déclencheur permettant d'effectuer des élans sans peur vers des cibles précises.

Les paroles d'un champion : Retief Goosen

Combien d'obstacles un champion doit-il surmonter ? Lors de sa victoire de l'U.S. Open 2004, Retief Goosen dut jouer un parcours ardu dont le niveau de difficulté se révélait presque absurde. Sur les verts durs et rapides de Shinnecock Hills, Goosen remporta la victoire en grande partie grâce à ses roulés. Mais au-delà du parcours, il lui fallut composer avec une foule partisane désireuse de voir Phil Mickelson couronner d'une victoire son retour au jeu. Mickelson joua vaillamment tout au long du tournoi, mais Goosen résista. Ce dernier compensa de mauvais élans et des positions désavantageuses de ses balles par ses performances sur les verts. Il réussit onze coups roulés en un coup durant la ronde finale, dont sept d'affilée aux sept derniers trous. Comment put-il réaliser cela dans des conditions pareilles ? La réponse simple et directe qu'il offrit aux médias après sa performance fut celle d'un golfeur sans peur décidé à jouer le parcours de golf en faisant abstraction des circonstances. Pour gagner, pour réussir, certaines choses s'avèrent indispensables.

Quand on se trouve sur le point de jouer un roulé, on est nerveux. On tremble à l'intérieur comme n'importe quel autre golfeur, y compris Tiger. Mais on apprend à jouer sous ce type de pression, et d'une certaine manière, il devient naturel de se sentir ainsi, au point où je ne peux jouer mon meilleur golf que lorsque je suis réellement sous pression.

Quand la situation n'est pas tendue, la concentration n'y est pas toujours, et il se révèle alors plus facile de rater des roulés. Mais quand on joue sous pression, la concentration devient un élément essentiel ; on doit se concentrer et réussir ses roulés. Et c'est ce que je ressens lorsque je me trouve dans cette position.

Chapitre 5

Les attributions que font les golfeurs

On remporte les batailles avant même de les livrer.

— Sun Tzu

Il y a de cela quelques années, je reçus un appel télépho-
nique mémorable de John Orrell, un golfeur professionnel
avec qui j'avais déjà travaillé. John possédait une forte orientation d'ego (cf. chapitre 2) au moment de notre première
rencontre. Ensemble, nous nous sommes appliqués à le
préparer mentalement afin qu'il arrive à se concentrer sur
le parcours de golf plutôt que sur les autres golfeurs. Pour
améliorer son jeu, John devait apprendre à mieux focaliser
son attention, et pour ce faire, il lui fallait s'engager à comprendre le parcours de golf sans jamais en déroger, en éliminant toute autre pensée. Sa connaissance du parcours et de
ses cibles déterminées d'avance lui faciliterait la tâche de ne
pas se soucier des autres joueurs ni du tableau des meneurs.
Il s'agissait là de la meilleure préparation qu'il puisse se
donner en vue de participer à des tournois de golf. Peu
après avoir adopté cette stratégie, John se mit à accumuler
les succès.

Le jour de cet appel cependant, John avait connu une ronde désastreuse, enregistrant son pire pointage en cinq ans.

— Comment vous expliquez-vous ce résultat, John? lui demandai-je dans l'intention de sonder un peu ses pensées après cette ronde. En d'autres mots, je lui posais la question : «À quoi attribuez-vous une si piètre ronde de golf?» Les psychologues utilisent le terme «attribution» en référence aux raisons que fournissent les gens pour expliquer leurs succès et leurs échecs dans leurs entreprises. Ce genre de discussion d'après-ronde en dit long sur la force du sentiment d'auto-efficacité d'un joueur et permet d'établir si son approche du jeu le porte à ressentir davantage la peur.

La réponse de John ne fut pas tout à fait juste au début. Il me parla d'abord des coups qu'il avait exécutés, trou par trou. Il mentionna ses coups de départ imprécis, ses fers et ses roulés ratés. Il évoqua ses distances incorrectes, ses mauvais choix de clubs, ainsi que ses tentatives infructueuses de calmer son esprit. À un certain point, il alla même jusqu'à douter de sa capacité de jouer à ce niveau de compétition. (Cela vous dit-il quelque chose?) En fin de compte, il attribuait la faiblesse de son jeu à des facteurs mécaniques et matériels. Le plus ironique dans cette histoire était que le jour précédent, il avait réalisé une carte de 69 sur un parcours plus difficile, avec la même mécanique et le même équipement.

Après qu'il eut terminé de se vider le cœur, je demeurai silencieux et laissai le silence faire son œuvre.

— Êtes-vous toujours là? demanda-t-il après un moment.

— Je suis là, oui, répondis-je.

— Alors… qu'en pensez-vous, docteur?

Je lui répétai la phrase la plus fondamentale que j'utilise avec les golfeurs.

— John, dis-je, je crois que l'on remporte les batailles avant même de les livrer.

Après un moment de silence, il dit :

— Mais j'ai travaillé dur sur mon élan, sur le choix de mes cibles, et je me suis efforcé de jouer sans peur, comme nous en avions discuté.

Sa voix le trahissait. Ma prochaine question fut la suivante :

— Dites-moi, comment se sont déroulées vos rondes d'entraînement avant le tournoi ?

J'avais posé la question en connaissant déjà la réponse.

— Je n'ai pas fait de ronde d'entraînement.

Je ne dis rien, préférant laisser à John le soin de deviner ma pensée. Il reprit :

— Je sais ce que vous allez dire : je ne connaissais pas le parcours ni les distances, ce qui a causé des hésitations dans mon jeu et dans mon élan. Et je sais que l'on ne peut jouer son meilleur golf si l'on se montre indécis.

À cela, j'ajoutai :

— En effet, on ne peut jouer un bon golf compétitif dans l'indécision. Il se révèle possible de frapper accidentellement de bons coups, mais bien jouer grâce au hasard ne constitue pas une manière efficace de rechercher le succès. Il faut au contraire mettre au point une approche et une méthode qui alimentent et favorisent la réussite. Pour jouer votre meilleur golf, particulièrement dans un contexte compétitif, il s'avère crucial d'être résolu et d'avoir en poche un plan de match.

John se rendit à l'évidence.

— Mon hésitation et mon indécision m'ont fait rater quelques coups au début de la ronde, ce qui m'a enlevé le peu d'assurance que j'avais. C'est donc mon manque de préparation qui se trouve à l'origine de ma piètre performance.

— Alors, demandai-je, quand avez-vous saboté vos chances de remporter ce tournoi? Revenez un peu à ce que vous avez dit tout à l'heure et indiquez-moi pourquoi vous avez mal joué.

— J'ai tout gâché la semaine précédant le tournoi, répondit-il, parce qu'on remporte les batailles avant même de les livrer. J'ai mal joué parce que j'étais incertain du parcours... puisque je n'avais pas joué de ronde d'entraînement le jour précédent le tournoi. Je n'étais pas préparé à jouer le parcours de golf, de sorte que mes vieilles et mauvaises habitudes ont refait surface.

Après avoir fourni des raisons ayant peu à voir avec son insuccès, John était finalement parvenu à identifier la juste attribution à faire. Ce genre d'auto-évaluation sans réserve constitue ce que l'on devrait toujours rechercher. Se contenter d'autre chose que la vérité, même brutale, c'est freiner son potentiel.

Soyons clairs: augmenter vos chances de jouer votre meilleur golf, que vous souhaitiez remporter un tournoi majeur, obtenir votre laissez-passer pour le Circuit ou réaliser votre meilleure carte sur votre parcours local, ne dépend pas seulement de la qualité de votre préparation physique et mentale avant votre ronde, de votre approche du jeu et de votre aptitude à contrôler votre esprit et à demeurer concentré durant la partie. Bien que souvent négligée, la réflexion portée par le golfeur sur sa performance (les attributions qu'il fait à propos de son jeu) se veut déterminante dans l'atteinte du succès.

En tant que psychologue, l'une de mes activités professionnelles et personnelles préférées consiste à écouter les gens parler des raisons de leurs réussites et de leurs échecs.

Chaque jour, au travail ou au jeu, des gens s'observent eux-mêmes ou observent les autres et tentent inévitablement de s'expliquer le «pourquoi» des choses qui se produisent. Avant de commencer la rédaction de ce chapitre, je suis allé consulter les fiches que je tiens sur les golfeurs avec qui j'ai discuté afin de constituer une liste des causes auxquelles les golfeurs attribuent généralement leurs réussites et leurs échecs. Cette liste que j'ai nommée «Parce que» contient quelques-unes des auto-évaluations les plus mémorables. Sans doute reconnaîtrez-vous ici certaines des raisons que vous avez vous-même déjà évoquées à un moment ou à un autre.

PARCE QUE...

C'est un parcours Fazio. Je joue toujours bien sur un parcours Fazio.

Je manque d'assurance dans mon jeu.

Mon alignement laisse à désirer.

La position de mes mains est incorrecte au sommet.

Je travaille avec un nouvel entraîneur.

Je suis trop petit.

Je suis trop lourd.

Mon poids se déplace vers l'extérieur de mon genou au lieu d'aller vers l'intérieur.

Mes yeux sont derrière la ligne.

Je possède une grande flexibilité.

Mes yeux sont au-dessus de la ligne.

Ma prise est trop légère.

Ma prise est trop serrée.

Je perds ma concentration.

J'ai commencé à jouer au golf sur le tard.

Je m'arrête trop à ce que font les autres joueurs de mon groupe.

Les balles jaunes ne filent pas aussi vite que les balles blanches.

Cette chemise me porte malchance.

Je suis victime de mon tempérament.

Je pouvais sentir la fumée de cigarette de quelqu'un à un autre trou.

Mes coups sont trop bas pour réaliser un bon pointage ici.

Mes coups ne sont pas assez puissants pour réaliser un bon pointage ici.

Je suis trop vieux (dépassé par le jeu).

Je suis trop jeune (manque d'expérience).

Il fait froid.

C'est venteux.

Les verts sont mauvais.

Le parcours était difficile.

Ma préparation de la semaine dernière a porté fruit.

Mon père ne m'a jamais encouragé.

Il y a longtemps que je n'ai pas joué.

Je joue trop souvent.

Je ne joue pas assez souvent.

J'ai négligé de m'échauffer.

Je me suis fatigué à m'échauffer trop longtemps au terrain d'exercice.

Le 14e trou m'a démoli.

Je manque de confiance en moi-même.

Je ne suis pas arrivé à trouver mon rythme.

Je ne sais pas.

Je pensais plus à ce que je voulais éviter de faire qu'à ce que j'avais à faire.

Ce parcours ne convient pas à mon type de jeu.

Je n'étais pas content du partenaire que l'on m'avait assigné.

Je me suis senti tendu toute la journée.

Durant mon enfance, c'est mon frère qui recevait toute l'attention.

Je joue trop (fatigué).

Je ne joue pas assez (rouillé).

Je me suis disputé avec ma femme et ça me tracassait.

Je suis trop nerveux.

Il y a quelque chose qui accroche dans mon élan.

Les parcours que je joue son plutôt humides.

Mon élan dévie de son axe.

Ma routine préparatoire est pourrie.

J'ai trouvé un nouveau mouvement préliminaire.

Je me tiens trop près.

J'ai les hanches qui glissent.

J'ai acheté un nouveau bois de départ.

J'ai du mal à demeurer parallèle.

Je sens que ça démarre.

Mon genou droit ne suit jamais le mouvement.

Je ne pensais qu'à ce que je voulais faire avec la balle.

J'ai mal lu les verts.

Mes mains sont trop hautes.

J'utilise un nouveau fer droit.

J'ai de bonnes mains.

Les attributions se révèlent intéressantes sur le plan psychologique du fait qu'elles se fondent non pas sur les causes réelles mais sur les causes perçues. Elles se veulent d'une grande importance, parce que des attributions inexactes contribuent souvent à provoquer et à entretenir les mauvaises habitudes. En outre, elles constituent la limite infiniment mince séparant les mauvais golfeurs des bons golfeurs et les bons golfeurs des grands golfeurs. Si vous êtes un bon golfeur coincé à un palier ou un golfeur dont les progrès ne se réalisent pas nécessairement dans le bon sens, alors, lisez attentivement, car une meilleure compréhension des attributions psychologiques pourrait bien être la clé qui vous permettra de libérer votre potentiel.

Heath Slocum et le pouvoir du cadrage

Heath Slocum représente un modèle de pensée efficace. En 2000, il réalisa une carte de 81 au dernier jour de l'école de qualification, passant ainsi à un seul coup de l'exemption qui lui aurait permis d'obtenir un laissez-passer pour le circuit de la PGA. Cet échec signifiait pour lui qu'il se verrait contraint d'évoluer sur un circuit moins prestigieux au cours de l'année suivante. Son rêve de jouer dans la PGA devrait donc attendre, et rien ne lui garantissait qu'une occasion pareille se présenterait à nouveau. Après avoir fait partie d'une équipe d'étoiles universitaires américaines, Heath éprouvait à présent un sentiment d'échec à propos de lui-même et de son statut de golfeur. En dépit de l'état d'abattement, de tristesse et de découragement dans lequel se trouvait Heath, son père parvint à l'aider à cadrer la situation de manière à transformer positivement cette résultante négative. Le père de Heath, que ce dernier décrit comme « l'une des personnes les plus positives que je connaisse », lui dit ceci:

Heath, tu peux considérer la situation comme un *échec*, mais tu peux aussi la voir comme une *occasion*. Réalises-tu à quel point tu es près d'accéder au circuit de la PGA? Pour y arriver, tout ce que tu as à faire consiste à terminer parmi les quinze premiers dans ce circuit, et l'année suivante, tu passes à la PGA. Tu ne devrais pas être déçu de ce que tu n'as pas accompli, mais te montrer satisfait de ce que tu as fait jusqu'ici et enthousiaste face à ton avenir.

Grâce à ce conseil, Heath put cadrer différemment son expérience. À partir de ce moment, il vit une occasion là où il n'avait d'abord senti qu'échec et déception. Son sentiment d'épuisement fit bientôt place à une nouvelle énergie. Sa soif de gagner revint, si bien qu'à la mi-saison, Heath avait déjà remporté trois victoires sur le circuit BUY.COM. L'année suivante, il évoluait sur le circuit de la PGA.

Le pouvoir de « parce que »

Le poète Alexandre Pope dit un jour que « l'erreur est humaine ». L'une des erreurs humaines les plus fréquentes s'observe dans la tendance chez les gens à attribuer leurs réussites et leurs échecs à des causes perçues plutôt qu'à des causes réelles. En effet, il n'est pas rare d'entendre un étudiant dire par exemple : « J'ai échoué à l'examen parce que le professeur me déteste » ou : « J'ai échoué au contrôle parce que Mme Crabapple est méchante. » En réalité, il s'avère habituellement bien plus probable que l'étudiant a échoué en raison d'une mauvaise préparation ou d'un temps d'étude insuffisant.

D'une part, les mauvaises attributions constituent des réflexions inexactes de la réalité. Mais surtout, le fait pour un individu d'attribuer faussement ses échecs — ou ses réussites — risque d'avoir un impact considérable sur ses comportements subséquents et sur les actions correctives qu'il entreprendra. Les étudiants convaincus d'avoir échoué à un examen parce que le professeur ne les aime pas pourraient être tentés de s'attirer la sympathie de ce dernier, croyant que cela leur permettra d'obtenir de meilleurs résultats. Or, si j'en crois ma propre expérience dans le domaine de l'enseignement, je puis vous assurer que cette stratégie possède peu de chances d'aboutir. La suite probable des événements ne verra pas ces étudiants corriger les pratiques fautives d'étude qu'ils ont développées et qui incarnent la cause réelle de leurs piètres performances. Malheureusement, ce sont souvent des mauvaises attributions de ce genre qui déclenchent un cycle d'échecs académiques chez de nombreux étudiants.

À l'inverse, les étudiants qui estiment que leurs faibles résultats aux examens s'expliquent par leurs mauvaises pratiques d'étude (indépendamment de l'impression qu'ils ont de leur professeur) se voient davantage susceptibles d'investir plus de temps à améliorer leurs pratiques d'étude. Ces derniers auront ainsi certainement plus de chances d'obtenir de meilleurs résultats à leurs examens subséquents que s'ils espéraient simplement profiter de la faveur du professeur. L'important consiste à comprendre que les mesures que prennent les étudiants en vue de l'amélioration de leurs résultats découlent directement des raisons pour lesquelles ils «croient» avoir échoué.

Les golfeurs font des attributions à propos de tout : «Mon coup de départ dévie vers la droite parce que mes pieds se trouvent trop près de la balle», «Je rate mes roulés parce que ce fer droit n'offre aucune sensation», «J'ai du mal à me sortir des fosses de sable parce que mon bâton est allergique au sable. » Pour le psychologue que je suis, il s'avère intéressant de constater tout le temps que passent les golfeurs à essayer d'améliorer leur jeu par rapport au peu de temps qu'ils mettent à tenter de faire des attributions justes afin de s'assurer d'améliorer les bonnes choses pour les bonnes raisons. Bien triste est le golfeur qui se concentre sur sa prise dans le but de corriger un problème de crochet extérieur, lorsque le vrai coupable est son alignement.

De même, le golfeur qui attribue ses mauvais coups à une mécanique déficiente plutôt qu'à la pression de sa prise se verra tenté d'apporter des modifications inutiles à son élan, sans que cela change quoi que ce soit à son problème. Le golfeur persuadé que la faiblesse de son jeu se trouve imputable à son équipement dépensera parfois des sommes considérables d'argent dans l'achat de nouveaux accessoires, en plus de passer ensuite des mois à s'y adapter. Il arrive qu'une telle attribution soit juste ; après tout, de nouvelles pièces d'équipement peuvent avoir un effet bénéfique, parfois même marqué, sur le jeu d'un golfeur. Mais dans le cas des golfeurs qui sont réellement aux prises avec des faiblesses dans leur élan ou empêtrés dans une pensée improductive, de nouvelles pièces d'équipement auront autant de chances d'améliorer leur jeu qu'un nouveau stylo d'embellir la prose d'un auteur. Dans ces deux circonstances, les causes sous-jacentes des résultats insatisfaisants se voient ancrées dans les mauvaises habitudes techniques et mentales des joueurs, et non dans la qualité de l'équipement.

Les roulés courts... sans peur

Trop souvent, les coups roulés se révèlent la source d'insidieuses frustrations au golf. Les insuccès répétés sur les verts finissent par avoir un impact sur les autres aspects du jeu d'un golfeur. Et cela risque d'affaiblir profondément le sentiment d'auto-efficacité dont tous les golfeurs ont besoin pour maximiser leur potentiel. Mais devant une période d'insuccès avec les roulés, la manière de réagir représente davantage le problème que n'importe quelle imperfection mécanique. Puisque les problèmes de coups roulés entraînent fréquemment un effet exagéré sur le pointage, il n'est pas inhabituel qu'un golfeur se mette à penser qu'il récolte un mauvais pointage quand il effectue de mauvais roulés. Et à partir de ce point, le golfeur peut facilement passer du sentiment de rouler mal à celui de jouer mal.

L'esprit réagit par une réponse qui dit essentiellement : « Mon pointage est mauvais parce que je ne réussis pas suffisamment de roulés, et je ne réussis pas mes roulés parce que je ne sens pas la balle quitter mon fer. » Dans une fraction de l'instant qu'il faut à l'esprit pour traiter cette pensée, le golfeur a pris une décision plus importante qu'il ne pourrait le croire. En fait, il a attribué sa piètre performance aux roulés à son fer droit, une attribution matérielle. La solution à ce problème consiste en général à essayer de nouveaux fers droits jusqu'à en trouver un avec lequel on se sente parfaitement à l'aise. Naturellement, les golfeurs qui font des attributions matérielles impliquant leur fer droit passeront à un bâton avec lequel ils se sentent bien en croyant, hélas, avoir découvert la solution définitive à leurs problèmes de roulés.

Mais revenons donc un peu en arrière. Supposons que dans le cas présent, la raison réelle expliquant les mauvais roulés d'un golfeur concerne sa prise de position initiale (qui représente la cause la plus commune de roulés ratés). En bref, identifier son fer droit comme étant la source de ses frustrations équivaut à croire que l'on vous a arrêté pour excès de vitesse parce que votre voiture est rouge. Et repeindre votre voiture en blanc ne dissuadera en rien les policiers de vous appréhender pour avoir « roulé » à cent trente kilomètres à l'heure. Quelle est la vraie raison de vos insuccès avec les roulés ? Une faute mal identifiée risque de causer des mois de frustrations à un joueur, parce que bien qu'il se soit doté d'un nouveau fer droit, il continue d'effectuer ses roulés à partir de la même position initiale qu'auparavant. Et puisqu'un alignement incorrect tend à empirer avec le temps, le golfeur se retrouvera bientôt à rater ses coups roulés, cette fois-ci avec son nouveau fer droit.

Ainsi se poursuit la spirale descendante. Ce golfeur finira par devenir frustré et impatient, puis il perdra confiance en ses capacités de réussir des roulés, une tendance qui se communiquera au reste de son jeu. C'est généralement à cette étape que les golfeurs font appel à mes services. Lorsque je leur demande pourquoi ils pensent mal jouer, ils me répondent : « Parce que je n'ai aucune confiance en moi-même. » Et pire encore, ils sont totalement déroutés quant au pourquoi, au quand et au comment de la disparition de leur confiance, et ils n'ont aucune idée de la manière de la retrouver. Ce qu'ils savent, cependant, c'est qu'ils en ont désespérément besoin.

Presque invariablement, leur manque de confiance (ou d'auto-efficacité) résultait d'un jeu faible avant d'être la cause d'un jeu faible. Tout comme la confiance se veut d'abord le *producteur* et ensuite le *produit* d'un grand golf, le manque de confiance se veut d'abord le produit et ensuite le producteur d'un golf pauvre. Après tout, le manque d'auto-efficacité de ces joueurs se voyait justifié : ils ne réussissaient pas leurs coups roulés à partir de l'approche utilisée. Au début, ils avaient cru que leur difficulté à réussir des roulés se trouvait imputable à leur équipement, alors que le problème provenait probablement d'un facteur personnel tel qu'un alignement incorrect. Persuadés que leur fer droit était le responsable de leurs misères, ils avaient tenté de réparer quelque chose qui n'était pas cassé — leur fer droit. C'est à ce moment que s'était amorcée leur descente sur une pente glissante. Ils avaient continué de rater des coups roulés, affaiblissant par la même occasion leur auto-efficacité. Lorsqu'un golfeur perd son sentiment d'auto-efficacité, son élan commence à se modifier. Sa pression sur sa prise augmente, sa montée se raccourcit, ses yeux et sa tête tiquent juste avant l'impact tandis que, peu sûr de lui, il essaie d'anticiper le résultat. Le fait d'avoir identifié l'équipement comme la source de leur problème avait incité ces golfeurs à changer leur fer droit, en plus d'avoir fait une habitude de leur mauvais alignement et d'avoir transformé leur coup roulé doux et décisif en un mouvement court, sec et incertain.

Il est clair que ces golfeurs n'avaient pas besoin d'un nouveau fer droit. Dans plusieurs cas, ils n'auraient eu qu'à reculer un pied de quelques centimètres et à se positionner les yeux au-dessus de la balle. Comme le dit le vieil adage : « Mieux vaut prévenir que guérir. » Plus les golfeurs seront justes dans leurs attributions, moins ils auront à passer de temps à se sortir des bourbiers dans lesquels ils se seront eux-mêmes enlisés.

Les mauvaises attributions peuvent causer des pertes de temps et des reculs. Le plus souvent, elles contribuent à corrompre et à détruire notre confiance. À l'inverse, les bonnes attributions peuvent constituer une sorte d'éducation puissante servant de fondation à un engagement d'amélioration.

Le trépied des attributions

Les attributions que font d'habitude les golfeurs relativement à leurs réussites et à leurs échecs appartiennent à l'une de trois catégories. La clé d'une amélioration constante consiste à identifier adéquatement lesquels des facteurs suivants se trouvent responsables de votre performance golfique.

1. **Les facteurs personnels/physiques comprennent:** la santé et la condition physique ainsi que la mécanique de l'élan et les éléments tels que la prise, l'alignement, la position de la balle, la pression sur la prise, la rotation des hanches et des épaules.

2. **Les facteurs psychologiques comprennent:** les attributions, les orientations d'accomplissement, l'auto-efficacité, l'anxiété, la confiance en son élan, de même que les autres idées formulées dans ce livre.

3. **L'équipement comprend:** les bois de départ, les bois d'allée, les fers droits, les fers, les fers courts, la balle de golf ainsi que les souliers, les bas, le chapeau et les gants, selon le niveau d'incertitude ayant envahi l'esprit du golfeur.

L'un des points d'importance ici concerne la quantité de contrôle que croient détenir les golfeurs sur les choses susceptibles d'influencer leur jeu. En effet, puisque le contrôle constitue la fondation de notre confiance, *le fait de croire que nous pouvons contrôler les choses qui influencent notre golf* se révèle essentiel à quiconque désire jouer avec confiance.

Les paroles d'un champion : Jack Nicklaus

Au début de 1980, Jack Nicklaus venait de connaître sa pire année chez les professionnels et ses détracteurs se montraient d'avis que son temps parmi les joueurs dominants était peut-être révolu. Toutefois, Nicklaus, alors âgé de quarante ans, se voyait toujours animé du désir d'être un grand, particulièrement lors des événements les plus importants. En 1980, il remporta et l'U.S. Open, établissant un nouveau record de pointage, et le championnat de la PGA, par une avance record de sept coups. Cela inspira d'ailleurs à un opérateur du tableau d'affichage de l'U.S. Open à Baltusrol d'inscrire l'expression « *Jack is back* » (Jack est de retour) à côté du pointage gagnant de Nicklaus.

Comment le plus grand joueur de toute l'histoire du golf était-il parvenu à effectuer son retour ? Eh bien, il est intéressant de constater que même les plus grands combattent la peur et que même eux ont besoin de renouveler leur énergie. Nicklaus commenta ces développements dans un article paru dans le magazine *Golf Digest* en 1980 :

Vous commencez par rater des coups roulés courts — ces roulés d'un à deux mètres que vous réussissiez généralement, surtout quand cela comptait le plus. Puis vous vous mettez bientôt à craindre les longs roulés et les coups d'approche roulés, ce qui engendre un stress sur votre jeu au fer. Ensuite, sentant que vous ne pouvez pas vous permettre de manquer vos coups d'approche, vous commencez à avoir peur de rater les allées, et peu après, vous jouez chaque coup avec la peur au ventre. Et effectivement, vous ne parvenez pas à atteindre les allées et les verts, vous ratez vos coups d'approche lobés et vos coups d'approche roulés, et les roulés courts prennent encore plus d'importance... Et l'étau continue de se resserrer jusqu'à ce que vous ayez perdu toute votre confiance et que votre pointage échappe complètement à votre contrôle. C'est ce qui m'est arrivé au cours des deux dernières années.

Peu à peu, tout mon jeu s'en est trouvé affecté, au point où je n'étais plus sûr de rien, alors qu'en réalité, le seul problème que j'avais concernait mes coups roulés.

Nicklaus parla ensuite du travail qu'il avait accompli dans le but d'améliorer son jeu, avant d'expliquer une chose encore plus essentielle. Cela montre à quel point Nicklaus représentait le prototype du golfeur *kaizen* cherchant constamment à s'améliorer, même en l'absence de résultats immédiats. Son année 1979, potentiellement désastreuse, se révéla une expérience d'apprentissage suivant laquelle s'était confirmée sa décision de jouer moins tout en continuant d'exceller. Il avait établi ses objectifs et il n'en dérogerait pas. Il s'était engagé dans une évaluation complète de chacun des aspects de son jeu en accordant une attention particulière à ses coups roulés. Fidèle à son style de jeu, il s'en était tenu à son plan de match sans jamais s'en détourner.

« Lorsque nous sommes arrivés à Baltusrol pour le tournoi, je me sentais pleinement confiant de tous les éléments de mon jeu pour la première fois en deux ans », raconta-t-il. Mentalement, mon changement d'attitude se voulait encore plus perceptible.

J'en suis venu à la conclusion que je ne pouvais être fidèle au golf, à ses gens et à ses institutions sans d'abord être fidèle à moi-même. Je m'attendais à l'excellence de moi-même et le golf en était venu à s'attendre — avec raison — à l'excellence de ma part. Je ne pouvais donc pas jouer à moins d'être résolu à accomplir le maximum.

J'ai fait deux erreurs en 1979, mais le nombre de tournois auxquels j'ai participé n'y était pour rien. La première et certainement la pire erreur que j'ai commise avait été, disons-le franchement, la complaisance. J'avais cru pouvoir vivre de mon talent sans sérieusement chercher à travailler mon jeu... La seconde est apparue lorsque, après avoir considérablement diminué le nombre de compétitions auxquelles je participais, j'ai également amputé de près de moitié mon temps d'entraînement et de jeu.

Je sais maintenant que si je veux conserver ma place au golf, il me faudra m'entraîner sans relâche et ne pas simplement compter sur le talent que je possède.

Si le plus grand joueur de tous les temps reconnaît qu'il faut travailler sans relâche afin de conserver sa place dans le monde du golf et de surmonter la peur qui naît de l'inconstance, que dire alors de l'importance de faire taire nos propres peurs grâce à des exercices soutenus? On ne peut espérer jouer son meilleur golf que si l'on investit le travail requis. Même le joueur le plus talentueux d'entre tous en admet la nécessité.

Si les golfeurs ne détiennent qu'un contrôle relatif sur la qualité de leur frappe de balle au cours d'une journée donnée, ils disposent en revanche d'un contrôle raisonnable sur leur préparation en vue d'un tournoi. Les joueurs professionnels ont l'habitude de fonder leur confiance en des choses sur lesquelles ils possèdent un contrôle (leur personne, leur préparation, leur effort) plutôt que sur des choses qui échappent à leur contrôle (les autres joueurs, la condition du parcours, le temps qu'il fait, la vitesse du jeu). Ainsi, les meilleurs joueurs prennent soin d'attribuer leur réussite à ces mêmes éléments contrôlables.

La psychologie des attributions

En 2003, Davis Love III avait déjà remporté trois tournois au terme du mois d'avril. Après avoir gagné le championnat Players au TPC Sawgrass avec une ronde finale de 64, il attribua son succès à un certain nombre de choses. Davis commenta ainsi: «Je poursuis à présent mon propre potentiel. Au lieu de courir après Greg Norman ou Tiger, je cours après mon propre potentiel.» En plus d'attribuer sa réussite à une meilleure préparation mentale, il expliqua comment une rencontre avec Scotty Cameron avait contribué à améliorer ses roulés. En fin de compte, Davis attribua sa réussite à des améliorations mécaniques et psychologiques.

Au fil des années, les joueurs de circuit ont attribué leurs victoires et leurs défaites à une variété d'élements, mais chez la majorité des golfeurs du plus haut calibre, la manière d'évaluer et d'examiner les performances influence directement — et positivement — les performances futures. Qu'il s'agisse de reconnaître que le changement d'une pièce d'équipement constituait un morceau important du casse-tête, de s'apercevoir que l'on a besoin d'apporter une attention supplémentaire à son roulé d'approche ou de reconnaître que l'on ne possède pas l'expérience requise pour composer avec les émotions, les attributions de ces joueurs ont toutes en commun un engagement à aller de l'avant tout en apprenant du passé.

La question devient donc: «Qu'est-ce qu'une bonne attribution?» Puisque les attributions se fondent sur des impressions (des sentiments), elles ne se révèlent pas toujours exactes. Puisque les gens ont tendance à tomber dans des schèmes attributifs précis, comment puis-je alors procéder en tant que psychologue? Je dois chercher ces éléments que les psychologues ont identifiés comme les schèmes adaptatifs d'attribution qui caractérisent les gens qui réussissent.

Lorsqu'ils écoutent les golfeurs faire état de leurs attributions, les psychologues doivent d'abord tenter d'établir si l'attribution s'avère *exacte*. Quand un golfeur prétend avoir mal joué parce qu'il n'avait pas de confiance, il se révèle essentiel de chercher à découvrir si cela représente la vraie raison de sa mauvaise performance. Il est habituellement difficile d'expliquer une contre-performance par un seul facteur. Et les schèmes que manifestent les golfeurs lorsqu'ils parlent de golf se révèlent tout aussi importants que l'exactitude des attributions.

En général, les attributions pour les réussites et les échecs possèdent trois caractéristiques:

1. **La stabilité.** Les causes des résultats sont stables (fixées dans le temps) ou instables (varient dans le temps).

2. **Le lieu.** Les causes des résultats sont internes (relèvent de l'individu) ou externes (relèvent de facteurs extérieurs à l'individu).

3. **La contrôlabilité.** Les causes des résultats sont contrôlables ou incontrôlables.

Ces caractéristiques attributives se révèlent importantes pour les golfeurs. Des études indiquent en effet que les athlètes portés à attribuer leur performance à des facteurs *contrôlables* (l'effort, la préparation, les aptitudes mentales et physiques, etc.) plutôt qu'à des facteurs *incontrôlables* (la chance, le temps, etc.) réaliseront le plus souvent de meilleures performances à longue échéance. Dans l'exemple utilisé au début du présent chapitre, souvenez-vous de John Orrell, qui doutait de ses capacités de jouer à un certain niveau de compétition. Il me racontait que la faiblesse de son jeu résultait de facteurs internes («Je n'y arrive pas») et de stabilité (contrairement à l'effort, l'aptitude est moins variable) qui échappaient à son contrôle (l'aptitude est généralement perçue comme innée). Cela le dérangeait énormément. Je parvins à l'aider en lui faisant comprendre l'inexactitude de ses attributions et en lui suggérant que la cause de son problème relevait probablement davantage de sa préparation. Remarquez que la préparation aussi est interne (*Je me prépare*), mais elle peut varier avec le temps, en plus d'être effectivement contrôlable. Plus un golfeur pourra attribuer avec exactitude sa performance à des facteurs sur lesquels il dispose d'un contrôle, meilleures seront ses chances de maintenir sa confiance et, éventuellement, de l'accroître.

À ce propos, un schème important pour les golfeurs concerne leur perspective de la notion d'«aptitude». Les psychologues ont découvert que pour la plupart des gens, la notion d'aptitude est soit *fixe*, soit *croissante*. Les golfeurs tels que John, qui voient leurs aptitudes comme une réalité fixe, se trouvent persuadés qu'ils sont nés avec une certaine dose de talent dont on ne peut modifier les proportions de façon significative. Vous l'aurez deviné, ces golfeurs ont tendance à faire des attributions aux caractéristiques fixes et incontrôlables, ce qui vient saper leur confiance. Après tout, si le niveau d'aptitude est une chose « innée », alors, on est forcé de faire avec ce que l'on a reçu.

Des études psychologiques indiquent en outre que les personnes portées à attribuer leurs réussites à des causes naturelles ou innées sont également susceptibles d'attribuer le succès d'autres golfeurs au talent. Quand on considère la réussite et l'échec en termes de talent inné ou d'aptitude naturelle, les facteurs tels que la préparation et le travail acharné ne sont pas perçus comme essentiels à l'amélioration du jeu d'un golfeur. Les individus pour qui des aptitudes naturelles sont responsables des réussites et des échecs s'expliqueront le plus souvent leurs propres échecs en marmonnant quelque chose comme : « J'ai perdu parce qu'il est tout simplement *meilleur* que moi. » Je me rappelle de ce qu'un célèbre chroniqueur sportif avait écrit à propos de Jack Nicklaus dans ses meilleures années. Jack était devenu une telle force avec le temps en partie parce qu'il intimidait ses adversaires, dont il occupait les pensées. Cependant, il ne le faisait pas ouvertement. La chose était pour ainsi dire intériorisée, et sans doute encore plus efficace ainsi. Comme on disait à l'époque, non seulement Nicklaus savait-il qu'il était meilleur que tous ses adversaires, mais ces derniers savaient qu'il était plus fort qu'eux, et en plus, ils savaient tous que Nicklaus savait qu'il était plus fort qu'eux. Nicklaus était donc conscient qu'il lui suffisait de se maintenir dans la partie la plus haute du tableau des meneurs, et que les autres finiraient ensuite par craquer avant lui.

Songez à tous ces golfeurs professionnels qui, en 2000, se voyaient persuadés que tous leurs efforts et toutes leurs améliorations ne sauraient leur être suffisants devant les aptitudes naturelles de Tiger Woods. On comprend facilement l'avantage intégré que confère cette idée à des golfeurs de la trempe de Nicklaus et Woods. On est alors libre de se demander pourquoi les joueurs comme Tiger et Jack — qui disposeraient d'une aptitude naturelle, innée — sont pratiquement toujours ceux qui s'investissent le plus dans leur jeu, passent davantage d'heures au terrain d'exercice que ne le font leurs compétiteurs et s'efforcent de développer les attitudes solides qui renforcent leur jeu. En réalité, ne serait-il pas possible que, dans une large mesure, plus ils travaillent dur, plus leur niveau d'aptitude augmente ?

À l'inverse, les golfeurs qui pensent que le niveau d'aptitude est susceptible d'être augmenté ou modifié voient le talent comme une chose invariablement liée à la quantité d'efforts déployés. Ces golfeurs sont précisément ceux qui croient que plus ils travailleront dur, plus ils deviendront talentueux. Ils ont tendance à faire des attributions internes et contrôlables, en plus de réagir à l'adversité en s'investissant davantage dans l'effort, la persévérance et la préparation.

À ce propos, l'animateur de télévision Peter Kessler demanda un jour à Jack Nicklaus s'il était né grand golfeur, ce à quoi Jack répondit : « Je ne crois pas que l'on naisse grand golfeur. Tous les grands golfeurs, comme toute personne qui excelle à quelque chose, ne naissent pas grands, mais ils le deviennent à force de volonté et de travail. » Aussi Jack attribue-t-il l'excellence de Tiger non pas à un facteur inné et incontrôlable, mais bien au fait que « Tiger possède le désir de vaincre, une bonne éthique de travail et c'est un jeune homme brillant. »

Tous les bons enseignants savent qu'il est important d'entretenir chez leurs étudiants la croyance que le talent et les aptitudes constituent des aspects variables et contrôlables du développement. Au lieu de féliciter leurs étudiants pour les aptitudes dont ils font preuve, les bons professeurs reconnaissent les efforts, la persévérance et la constance comme autant de façons de surmonter les obstacles. On ne le dira jamais assez, complimenter les jeunes golfeurs avec des formules du type « Tu es doué ! » ou « Vous avez vraiment un talent formidable ! » produira souvent l'effet contraire à celui recherché. Les compliments concernant le talent ou les aptitudes envoient au novice le message que le succès se veut une question d'aptitude naturelle — et les jeunes croient en général qu'il s'agit d'une qualité que l'on a ou pas. Comment un jeune golfeur pourrait-il développer une aptitude qu'il croit être hors de sa portée ? Lorsque sa performance se situe en deçà de ce à quoi il s'attendait, comment le jeune golfeur devrait-il s'y prendre pour corriger une chose qui relève selon lui d'un talent inné ?

En reconnaissant l'*effort* par des commentaires rétroactifs tels que « Vous vous êtes bien battu durant cette ronde ! » ou « Tu as su tenir bon ! », on signifie au golfeur que plus on travaille, plus on réalise de choses et plus on devient talentueux. Au lieu d'applaudir les aptitudes, les bons entraîneurs s'efforcent de reconnaître l'effort, la préparation et la constance, des éléments nécessaires à la réussite d'un golfeur.

De plus, le jeune golfeur qui en est venu à croire que sa réussite dépend des aptitudes naturelles qu'il possède risque de voir sa confiance en soi ébranlée lorsqu'il se verra confronté à des golfeurs « plus talentueux » que lui. Si un golfeur développe la croyance que ses aptitudes lui seront suffisantes pour parvenir à ses fins et qu'il échoue, il se retrouve le plus souvent à croire qu'il n'a simplement pas ce qu'il faut. À l'inverse, le golfeur à qui l'on répète régulièrement que sa performance golfique se trouve intimement liée à des facteurs contrôlables tels que l'effort, l'entraînement et la préparation, et qui conçoit l'aptitude comme une qualité variable (c'est à dire que pour lui, on peut développer ses aptitudes à force de travail), sera porté à réagir beaucoup mieux devant l'adversité et à conserver sa confiance même dans les moments difficiles et éprouvants. Et puis, songez-y un instant : qui donc serait capable d'évaluer avec précision le talent réel d'un golfeur ? Les athlètes se surprennent parfois eux-mêmes en réalisant des performances qui dépassent leurs propres attentes. Il arrive en outre que le talent, comme l'engagement et le cœur, sommeille longtemps avant de s'affirmer.

Pour les joueurs de calibre moyen dont les avancées personnelles au golf ne se mesurent pas en comparant leurs gains à ceux des autres joueurs, le défi de s'en tenir à des attributions contrôlables pourrait sembler plus facile ; or, il ne l'est pas. On fait trop souvent porter la responsabilité d'une mauvaise ronde à un bois de départ capricieux alors qu'en fait, on commet peut-être encore et toujours l'erreur de compléter un manque de jugement par un coup de départ mal placé. C'est pourquoi l'exercice d'une évaluation honnête d'une ronde tout de suite après le fait peut attirer l'attention du golfeur sur les aspects de son jeu qui exigent réellement d'être améliorés. De plus, il se révèle sans doute tout aussi utile et peut-être même plus important pour le développement de la confiance du joueur d'analyser et de parler des trous qu'il a réussis, qu'il est crucial de disséquer ceux où il n'a pas si bien fait. Le défi de jouer un golf sans peur débute par l'engagement d'apprendre du passé en se livrant à des discussions et à des réflexions productives.

Attributions typiques au golf

Voyez quelques-unes des attributions typiques que font les golfeurs ainsi que les caractéristiques qu'elles représentent. Pensez au lieu (interne/externe) de l'attribution, à sa stabilité (stable/instable) et à sa relative contrôlabilité (contrôlable/incontrôlable). La clé du pouvoir des attributions consiste à apprendre à lire entre les lignes.

LA CHANCE : « J'ai bien joué parce que j'ai profité de quelques heureux rebonds. » ... « La chance m'a complètement quitté durant cette ronde. »

Cette attribution est *externe*, *instable* et *incontrôlable*, peut-être ce qu'il y a de pire. Si nous parlions toujours de cette manière à propos de nos matchs, nous finirions probablement par abandonner le sport.

L'EFFORT À LONG TERME : « J'ai bien joué parce que je travaille toujours très fort. » ... « J'ai mal joué parce que je suis paresseux. »

Il s'agit ici d'une attribution *interne*, *stable* et *contrôlable*. Elle est honnête, de sorte que vous pouvez choisir d'agir à partir de celle-ci. Vous avez la possibilité d'en prendre le contrôle, car les paramètres varieront peu.

L'APTITUDE : « J'ai bien joué parce que je possède un talent naturel. » ... « Je ne possède pas le talent qu'il faut pour aller très loin. »

L'attribution est *interne*, *stable* et *incontrôlable*. Comme nous l'avons vu, les deux premières caractéristiques représentent une évaluation juste. La dernière, cependant, supplante les deux autres, car elle est autolimitative et autodestructrice.

LE NIVEAU DE DIFFICULTÉ : « J'ai bien joué parce que le parcours était facile. » ... « Ce parcours est invraisemblable, très mal dessiné. »

Ici, l'attribution est *externe*, *instable* et *incontrôlable*, des caractéristiques comparables à celles d'un champ de mines. Pour le golfeur qui se trouve persuadé que son jeu dépend de facteurs externes à sa personne, des facteurs qui changent constamment et sur lesquels il ne dispose d'aucune emprise, l'espoir est mince.

L'AIDE D'AUTRUI : « Je joue bien parce que je travaille avec un excellent entraîneur. » ... « Je n'arrive pas à dénicher l'entraîneur qui m'aidera à m'améliorer. »

Cette évaluation est *externe*, *instable* et *contrôlable*. La dernière caractéristique constitue le point clé. Le fait de croire en votre préparation non seulement vous permet d'entreprendre une ronde avec confiance, mais cela vous donne également la motivation de continuer avec le programme. Bien sûr, votre entraîneur pourrait disparaître n'importe quand, et que vous arriverait-il alors ? Le défi consiste à dépasser cette croyance en un entraîneur. Il faut plutôt croire en votre engagement dans votre processus d'amélioration et vous impliquer envers ce que vous enseigne votre entraîneur, et non pas envers l'entraîneur lui-même.

L'ÉTAT D'ESPRIT : « Je joue bien lorsque je me sens bien. » ... « Quand j'ai l'humeur maussade, j'ai du mal à retrouver mon jeu. »

On a ici une attribution *interne, instable* et *incontrôlable.* Laisser votre humeur déterminer la qualité de votre jeu équivaut à renoncer au contrôle de votre ronde. Évidemment, nous sommes tous affectés par notre état d'esprit. Par contre, lorsque notre tâche consiste à effectuer des élans solides en direction de cibles précises, la concentration, la confiance et l'auto-efficacité doivent exister indépendamment de notre humeur. Lorsque vous voulez « retrouver votre jeu », il vous faut vous demander quel devrait être ce jeu. La réponse : il devrait être centré sur la cible, peu importe les circonstances. Les joueurs qui connaissent du succès ont appris à intégrer cette pratique à leur jeu, de telle sorte que quel que soit leur état d'esprit, ils parviennent à le dépasser.

Comment les golfeurs de la PGA discutent d'attributions

Au chapitre traitant de l'auto-efficacité, j'ai expliqué comment la confiance se voit souvent ancrée dans l'exercice du contrôle personnel. Plus nous avons l'impression d'avoir de l'emprise sur les événements, plus nous avons confiance en notre aptitude à atteindre nos objectifs. En effet, qu'il s'agisse d'accéder au circuit de la PGA ou de jouer pour le plaisir, les golfeurs ont développé l'habitude de composer avec les situations d'une manière qui préserve leur confiance du barrage constant de la négativité, du doute personnel, des obstacles et de l'adversité propres au golf. Certes, le plus gros du travail concerne le mode de cadrage adopté par les golfeurs, leur interprétation des éloges et des critiques, ainsi que leur manière de réagir à la stimulation psychologique. La capacité des golfeurs de maintenir leur confiance devant les échecs et les reculs tient également aux attributions qu'ils font, en particulier à leur façon d'envisager les attributions contrôlables par opposition aux attributions incontrôlables.

Attribution fatale : Mike Weir

En 2003, Mike Weir donna un nouveau souffle à sa carrière. Après une saison 2002 lamentable, il revint en 2003 et avant la fin du mois d'avril, il avait déjà trois victoires à son actif, dont son premier championnat majeur, le Masters. À quoi attribua-t-il son succès retrouvé ? Il aurait pu l'attribuer à son travail acharné, à du nouvel équipement ou même au destin, mais Mike l'attribua simplement à sa nouvelle attitude. Il dit :

> Cette année, j'ai passé quelques mois de ma préparation à l'écart du monde du golf. J'avais besoin de réévaluer ma passion pour le jeu et mes raisons de jouer. Je me la jouais dure sur le terrain, mais plus maintenant. J'ai du plaisir à jouer mon golf, ce qui me permet d'être plus détendu et me procure une plus grande liberté. Les résultats ont été formidables.

Le golf constitue un sport où la ligne de démarcation entre les facteurs contrôlables et les facteurs non contrôlables n'est pas toujours claire. On peut effectuer un coup roulé parfait sur le plan mécanique sans pour autant atteindre la coupe. Le vent peut venir gâcher un élan admirable en se levant soudainement pour faire dévier la balle de sa course. On peut penser et s'élancer correctement sans pour autant obtenir de bons pointages. À l'inverse, on peut frapper un mauvais coup mais profiter de quelques rebonds favorables et ainsi réaliser un bon pointage. Ces idiosyncrasies et fluctuations font partie du jeu, mais n'en va-t-il pas de même pour tous les sports ? En conséquence, il n'est pas toujours facile d'établir précisément quelle est notre part de responsabilité dans le pointage obtenu.

Chacun interprète son expérience du jeu à partir de la personne qu'il est. Les golfeurs du circuit de la PGA ne sont pas différents en cela. En raison de leurs années de réussite au plus haut niveau, ces joueurs ont tendance à surestimer le degré de contrôle dont ils sont capables. Alors que d'un côté, ils sont portés à se blâmer pour les choses qu'ils ne peuvent contrôler, d'un autre, ils sont capables de conserver suffisamment de contrôle pour demeurer hautement confiants. Curtis Strange symbolise une tendance commune à tous les golfeurs du plus haut calibre : « Je me blâme toujours quand je joue mal et je me reconnais le mérite de mes bons matchs. Je n'ai jamais eu peur de prendre la responsabilité de mes résultats. J'ai toujours apprécié le sentiment d'avoir accompli moi-même mon travail. Cela contribue à ma confiance personnelle. »

Ici encore, Jack Nicklaus sert de modèle. Ma question : « Jack, quand vous participez à un tournoi, quel est votre adversaire ? Un pointage, le parcours ? »

C'est moi-même. Il n'y a que sur moi-même que je puisse avoir un contrôle. Quand on me dit des trucs comme : « Jack, vous partagez le terrain avec de grands noms cette semaine. Il y a Palmer, Player… », je réponds : « Ah oui, ils jouent ici cette semaine ? Je l'ignorais. » Parce qu'en tant que compétiteur bataillant pour remporter le fichu tournoi, je n'ai vraiment rien à faire de cette information. *Je suis la seule personne que je peux contrôler. Je ne peux rien à ce qu'ils font.* Je suis ici dans le but de me familiariser avec le parcours afin d'être prêt à jouer jeudi ; ce que font les autres ne m'intéresse pas. Je sais que si je m'en tiens à mon jeu, tout ira bien. Je ne suis pas de ces golfeurs qui se mesurent aux autres et qui s'occupent de choses sur lesquelles ils ne possèdent aucun contrôle. Je trouve ça ridicule.

S'il est vrai que nous ne pouvons pas contrôler le comportement de ceux avec qui nous jouons, nous disposons en revanche d'un certain degré de contrôle sur l'influence que nous les laissons avoir sur notre jeu.

Les paroles d'un champion : Jim Furyk, U.S. Open 2003

Comment remporte-t-on un championnat majeur ? En persévérant. Nous ne devons jamais cesser de croire dans les possibilités de notre potentiel. Et il faut en être persuadé, même lorsqu'il y a peu de preuves pour venir appuyer cette conviction et qu'il y en a peut-être plus d'une pour la réfuter. Jim Furyk savait qu'il avait le potentiel de gagner un tournoi majeur. En 2003, il ne connaissait pas une année particulièrement fertile en victoires. Il jouait très bien, mais il n'avait encore rien remporté de la saison. Or, en arrivant à l'Olympia Fields Country Club pour l'U.S. Open, il fut poussé par le courage de ses convictions, une force qui arrivait à point. Cet extrait de la conférence de presse montre clairement le sentiment d'auto-efficacité qui habitait Furyk.

Q : Fluff [Cowan, le cadet de Furyk] a laissé entendre qu'il ne vous avait jamais vu aussi détendu que cette semaine. Comment l'expliquez-vous et ce facteur a-t-il pu jouer en votre faveur cette semaine ? Aviez-vous l'impression que quelque chose de gros allait se produire cette semaine ?

Jim Furyk : Pas après le premier neuf de ma ronde de jeudi. Mais à mon arrivée ici cette semaine, oui, j'étais plutôt détendu. Je n'étais pas satisfait de ma frappe de balle la fin de semaine précédant mon arrivée. Et lundi, mardi, ça n'y était pas complètement non plus. Mais chaque jour, je sentais une amélioration. Mon objectif était — j'ai discuté avec mon épouse à quelques reprises la semaine dernière, jeudi, vendredi, et je lui ai parlé de mon désir de remporter le tournoi de golf. Et vraiment, je — j'ai connu une très bonne année. J'avais une bonne confiance en mon jeu. Mon but en venant ici n'était pas simplement de me concentrer pour bien jouer, mais de me concentrer pour remporter le tournoi et faire tout ce qu'il faudrait pour y parvenir.

Dans mes autres participations à l'U.S. Open, j'ai joué une mauvaise ronde à Pebble Beach, une mauvaise ronde à Southern Hills et à Bethpage au cours des trois derniers championnats, et j'ai laissé le temps, j'ai laissé le tracé du parcours, j'ai laissé des choses me déranger et j'ai mal joué pour ces raisons. Je suis venu ici cette semaine, bien conscient qu'il me faudrait améliorer ces aspects si je voulais gagner. Je sentais que la partie physique de mon jeu était solide. Je sentais que mon attitude mentale avait été bonne toute l'année, mais que si je voulais m'améliorer par rapport aux trois derniers U.S. Open, il me faudrait travailler encore sur ce plan. J'ai donc été davantage attentif à mon attitude et je crois que les résultats le démontrent.

Pensez à la prochaine chose que vous aimeriez réaliser dans votre jeu. Certes, le développement de vos habiletés exige que vous y mettiez un effort considérable. Mais vous devez également vous engager à croire que les habiletés physiques requises se trouvent déjà en vous. Ayez foi en vos habiletés et vous en disposerez. Laissez l'aptitude naturelle prendre le dessus au lieu de laisser les circonstances inhiber vos habiletés.

L'histoire de Dave : attributions et oscillations

J'avais passé la première partie du printemps à travailler auprès d'un talentueux golfeur junior classé nationalement qui éprouvait des difficultés avec son jeu. Appelons-le Dave. Dave avait passé plusieurs mois dans ce qu'il qualifiait lui-même de passage à vide et sa moyenne de pointage se voyait en hausse de cinq coups par rapport à l'année précédente. Et comme cela arrive à beaucoup d'autres golfeurs, sa confiance se situait à zéro, son attitude se révélait négative, tandis que son plaisir de jouer et de s'entraîner diminuait de jour en jour. De bien des manières, son attitude n'était pas différente de celle du golfeur moyen qui s'évertue à essayer de ne pas perdre son plaisir de jouer.

La première question que je lui ai posée est la même que je pose à tous les golfeurs qui viennent me consulter, qui est aussi celle que je leur pose à la fin du traitement (une fois que leur jeu s'est amélioré, idéalement) : À votre avis, pourquoi jouez-vous comme vous jouez ? Quelle est la cause de vos mauvaises performances cette année ? Dans ce cas-ci, Dave attribuait la faiblesse de son jeu à des entraîneurs incompétents, à des conditions météo exécrables et à une suite de mauvais rebonds survenus en tournois. Toutes des attributions externes sur lesquelles il avait peu ou pas de contrôle. Pas étonnant qu'il se soit senti désemparé. Dans son esprit, les dieux du golf orchestraient des événements afin de saboter son jeu sans qu'il n'y puisse rien changer.

Au cours des deux semaines suivantes, j'observai Dave durant ses entraînements et je l'observai en compétition. Je jouai avec lui, je lui parlai de pensée positive, je m'intéressai à ce à quoi il pensait pendant qu'il jouait. Un jour, je rendis visite à son entraîneur, lequel m'expliqua que, selon lui, Dave se montrait inconstant dans ses frappes de balles parce que quelque chose « coinçait » durant la descente de son élan.

« Il s'élance bien quand je l'observe », me raconta l'entraîneur, « mais dès qu'il se retrouve seul à l'entraînement, il retourne à ses vieilles habitudes. »

Bref, Dave passait ses séances d'entraînement à renforcer ses mauvais plis. Plus il s'entraînait, plus son mouvement fautif lui devenait naturel. Puisqu'il faut du temps pour se défaire de ses mauvaises habitudes et en acquérir de nouvelles et de bonnes, je suggérai à Dave de réorganiser son horaire d'entraînement de manière à passer davantage de temps à travailler son jeu court dans le but d'alléger la pression de marquer des points avec ses bâtons plus longs.

Le processus d'amélioration débuta par des heures d'exercices de frappes de balles au cours de séances d'entraînement préparées, avec une attention particulière portée à la mécanique et aux angles de l'élan, et en s'inspirant des maximes de William James sur le développement des habitudes. Après deux mois d'un entraînement intelligent et diligent, Dave prit part à une ronde complète de golf compétitif, puis il remporta son premier tournoi depuis longtemps. Il s'en montrait très heureux et son excitation était palpable quand il vint me voir. Il avait atteint les allées, réussi ses roulés et sa confiance était enfin revenue.

Comme j'ai l'habitude de faire lorsque mes golfeurs s'extirpent d'un passage à vide, je revins à ma question initiale : « À votre avis, pourquoi jouez-vous comme vous jouez ? Quelle est la cause des bonnes performances que vous réalisez ? » Je m'attendais à ce que Dave me réponde que sa frappe de balle s'était améliorée parce qu'il avait constamment frappé des balles depuis deux mois, même lorsqu'il n'était plus amusant de frapper des balles. Je prévoyais qu'il me dirait que tout son travail et tous ses efforts avait porté ses fruits. J'anticipais qu'il m'indique que nos discussions à propos de la formation des habitudes, de la confiance et de la performance de pointe lui avaient permis de tirer le maximum de ses périodes d'exercices. J'escomptais entendre qu'il avait acquis une compréhension du golf comme jamais auparavant. Je m'attendais à des attributions internes, contrôlables.

Toutefois, comme ce fut souvent le cas dans ma vie golfique, la réponse que j'obtins n'était pas celle à laquelle je m'attendais.

— J'ai trouvé, commença-t-il, un petit mouvement que je fais juste avant de frapper la balle. Au lieu de faire ceci…

Il exécuta deux fois un mouvement vertical de va-et-vient avec la tête de son club.

— … je fais cela.

Il oscilla légèrement les hanches dans un mouvement avant-arrière.

— J'oscille au lieu d'ondoyer.

— Et c'est pour cette raison que vous croyez mieux jouer? demandai-je, incrédule. Ce serait à cause de cette nouvelle oscillation?

— C'est ça, me répondit-il en souriant.

Je me trouvais dans un moment clé d'enseignement sur lequel je devais capitaliser. Si je l'avais laissé attribuer son succès à une oscillation, il aurait par la suite tenté de régler ses autres problèmes en cherchant de petites ondulations ici et là dans ses mouvements. Il aurait ainsi continué de fonder l'amélioration de son jeu au hasard de la chance.

— Dave, lui indiquai-je, l'explication de l'amélioration de votre jeu se trouve dans l'entraînement intelligent auquel vous vous êtes soumis cinq jours par semaine. Vous jouez mieux parce que votre jeu court est meilleur. Vous jouez mieux parce que vous avez frappé des balles sous la pluie. Je vous dis cela, Dave, parce que je sais qu'à un certain moment, vous éprouverez d'autres difficultés avec votre élan. C'est le lot de tous les golfeurs. Et lorsque cela arrivera, vous vous en sortirez grâce à un travail consciencieux ainsi qu'à des exercices bien choisis. On ne peut réussir son golf universitaire avec des oscillations, et encore moins se tailler une place dans le circuit de la PGA. Il n'y a pas de balle magique. L'amélioration est fonction d'un esprit solide, d'entraînements appliqués, d'un dévouement total et d'un jeu sans peur — tous des points sur lesquels vous vous êtes amélioré. Quand vos oscillations et vos ondulations vous auront trompé, ces aspects de votre golf seront ceux que vous pourrez contrôler. Au bout du compte, ce sont eux qui détermineront votre niveau de réussite au golf.

Avant de le quitter, je lui donnai une tape amicale sur l'épaule en lui disant que j'étais fier de ses progrès.

— Et maintenant, lui dis-je, allez osciller un peu sur les verts, vos coups d'approche ont besoin de votre attention.

Les attributions justes

Alors, quelles sont les attributions «justes» que devraient faire les golfeurs? En bref, la réponse est: «les attributions justes». En d'autres mots, la meilleure explication pour nos réussites et nos échecs dans toute entreprise se trouve dans la «juste» explication de nos réussites et de nos échecs. Le problème, cependant, comme en traitait Sigmund Freud il y a longtemps, réside dans le fait que l'échec engendre de l'anxiété et que le succès entraîne souvent de la fierté. En conséquence, les êtres humains possèdent cette propension à fournir des explications hautement inadéquates à leurs échecs afin de s'éviter l'anxiété et à leurs réussites afin de récolter davantage de mérite.

DiMarco: Perspective et attribution

Chris DiMarco me parla du tournant qu'avait pris sa carrière et qui avait fait de lui un golfeur d'équipe de la Coupe Ryder ainsi qu'un compétiteur dans les tournois majeurs, alors qu'à un certain moment, il arrivait à peine à vivre de son golf. Ses résultats s'expliquent moins par l'encouragement tiré de ses réussites que par l'acceptation de ses échecs passés.

La chose la plus importante consiste à être capable d'identifier ses fautes et d'apprendre de ses erreurs. Trop de gars
ont peur de se regarder franchement et de se demander
pourquoi ils ne gagnent pas. J'ai un bon ami qui aurait dû
remporter un tournoi il y a de cela quelques années. Le
type qui a gagné y était allé d'un 31 au deuxième neuf,
alors que mon ami avait joué trois au-dessus de la normale pour perdre par deux coups. S'il avait joué le dernier
neuf comme il avait joué toute la semaine, soit un ou deux
coups sous la normale, il aurait remporté le tournoi. Mais
il ne l'a jamais reconnu. Il disait : «J'ai frappé un mur de
briques.» Je suis d'avis qu'il n'y a pas eu de mur de briques,
ce que lui n'a jamais pu s'avouer.

De mon côté, je me souviens du coup roulé que j'ai
raté et qui m'a coûté l'International en 2001. Il m'a fallu
beaucoup de temps pour me remettre de cette erreur. Mais
si vous voulez savoir, j'ai craqué. Je n'ai pas été assez solide.
Si l'on a d'abord le courage de s'avouer ce qui s'est passé,
on peut ensuite identifier le problème et essayer d'y remé-
dier. La prochaine fois que mon ami se retrouvera en tête,
il ne sera pas prêt à composer avec la situation. Sur ce
point, des gens me disent : «Dommage, vous auriez dû
avoir votre place sur l'équipe de la Coupe Ryder. Ce n'est
pas juste.» Et je leur réponds : «Si, c'est juste. Si j'avais
terminé dans les dix premiers, j'aurais fait l'équipe. C'est
tout. L'occasion m'en était offerte. J'aurais pu frapper les
coups qu'il fallait et jouer mon jeu, mais je ne l'ai pas fait.
Je n'attends de faveur de personne. Je ne peux pas contrôler ces choses. En revanche, je peux contrôler mon jeu
et c'est ce que j'ai de mieux à faire. Apprendre à me
contrôler et jouer suffisamment bien pour joindre l'équipe.»

De manière appropriée, DiMarco se retrouva dans une situation similaire dans les dernières semaines de la course aux points menant à la sélection de l'équipe de la Coupe Ryder. Encore une fois, à l'International, il laissa filer son avance du week-end. Il se présenta au tournoi de la PGA la semaine suivante en quête d'une bonne performance qui lui permettrait de se hisser parmi les dix premiers. DiMarco parvint à se ressaisir dimanche pour se rendre en prolongation. Bien qu'il ne remportât pas les trous supplémentaires, il se montrait fier de la façon dont il s'était comporté, de même que de sa maîtrise sur ses émotions : « Autant je me suis senti mal la fin de semaine dernière, autant je me suis senti bien cette fois-ci. J'avais l'impression d'être en contrôle de mon jeu. Et je vous assure, je n'ai pas frappé un seul coup cette semaine pour lequel je n'étais pas préparé. »

Fait encore plus remarquable, en dépit de la contrariété d'avoir perdu la semaine précédente, de la pression ressentie en prolongation et de la déception d'avoir raté de peu la plus grande scène du sport, l'attitude de DiMarco en fin de tournoi constituait celle d'un golfeur de maîtrise. Même si nous n'avions jamais travaillé ensemble auparavant, il me téléphona le dimanche soir pour discuter des choses qu'il pourrait apprendre et de la meilleure façon possible de se préparer en vue de jouer son meilleur golf. Nous avons parlé chaque soir au cours des jours suivants à propos de sa dégringolade à l'International et de la pression de jouer pour une place sur l'équipe de la Coupe Ryder. J'étais ravi non seulement de l'avoir vu si bien se tirer d'affaire, mais également de sa réaction face à toute l'expérience et à la gamme des émotions qu'il avait vécues. Il déclara au magazine *Golf World* : « Mon intention était de faire mes preuves, et j'y suis arrivé. Beaucoup de gens payent cher pour des drogues qui leur donneront des sensations comme celles que j'ai vécues sur le terrain. C'est la meilleure sensation que puisse apporter le golf. »

Trouver l'attribution « juste » requiert parfois une introspection sérieuse. Il se peut que nous devions admettre une faiblesse personnelle génératrice d'anxiété comme cause d'un échec particulier ou une raison extérieure à nous-même comme responsable d'une réussite. Néanmoins, deux choses ne font aucun doute. Premièrement, c'est uniquement après avoir fait la juste attribution pour notre insuccès que nous pourrons espérer identifier correctement le problème responsable de notre échec, corriger ce problème, puis entreprendre un travail d'amélioration de nos performances. De la même manière, c'est uniquement en effectuant la juste attribution pour nos réussites que nous pourrons répéter efficacement les comportements ayant mené à cette réussite. À l'évidence, les golfeurs doivent toujours se montrer capables, comme le dit à l'occasion Tiger, de « voir clair ».

La capacité de voir clair représente une nécessité incontournable dans toutes les entreprises de l'existence. Une fois que l'on s'est occupé de cette nécessité, il importe également de se souvenir que les attributions internes, instables et contrôlables se veulent hautement préférables aux attributions externes, stables et incontrôlables. Je l'ai déjà expliqué, les attributions faites à l'aptitude et au talent innés se révèlent invariablement problématiques. La chance aussi constitue une attribution douteuse. On peut d'ailleurs se fier à Thomas Jefferson lui-même, qui fit observer : « Plus je travaille, plus la chance semble me sourire. »

Cela ne ferait aucun sens de croire que les fruits de nos entreprises sont fixes, à la merci de forces extérieures à nous-même et hors de notre contrôle. Des croyances de cette sorte équivalent à une véritable recette de reddition et de résignation perpétuelles devant l'adversité. Elles rongent nos croyances de maîtrise, viennent saper notre auto-efficacité et, surtout, elles représentent le premier pas vers l'acceptation de la défaite. Enfin, suivant le thème que j'ai voulu soutenir tout au long de ce livre, de telles attributions autodestructrices alimentent la lâcheté et contribuent à ce que nous succombions à la peur au lieu de nous élancer avec confiance pour réussir ce coup délicat de plusieurs centaines de mètres dans la prochaine allée.

Épilogue
À propos des habitudes

Devenir adroit au golf requiert un bon nombre d'habiletés, mais avant tout, cela nécessite l'habitude d'un dévouement à l'amélioration. C'est l'idée du *kaizen*, dont nous avons discuté plus tôt, cette volonté de s'améliorer même lorsque les efforts ne se voient pas immédiatement récompensés. Quand on pense à un engagement de ce genre, un grand champion vient tout de suite en tête : Ben Hogan. Hogan déclara un jour qu'il n'y avait pas suffisamment d'heures dans une journée pour s'exercer autant qu'il le faudrait pour jouer son meilleur golf. Et en vérité, ces paroles, à bien des égards, sont devenues sa devise. Le récit de Curt Sampson sur la glorieuse saison 1960, « The Eternal Summer », dépeint un portrait éclatant de l'éthique de travail de Hogan. Ce dernier était peut-être un perfectionniste, mais comme le décrit Sampson dans son livre, son travail — ou l'habitude de perfectionner son travail — constituait une réelle passion. « En dépit des apparences », écrit Sampson, « pour Hogan, l'entraînement n'était pas de l'auto-flagellation ; en un sens, ce n'était même pas du travail. » Dans un article de *Golf Magazine*, Hogan révélarité, c'est que j'avais du plaisir. J'avais hâte de me lever le matin et de partir frapper des balles. »

Hogan aimait s'exercer au point d'en développer une accoutumance. Grâce à son dévouement, les bons coups réalisés sous la pression de la compétition n'étaient pas différents des milliers de coups similaires qu'il avait frappés au terrain d'exercice en prévision d'un tournoi. On peut constater la même passion «hoganesque» chez Vijay Singh, qui devint le meilleur golfeur au monde à l'âge de quarante et un ans, soit le joueur le plus âgé à jamais accomplir cet exploit une première fois en carrière. Les deux séances quotidiennes d'exercices auxquelles se livre Singh afin de maintenir son niveau de performance témoignent de son engagement, comme en font également foi les lignes de mottes de terre d'un mètre de long qui sont visibles dans la section du terrain où il travaille. Les coups longs et puissants de Singh trouvent leur source dans son dévouement constant et régulier envers l'amélioration, ce qui correspond précisément à ce que le golfeur qu'admire le plus Singh a apporté à son sport. À propos de Hogan, Singh dit:

> Je ne l'ai jamais rencontré, mais j'ai lu tous ses livres. Il s'exerçait constamment. Il travaillait dur et c'est là qu'il a gagné. Je veux être ce type de golfeur.
>
> Il y a bien plus de satisfaction à trouver quand on a soi-même cherché. ... J'adore frapper de bons coups. Un jour, j'ai dit à mon cadet — je venais de frapper une balle dans un tournoi, un coup formidable, exactement ce que je voulais faire, et je lui ai dit, je n'aurai plus besoin de jouer tellement le sentiment est grisant.» C'est ce que j'aime faire au terrain d'exercice. Ça n'arrive pas toujours, mais c'est ce que j'essaie d'accomplir.

Maintenant, le mot «habitude» a été utilisé abondamment dans les pages de ce livre. Aristote écrivit: «Nous sommes ce que nous faisons régulièrement. Donc, l'excellence n'est pas un acte, mais une habitude. » Autant philosophe qu'entraîneur de football, Vince Lombardi fit observer que si l'on s'habitue à la victoire, malheureusement, on s'habitue aussi à la défaite. C'est William James, le père de la psychologie américaine, qui amena le concept d'habitude au premier plan de la pensée psychologique en faisant remarquer que « les habitudes sont la matière des comportements. »

James soutenait que la plus grande partie du comportement d'un adulte se voyait constituée d'actions habituelles apprises au cours des stades formatifs du développement des habiletés. En d'autres termes, il y a un moment où notre comportement est pour ainsi dire « élastique », simplement parce que nous sommes en période d'apprentissage. Cependant, une fois que l'apprentissage a eu lieu, notre comportement se fortifie et devient peu à peu un automatisme. Avec la répétition et avec le temps, les habitudes finissent par s'intégrer si profondément dans le codage de la pensée et du comportement humains qu'elles arrivent à l'emporter sur les choix conscients. Comme le veut le dicton, nous commençons par contrôler nos habitudes, et bientôt, ce sont elles qui nous contrôlent. Le processus de changement au golf s'avère souvent — et je suis persuadé que les David Duval et autres seront d'accord — un processus de changement des habitudes.

James affirmait également que la cognition et les émotions fonctionnent de manière similaire. Nous ne développons pas que des habitudes d'agir, mais pareillement des « habitudes de penser ». Par exemple, les concepts positifs dont nous avons traité dans ce livre — l'orientation des buts d'accomplissement, le sentiment d'auto-efficacité, les attributions typiques que nous faisons — finissent par devenir des habitudes de penser qui se voient développées au même titre que n'importe quelle autre habitude comportementale. Après un certain temps, la personne a l'impression de penser comme d'habitude, de se sentir comme d'habitude, de rechercher des stimulations habituelles, de poursuivre des intérêts habituels. Même nos préférences sentimentales deviennent habituelles, puisque nous en venons fréquemment à rechercher un certain type de personne. Il s'agit là d'une description quelque peu restrictive du fonctionnement humain, n'est-ce pas? Restrictive peut-être, mais néanmoins vraie.

Ce que cela signifie, bien sûr, c'est qu'à mesure que les gens vieillissent, ils deviennent davantage influencés par les inclinations et les comportements qu'ils ont développés plus tôt dans leur vie. Ces façons habituelles de se comporter exercent une puissante influence sur les actions dans lesquelles s'engagent les gens, de même que sur la réussite ou le succès résultant de ces actions. Ainsi, les comportements habituels constituent la matière dont est fait le soi. Même la réaction de peur peut être une habitude conditionnée. Plus nous cédons fréquemment à la peur, plus la gâchette devient sensible, et plus nombreuses seront les situations qui généreront de la peur.

Ces affirmations concernant les habitudes possèdent deux implications importantes. Premièrement, il semble clair qu'il est beaucoup mieux, et plus facile, de cultiver les bonnes habitudes que d'essayer de se débarrasser de ses mauvaises habitudes. Pour James, le grand défi des humains consistait à faire en sorte que leurs pensées, leurs émotions ainsi que leurs comportements positifs et adaptatifs deviennent le plus tôt possible des automatismes et des habitudes. Pour le golfeur — comme pour tous les athlètes d'ailleurs —, ces comportements comprennent les habitudes de demeurer au sommet de son jeu, de développer ses habiletés, de se concentrer sur les aspects importants du jeu, de travailler à surmonter ses faiblesses, d'organiser efficacement son temps, d'apprendre à se couper des pensées et des activités parasites, et celle d'adopter une attitude exempte de peur envers le golf. Selon James, lorsque l'entraînement sérieux, les comportements fondamentaux et les processus mentaux deviennent des automatismes effectués sans peine, l'esprit se trouve alors libre d'appliquer ses fonctions supérieures à la réalisation de tâches complexes et exigeantes. En d'autres termes, moins un golfeur a à réfléchir à des questions ordinaires, plus son esprit dispose d'espace pour réfléchir à des questions extraordinaires. Jack Nicklaus se voulait un grand partisan de l'habitude, en commençant par son engagement dans une routine constante et solide. Il développait ses habitudes et ses routines au terrain d'exercice. Comme il écrivit :

> Tout au long de ma vie, je me suis efforcé de frapper mes coups d'exercice avec le plus grand soin. À chaque coup, j'essaie d'avoir un objectif clair en tête. Je m'entraîne toujours en fonction de mes intentions de jeu. Et j'ai appris il y a longtemps qu'il existe une limite au nombre de coups que l'on peut frapper efficacement avant de perdre de vue ses objectifs de base. Je suis forcé de croire que certains des gars qui vivent littéralement sur le tertre d'exercice se trouvent là parce qu'ils n'ont rien de mieux à faire de leur temps. Et je suis persuadé qu'ils affaiblissent leur jeu en laissant leur entraînement perdre de sa pertinence sous l'effet de la monotonie ou de la fatigue.

Une deuxième implication des « lois de l'habitude » veut qu'il soit diablement et affreusement difficile de modifier ou de casser les habitudes. Comme le saumon doit remonter la rivière pour aller frayer, les golfeurs qui s'attaquent à leurs mauvaises habitudes doivent se battre contre les courants puissants des comportements qu'ils ont intégrés. Même les habitudes les plus simples et inoffensives disposent d'une forte emprise sur nous. Avez-vous déjà remarqué combien il semble ardu, voire impossible, à des adultes d'origine étrangère vivant aux États-Unis de se défaire de leur accent lorsqu'ils parlent anglais ? Henry Kissinger vécut aux États-Unis durant toute sa vie adulte, et pourtant, il a toujours conservé l'accent allemand de son enfance. Du reste, essayer de taper correctement au clavier quand on a appris à taper à deux doigts n'est pas non plus chose facile.

Les entraîneurs de golf savent qu'une de leurs tâches les plus délicates consiste à altérer une habitude particulièrement néfaste chez un golfeur. En effet, après suffisamment de répétition et de temps, l'élan de golf devient un mouvement habituel. Les meilleurs entraîneurs s'accordent à dire qu'aider un golfeur à développer un nouvel élan exige qu'on lui montre d'abord comment faire. Ensuite vient le défi du processus d'habituation. Faire en sorte que l'élan d'un joueur devienne un automatisme sur lequel il peut compter ne se révèle pas une entreprise des plus simples. La partie mémoire musculaire de l'équation requiert des répétitions et du temps. La partie mentale nécessite quant à elle de la patience et de la force morale.

C'est pourquoi les golfeurs doivent être constamment sur leurs gardes lorsqu'ils observent leurs habitudes de faire et de penser susceptibles de causer des ravages dans leur jeu. Il s'avère évidemment préférable de prévenir qu'une mauvaise habitude ne se glisse dans votre jeu ou dans votre esprit, mais il n'est pas toujours possible d'y parvenir. Revoici James : « Il faut rendre automatiques et habituelles autant d'actions utiles que possible et bien se garder de prendre une direction qui risquerait d'être désavantageuse.» Ce qui devient possible, alors, c'est d'être attentif à l'apparition de ces diablotins afin de les capturer tôt et faire en sorte qu'ils n'influencent pas notre pensée. De la même manière, il se révèle possible de s'exercer à des habitudes adaptatives qui amélioreront notre jeu.

L'élan répétable

Voilà plus de soixante-dix ans, lorsqu'il transforma en routine le fait de frapper des balles avec son fer 5 jusqu'au pied d'un arbre situé au loin, Ben Hogan représentait le premier golfeur connu à proposer l'idée d'un élan automatique et répétable. Hogan croyait que si l'on effectuait correctement une chose suffisamment de fois, ce geste deviendrait automatique. Cinquante ans de recherche en psychologie lui ont donné raison. Les habitudes se forment, qu'on le veuille ou non. La performance en compétition finit par exprimer les habitudes développées à l'entraînement. Pour Hogan, cela signifiait qu'il lui fallait travailler chaque coup exactement comme il voulait le jouer en tournoi. Il dit un jour :

> Quand je m'entraîne, j'essaie en même temps de développer mon pouvoir de concentration. Je ne vais pas simplement me diriger vers la balle et frapper. Je m'exerce et je m'efforce d'adopter des habitudes de concentration qui me rapportent ensuite durant mes parties... Entraînez-vous à adopter l'habitude de vous concentrer en excluant

tout ce qui ne concerne pas votre routine et vous repro-
duirez automatiquement la même routine en compétition.
Jouez chaque coup d'exercice comme si vous jouiez une
ronde compétitive.

En fait, Hogan était à ce point une bête d'habitude et
l'esclave de sa routine qu'il disait que sa ronde de golf débu-
tait dès le moment où il entrait dans le vestiaire.

L'entraînement approximatif et peu soigné constitue la
première explication au fait que tant de progrès au golf se
réalise *latéralement* plutôt que vers l'avant. En laissant les
mauvaises habitudes s'incruster dans leurs séances d'exercices, les golfeurs préparent leur échec. Le golf s'avère parfois
frustrant pour plusieurs personnes pour la raison que le
golfeur qui s'entraîne peut quand même voir son jeu se
dégrader. Tristement, la plupart des golfeurs moyens passent
des heures au terrain d'exercice à parfaire des *défauts*.
L'entraînement au golf devrait toujours être évalué en
qualité davantage qu'en quantité. Le golfeur qui frappe
trente coups de manière intelligente peut s'améliorer plus
rapidement que celui qui évalue son entraînement d'après
l'horloge ou uniquement en comptant le nombre de balles
frappées.

Beaucoup de golfeurs pensent qu'en frappant trois cents
balles par jour ou en passant cinq heures d'affilée au terrain
d'exercice, ils devraient nécessairement améliorer leurs
résultats. À vrai dire, cette approche ne garantit en rien l'amélioration. Une règle essentielle au golf se trouve dans le vieil
adage qui dit que «l'entraînement n'apporte pas la perfection ; l'entraînement apporte la permanence.» La répétition
peut engendrer le succès autant que l'échec. Ce que vous
faites à l'entraînement apparaîtra inévitablement dans votre
façon de jouer. Le golfeur qui frappe trois cents balles par

jour, mais qui le fait sans s'appliquer, peut très bien frapper deux cents balles avec un élan, cinquante balles avec un autre élan et cinquante de plus avec un troisième élan — une bonne façon de prendre l'habitude de l'inconstance et de la nonchalance. Sur le parcours de golf, ce joueur aura autant de chances de reproduire n'importe lequel des mauvais élans qu'il a répétés. Et s'il doit faire face à un coup le moindrement important — ce qui implique qu'il joue sous une certaine pression —, son corps aura une tendance encore plus forte à revenir à des processus automatiques. Les situations tendues sont précisément celles où se révèle la qualité de l'entraînement d'un golfeur.

Les grands entraîneurs sont toujours conscients de l'importance d'un entraînement intelligent. Vince Lombardi fit remarquer que l'entraînement ne rend pas parfait, que seul « un entraînement parfait rend parfait. » Dans le même ordre d'idées, les pilotes de chasse connaissent bien l'importance cruciale des habitudes. Je demandai récemment à un pilote à la retraite possédant une expérience de combat considérable comment il parvenait à maintenir sa concentration dans des situations où des missiles sol-air se voyaient lancés à ses trousses. Il me répondit sans hésiter que c'était son « entraînement » qui avait fait sa réussite : « Là-haut, tu fais simplement ce que tu as appris à faire. Tu n'y penses pas vraiment beaucoup. Tu le fais, c'est tout. » Quand on sait cela, on n'a qu'à faire confiance à ses bonnes habitudes et on n'a pas à penser beaucoup à ce que l'on fait.

Lorsque l'on développe avec rigueur et discipline des habiletés bien réglées, il devient plus facile d'en faire usage dans les situations de pression intense. La qualité de la performance équivaut toujours à la qualité de l'habitude acquise à l'entraînement.

Changer les habitudes

Il ne fait aucun doute que les gens possèdent la capacité de changer leurs comportements. Contrairement à certaines idées populaires, on peut apprendre à un vieux singe à faire de nouvelles grimaces. Assurément, cependant, il s'avère bien plus facile pour eux d'apprendre ces nouvelles grimaces lorsqu'ils sont jeunes que plus tard, quand ils sont plus vieux. Si les gens comprenaient mieux la nature fondamentale des habitudes, on briserait moins de résolutions du Nouvel An, on abandonnerait moins de régimes alimentaires, il y aurait moins de pirates informatiques, moins de cancres, et passablement moins de golfeurs frustrés quitteraient le golf. Les phrases débutant par « J'aurais dû… » ne seraient pas aussi courantes. Comme c'est le cas dans les autres sphères de la vie, dans le monde du golf, la connaissance, c'est le pouvoir. Le golfeur qui comprend réellement la nature de l'habitude possède un avantage net, ce qui me rappelle un commentaire de Hogan : « Cela me fait vraiment quelque chose de voir un golfeur suer sur le tertre d'exercice, gaspillant son énergie à répéter neuf fois sur dix les mêmes erreurs depuis ses débuts au golf. »

En éducation, nous aimons bien le vieux dicton voulant qu'il existe une grande différence entre dix ans d'expérience et dix fois une année d'expérience.

William James offrit plusieurs maximes pratiques sur le thème de l'habitude :

1. Acquérir une nouvelle habitude ou en briser une vieille exige que l'on s'y engage avec autant de force et de détermination que possible. Aucune demi-mesure ne se révèle utile quand il est question de créer ou de briser une habitude.

2. Il est crucial qu'aucune exception ne survienne avant qu'une habitude ne soit d'abord solidement ancrée.

3. Il faut saisir toutes les occasions d'exécuter la nouvelle habitude que l'on tente de créer.

4. Parler sert peu. C'est agir qu'il faut.

5. Quand on désire développer une nouvelle habitude ou en briser une mauvaise, il est profitable de s'engager dans des activités exigeantes « pour la seule raison de leur difficulté ».

Ce livre a traité de la psychologie du golf. J'y ai donc abordé des concepts psychologiques tels que l'orientation des buts, le sentiment d'auto-efficacité et les attributions. Pour cette raison, permettez-moi de mettre en garde les golfeurs de tous les niveaux et de leur rappeler que les processus psychologiques s'avèrent souvent très destructifs lorsque des schèmes de pensée et des émotions problématiques deviennent profondément habituels. Comme je l'ai exposé plus tôt, un manque de confiance peut devenir un état d'esprit ; un golf orienté vers l'ego peut devenir une seconde nature ; faire des attributions externes et incontrôlables peut devenir une affliction récurrente.

Naturellement, ce sont ces types d'habitudes psychologiques que l'on me demande de modifier lorsque des golfeurs viennent me consulter. Le processus se révèle parfois rigoureux et particulièrement ardu quand un golfeur a permis à l'habitude de fleurir et de s'incruster en l'ignorant ou en cadrant incorrectement un problème perçu. Une combinaison d'attention vive, d'autoréflexion et d'autoperception juste constituent presque toujours les meilleurs ingrédients pour commencer une cure.

Observations finales et mises en garde

Il se peut que bon nombre de lecteurs, et sans doute aussi des golfeurs efficaces, considèrent que plusieurs des suggestions et des implications que j'ai détaillées dans ce livre ne représentent rien d'autre que des principes psychologiques enrobés de simple bon sens. Bien sûr. Mais permettez-moi de faire les deux observations suivantes. Premièrement, une science psychologique digne de ce nom devrait toujours se voir assortie de bon sens. Deuxièmement, comme l'a écrit Voltaire, le sens commun n'est pas si commun. Il est rarement pratique courante. Et j'irais même un peu plus loin. La ligne se révèle souvent mince entre ce que les gens croient être le bon sens et ce qu'ils font depuis des années, persuadés que leurs actions sont réalistes et fondées sur le bon sens. Fréquemment, ces gestes reflètent la simple répétition de comportements habituels établis depuis longtemps, rarement revus et jamais remis en question.

Le philosophe Bertrand Russell fit remarquer qu'en toute situation, « il est sain de reconsidérer des choses tenues depuis longtemps pour acquises. » Les suggestions présentées dans ce livre sont tirées de résultats d'études dans lesquelles ont été remises en question de nombreuses hypothèses psychologiques tenues pour acquises depuis longtemps. Les suggestions que je propose ici représentent les réponses les plus pertinentes qu'ont pu obtenir les psychologues lorsqu'ils se sont livrés à des observations rigoureuses de ces hypothèses. En tant que telles, elles méritent considération.

Maintenant, permettez-moi de conclure avec un mot à propos du danger de « formaliser » une généralisation. Le célèbre psychologue de Stanford, Lee Cronbach, servit l'avertissement que « quand on accorde l'importance qu'il faut aux conditions locales, toute généralisation devient une hypothèse de travail, non pas une conclusion. » Par « conditions locales », Cronbach référait aux caractéristiques individuelles et spécifiques propres à une personne ou à une situation. Les suggestions que j'ai proposées, comme celles offertes dans n'importe quel autre livre consacré à l'amélioration de votre golf, devraient être observées sous cet angle. On ne devrait pas les prendre tels des principes formels dictant des règles à suivre qui sont indifférentes aux particularités des situations, à votre personnalité ou à votre style de jeu. Les pages de cet ouvrage constituent moins un manuel qu'une conversation écrite. Bref, il serait hasardeux de voir les principes de ce livre comme une collection de recettes infaillibles de réussite au golf, car il n'y a pas de formule magique pour réussir dans ce sport. Les études en motivation et en confiance en soi sur lesquelles s'appuie cet ouvrage se veulent un point de départ à partir duquel le golfeur pourra, c'est mon souhait, amorcer sa recherche (avec un certain degré de confiance) des solutions aux défis qu'il rencontre chaque jour, sur chaque parcours de golf, à chaque coup.

À propos des auteurs

Le **Dr Gio Valiante** a travaillé comme consultant en psycho-logie sportive auprès des plus grands joueurs du circuit de la PGA, dont Chad Campbell, Heath Slocum, Justin Leonard, Davis Love III, David Duval, Matt Kuchar et Chris DiMarco. Il est le consultant en psychologie sportive pour *Golf Digest*, The Golf Channel et l'Université de la Floride.

Mike Stachura est éditeur chez *Golf Digest* depuis 1992. Il a écrit de nombreux articles dans la section éducative du maga-zine, en plus d'avoir agi à titre de chroniqueur du tourisme et, plus récemment, comme chroniqueur de l'équipement. Il vit au Connecticut avec sa femme, Kathy, sa fille, Annie Kate, et son fils, Jack.

Pour obtenir une copie de notre catalogue :

Éditions AdA Inc.
1385, boul. Lionel-Boulet, Varennes, Québec, J3X 1P7
Téléphone : (450) 929-0296, Télécopieur : (450) 929-0220
info@ada-inc.com
www.ada-inc.com

Pour l'Europe :
France : D.G. Diffusion Tél.: 05.61.00.09.99
Belgique : D.G. Diffusion Tél.: 05.61.00.09.99
Suisse : Transat Tél.: 23.42.77.40

L'utilisation de 2 173 lb de Rolland Enviro100 Édition plutôt
que du papier vierge réduit votre empreinte écologique de:

Arbres: 18
Déchets solides: 532 kg
Eau: 50 361 L
Matières en suspension dans l'eau: 3,4 kg
Émissions atmosphériques: 1 169 kg
Gaz naturel: 76 m³

Imprimé sur Rolland Enviro100, contenant
100% de fibres recyclées postconsommation,
certifié Éco-Logo, Procédé sans chlore, FSC
Recyclé et fabriqué à partir d'énergie biogaz.

www.AdA-inc.com
info@AdA-inc.com